인생을 역전시키는 기도의 힘

오성택 지음

좋은 책으로 하나님의 사람을 만들어가는

엘 맨

*
인생을 역전시키는 기도의 힘
*
초판 1 쇄 — 2007년 6월 30일

*

지은이 — 오성택
펴낸이 — 채주희
펴낸곳 — 엘맨출판사
*
서울시 마포구 합정동 433-62
출판등록 — 제10-1562호(1985. 10. 29)
*
TEL. — (02) 323-4060
FAX. — (02) 323-6416
*
잘못된 책은 바꾸어 드립니다.
*
값 12,000원

인생을 역전시키는 기도의 힘

오성택 지음

머 리 말

지금은 기도할 때입니다. 기도는 그리스도인들이 평생 안고 살아야 할 삶의 근원입니다. 기도 없이 그리스도인은 살 수 없다고 생각합니다.

기도의 힘은 한국의 보이지 않는 능력이며 한국 교회의 부흥의 원동력이 되었습니다. 한국 교회에 기도가 없었다면 지금쯤 한국은 어떤 처지에 놓여 있을까? 월남이나 캄보디아처럼 되지는 않았을까? 하는 의구심마저 일게 됩니다.

회개와 눈물의 기도가 있고, 성령이 충만하며, 영적 리더십이 강력하며, 열정의 설교를 항상 연구개발(R&D)하는 교회는 반드시 성장한다는 것이 필자의 소신입니다. 자신의 일을 즐기는 사람이나 하고 있는 일에서 의의를 발견하는 사람이 뿜어내는 에너지에는 놀라운 능력(Power)이 있습니다.

우리는 계속 기도해야 할 필요성이 있습니다. IMF 한파 이후 나라 안의 경제가 어렵습니다. 그리고 사람들의 신앙적인 지식과 삶이 일치하지 않습니다. 실업자는 날로 증가합니다. 종일토록 수고해도 그 소산은 너무나도 적습니다. 이런 때일수록 우리의 마음 밭에 가시덤불과 엉겅퀴가 자라지 못하도록 더욱 기도해야 합니다.

"구하라 그러면 너희에게 주실 것이요 찾으라 그러면 찾을 것이요 문을 두드리라 그러면 너희에게 열릴 것이니"(눅 11:9).

기도하면 환난이 행복으로 변화됩니다(욥 42:10). 기도하면 기쁜 일이 생깁니다(삼상 2:1). 기도는 원자폭탄보다 강합니다(삿 2:11-15, 3:9-11). 하나님께서는 우리를 기도의 자리로 부르십니다. 그러므로 우리의 기도로 하나님의 보좌를 움직일 수 있습니다.

그리스도인에게 은혜받는 세 길이 있다고 합니다. 첫째는 찬송을 부르는 것이요(행 2:47), 둘째는 기도하는 것이요, 셋째는 성경말씀을 듣고 배우는 것입니다(행 17:11). 그 중에 기도는 하나님과의 대화입니다.

예수님은 새벽 오히려 미명에 한적한 곳에 가서 기도로써 삶의 문을 여셨고(막 1:35), 때로는 밤을 새우면서 기도하셨습니다(마 14:22-25). 사도바울은 옥중에서도 기도했고(행 16:25), 쉬지 말고 기도하라(살전 5:17)고 가르쳤습니다. 그리스도인의 호흡과도 같은 기도는 하나님께 드리는 영적인 예배로써 신앙생활에 꼭 필요한 것입니다.

오랫동안 나는 "기도"라는 주제와 관련된 책을 쓰고 싶었기에 청지기 대학 훈련교재용으로 「좋은 신자가 되는 길」을 출판한 바가 있습니다. 그렇지만 솔직히 기도에 대해 더 많이 배우고 더 많이 체험해야만 했습니다. 다행히 필자는 아주 어려서부터 성전 안에서 성장했습니다. 세상 것 전혀 많이 배우지 못한 숙맥이 머슴아였다는 사실을 하나님께 감사할 따름입니다.

배고픔과 눈물의 기도와 더불어 여러 해가 흘러갔습니다. 필자가 터득한 노-하우(know-how)는 "사람은 신령한 것을 사모해야 하고 하나님의 신령한 권능과 능력을 몸에 힘입어야 한다"는 사실입니다. 신령한 능력이 부족하면 세상과 짝하면서 타락한다는 것이 문제입니다.

그렇다면 어떻게 해야 우리 삶에 예수 그리스도의 성품이 나타나며 영적싸움에서 승리할 수 있을까요? 그것은 오직 예수뿐입니다. 예수님은 세례를 받으신 후 사역에 곧바로 들어가지도 않으시고 "사십 일을 밤낮으로 금식(禁食)하신 후에"(마 4:2) 또 사탄에게 공격할 틈도 주지 않고 무엇보다도 성령의 능력으로 사탄을 먼저 공격하며 주도권을 잡으셨습니다.

예수님은 확신을 가지고 감사하는 마음으로 기도하신 것입니다.

저는 기도로 운명을 바꾼 사람입니다. 이 일을 성경(대상 4:9-10)에 나오는 야베스의 열심 있는 기도에서 배웠습니다. 필자가 개척한 서울중앙성결교회의 부흥과 성장이 바로 그 증거라고 감히 말씀드립니다.

지금도 쉬지 않고 "능력 있고 응답받는 기도"(mighty prevailing prayer)를 간구합니다.

이 책은 여러 사람들의 노고가 깃들여서 세상에 나오게 되었습니다. 원고를 정리해 주시고 교정을 도와 주신 분, 한국 최초로 「성경 경제학」이란 책을 펴내신 경제학 박사 황영익 장로님, 이병욱 부목사와 이 책의 출판을 위해 결혼 예식비를 절감하여 도와준 청년 임성철 형제의 사랑에 형용할 길 없어 눈물 흘립니다. 그리고 암으로 선한 싸움을 하는 아내 임정희의 쾌유를 원하며 부족한 목회기도와 물질로 아낌없이 후원해 주시는 교우 여러분과 그리고 엘맨출판사 채주희 사장님과 직원 여러분께 감사를 드립니다.

2007년 6월 25일   초여름에

대전 영주기도원에서

오성택 목사

차 례

머 리 말 ··· 5

I. 기도는 당신의 삶을 바꾸는 열쇠 ···················· 13
  1. 기도는 현찰이다. ································ 13
  2. 기도하면 곤경에서 회복된다 ·················· 21
  3. 내가 새벽을 깨우리라 ·························· 28

II. 기도란 무엇인가 ······································ 37
  1. 기도의 정의 ···································· 37
  2. 기도의 어원 ···································· 46
  3. 기도는 사랑의 고백이다 ························ 52
  4. 기도는 하나님의 역사이다 ······················ 53
  5. 기도는 인간 영혼의 갈망이다 ···················· 54
  6. 기도는 권리 주장이다 ·························· 55
  7. 기도는 능력이다. ······························ 57
  8. 기도는 투쟁이다 ································ 62
  9. 기도는 헌신이다 ································ 64
  10. 기도는 하나님의 약속을 성취시키는 최선의 길이다 ·········· 65
  11. 기도에 대한 기도의 선배들의 정의 ·············· 68
  12. 실제적 기도 ···································· 72

III. 기도의 대상인 삼위 ·································· 79
  1. 하나님께 드리는 기도 ·························· 79
  2. 예수님의 이름으로 구하는 기도 ················ 84
  3. 성령님의 능력을 힘입어 하는 기도 ·············· 87

IV. 간절한 기도의 중요성 ································ 93
  1. 간절한 기도의 역할 ···························· 93
  2. 간절한 기도의 대상 ···························· 95
  3. 간절한 기도에 소요되는 시간 ·················· 97
  4. 간절한 기도의 단계 ···························· 99
  5. 기도로 연합을 이루는 단계 ···················· 102

V. 기도가 필요한 이유 ································ 103
　1. 우리의 신앙생활을 방해하는 사탄이 존재하기 때문이다 ······· 104
　2. 기도는 하나님께서 친히 말씀하신 하나님의 명령이며
　　　하나님의 약속이기 때문이다 ····························· 105
　3. 예수님이 먼저 기도하셨고, 제자들에게
　　　기도를 가르쳐 주셨기 때문이다 ······················· 107
　4. 하나님께서 그리스도인의 표본으로 세우신 사도들은
　　　모두 기도의 사람들이었다 ····························· 108
　5. 예수님께서 부활 승천하신 후 하신 사역 중
　　　가장 중요한 사역이 기도이기 때문이다 ··············· 109
　6. 성령님께서 지금도 우리의 연약함을 돕기 위하여
　　　계속 기도하고 있기 때문이다 ························· 109
　7. 우리가 회개하고 용서받는 길이 기도이기 때문이다 ············ 110
　8. 기도는 성령 충만을 위해 하나님께서 정하신
　　　방법이기 때문이다 ····································· 110
　9. 기도의 응답은 하나님의 영광을 나타내기 때문이다 ········· 111
　10. 기도의 응답은 하나님의 약속을 성취하기 때문이다 ·········· 111
　11. 기도는 아버지와 아들의 대화로써 하늘 아버지와 깊이
　　　사귀는 영적 교통이며 사랑의 교제이기 때문이다 ········· 112
　12. 기도는 성화의 길이며 경건에 이르는 연습이며
　　　신령한 훈련이기 때문이다 ····························· 113
　13. 기도는 하늘의 충만한 기쁨을 내 마음에 채우는
　　　길이기 때문이다 ······································· 114
　14. 기도는 새 힘을 얻는 길이기 때문이다 ··················· 114
　15. 기도는 영혼 구원의 능력이기 때문이다 ················· 115
　16. 기도는 진정한 부흥의 비결이기 때문이다 ··············· 116
　17. 기도는 불가능을 가능케 하는 능력이기 때문이다 ········· 116
　18. 기도는 환난을 극복하기 때문이다 ····················· 117
　19. 믿음과 기도는 새의 두 날개이기 때문이다 ··············· 118
　20. 기도는 연약한 믿음을 온전케 하기 때문이다 ············· 119
　21. 감사의 기도는 모든 염려, 근심, 걱정, 궁핍으로부터
　　　자유함을 얻게 하고 하나님의 평강을 얻게 하기 때문이다 ···· 119
　22. 기도는 우리의 마음이 늘 깨어 있어 그리스도의 재림을
　　　준비하게 하기 때문이다 ······························· 120

23. 기도는 하늘 창고를 여는 황금 열쇠이기 때문이다 ············ 121
24. 기도는 우리가 긍휼하심을 받고 때를 따라 돕는 은혜를
    얻기 위하여 하나님이 정하신 방법이기 때문이다 ············· 123
25. 기도는 우리가 하나님께 간절히 구할 때에 모든 것을 받을 수
    있으므로 구하지 않으면 아무것도 얻을 수 없기 때문이다 ···· 123
26. 기도하지 않으면 시험에 들기 때문이다 ························ 124
27. 기도하지 않는 것은 죄이기 때문이다 ·························· 125
29. 기도는 말씀과 전도와 함께 신앙생활에 있어서
    삼위일체가 되기 때문이다 ··································· 125
30. 기도는 학원 복음화, 종족 복음화, 세계 선교를 위한
    가장 능력 있는 길이기 때문이다 ······························ 126

VI. 기도의 종류와 형식 ·· 131
    1. 기도의 종류 ··· 131
    2. 기도의 형식 ··· 134
    3. 성경에 나오는 기도자의 모습 ································ 137
    4. 「리차드 포스터」의 기도의 모형 ·························· 138

VII. 철야기도의 실제와 자료 ·· 145
    1. 철야기도의 정의 ·· 145
    2. 철야기도의 성경적 배경 ····································· 146
    3. 철야기도의 운영방법 ··· 148
    4. 철야기도의 시간문제 ··· 152
    5. 철야기도의 장소 및 인도자 문제 ···························· 153
    6. 철야기도로 성장한 「서울중앙성결교회」 ················· 154

VIII. 기도의 내용 ··· 167
    1. 찬양(Adoration) ··· 167
    2. 자백(Confession) ·· 171
    3. 감사(Thanksgiving) ·· 173
    4. 간구(Supplication) ··· 177
    5. 도고(Intercession) ··· 182
    6. 예수 그리스도의 이름으로 기도 ···························· 186
    7. 아멘 ·· 186

IX. 기도의 조건과 원칙 ···································· 189
　1. 기도를 방해하는 13가지 장애물 ···················· 189
　2. 기도의 조건 ······································ 199
　3. 기도의 원칙 ······································ 200

X. 수사학적 기도와 역동적 기도 ························ 215
　1. 기도와 교회성장 ·································· 215
　2. 기도의 본질을 이해하는 것 ························ 219
　3. 기도의 권능을 인식하는 것 ························ 222
　4. 기도의 법칙을 따르는 것 ·························· 229

XI. 기도와 그 응답 ···································· 243
　1. 응답을 받는 기도 ································ 243
　2. 기도 응답의 형태 ································ 254
　3. 응답을 받지 못하는 기도 ·························· 260

XII. 예수님의 기도생활 ································ 271
　1. 예수님의 기도명령 ································ 271
　2. 예수님의 기도방법 ································ 275
　3. 예수님의 기도생활 ································ 277

XIII. 기도는 하늘 문을 여는 열쇠 ······················ 285
　1. 하나님께서는 우리를 기도에로 부르신다. ············ 285
　2. 교회부흥의 열쇠인 기도 ·························· 291
　3. 하늘 문을 여는 기도 ···························· 293
　4. 「5만 번 응답 받은 죠지 뮬러의 기도」의 비밀 ········ 310

XIV. 기도 훈련의 실제 ································ 317
　1. 왜 기도 훈련이 필요한가? ························ 317
　2. 기도의 구분, 단계 및 현상론 ······················ 320
　3. 기도의 실제 ···································· 326

참고문헌(Bibliography) ································ 340

I. 기도는 당신의 삶을 바꾸는 열쇠

1. 기도는 현찰이다.

기도는 신앙생활에 있어서 가장 중요한 필수요건이다. 신자는 기도를 통하여 하나님께 가까이 나아가고, 그분과 대화함으로써 하나님의 한없는 사랑과 뜻을 알게 되며 구속의 은총을 체험할 수 있기 때문이다.

우리가 일마다 때마다 주님 앞에 경건히 엎드려 간구하면 주님은 응답하시고 사죄의 기쁨과 넘치는 평강으로 채워주신다.

"야베스는 그 형제보다 존귀한 자라 그 어미가 이름하여 야베스라 하였으니 이는 내가 수고(受膏)로이 낳았다 함이었더라 야베스가 이스라엘 하나님께 아뢰어 가로되 원컨대 주께서 내게 복에 복을 더하사 나의 지경(地境)을 넓히시고 주의 손으로 나를 도우사 나로 환난(患難)을 벗어나 근심이 없게 하옵소서 하였더니 하나님이 그 구하는 것을 허락하셨더라"(대상 4:9-10).

야베스란 "그가 괴롭게 하다", "그가 슬프게 하다"란 뜻으로 이는 그의 어머니가 괴로움과 고통 중에 야베스를 출산하였기 때문에 붙여진 이름으로 성경에 나오는 많은 이름 중에서 제일 고통의 의미가 강한 이름이다. 따라서 그는 집안에서 다른 형제들보다 더 소중한 자로 대우를 받았다.

세상에서는 돈이면 호랑이 속눈썹도 살 수 있다고 한다. 자본주의 시장 경제에서 돈의 위력은 문제해결의 열쇠이기도 하다. 돈 때문에 삶의 모양새가 다르다. 주머니에 현찰이 가득하면 어쩐지 마음이 든든하고 힘이 있다. IMF시대 국제통화인 달러의 위력은 너무나도 컸다. 선진국이란 외화 보유고가 넉넉한 나라를 의미하기도 한다.

야베스의 하나님께 부르짖는 기도는 현찰이 되어 삶의 현장의 지경을 넓히는 축복의 원동력이 되었다.

사람은 신령한 것을 사모해야 하고 하나님의 신령한 능력을 몸에 힘입어야 한다. 신령한 상태가 부족한 것이 죄이고 신령한 능력이 부족하면 타락한다. 어떻게 하면 우리 속에 예수 그리스도의 성품이 나타나며 성령 충만한 삶을 누릴 수 있을까? 이것은 모든 믿는 사람들의 한결같은 바람일 것이다. 영적인 싸움에서의 승리가 없이는 교회성장은 기대할 수 없다.

사탄과 싸우기 위해서는 하나님께 가까이 가고 우리의 손과 마음을 깨끗이 해야 한다 이 세 가지는 영적 전사를 무장시키는 신병훈련소의 삼대 수칙이다.

기도 없이는 어떠한 전도 기술도 참된 효과를 발휘할 수가 없다. 지금 모든 그리스도인에게는 하나님을 향한 맑은 기도, 생명을 바치는 기도, 육신을 이기는 기도, 양보하지 않는 기도, 하나님을 우리 편으로 끌어들이는 기도가 필요한 때이다.

우리의 기도는 영원한 투자가 될 수 있다. 기도는 결코 백지수표가 될 수 없기 때문이다. 자식의 미래도 부모의 무릎에 달려 있다. 우리는 성경에서 많은 기도의 사람들을 만날 수 있다.

1) 구약에 나오는 기도의 예

(1) 아브라함의 기도

① 벧엘에서 여호와의 이름을 부름(창 13:1-4)

② 아브라함의 이름을 받을 때 하나님께 기도(창 17:1-5)

③ 소돔성을 위한 중보기도(창 18:1-33)

④ 그랄왕 아비멜렉을 위하여 기도하니 하나님이 응답하심(창 20:7, 17-18)

(2) 아브라함의 늙은 종의 기도

① 이삭의 아내 리브가를 만나기 위한 기도(창 24:12-14, 21, 26-27, 63)

(3) 야곱의 기도

① 벧엘 광야에서의 기도(창 28:16, 20-22)

② 얍복 강변에서 환도뼈가 부러질 때까지 하나님과 씨름하는 기도 (창 32:22-29)

(4) 모세의 기도

① 개구리 재앙을 그치게 한 기도(출 8:12-13)

② 파리 재앙을 그치게 한 기도(출 8:30-31)

③ 마라의 쓴물을 달게 한 기도(출 15:22-25)

④ 아말렉과 싸울 때 모세의 기도로 이김(출 17:11-16)

⑤ 시내산에서의 모세의 기도로 이김(출 24:18)

⑥ 회막에서 모세가 하나님과 친구와 얘기하듯 기도(출 33:8-11)

⑦ 백성의 범죄로 인한 중보기도(민 11:1-2)

⑧ 미리암의 범죄로 인한 중보기도(민 12:9-14)

⑨ 고라와 다단과 아비람의 반역을 인한 중보기도(민 16:20-24)

(5) 여호수아의 기도

① 태양을 중천에 머물게 한 기도(수 10:12-14)

(6) 기드온의 기도

① 하나님의 뜻을 분별하기 위한 기드온의 기도(삿 6:34-40)

(7) 삼손의 기도

① 블레셋인 천명을 죽인 삼손의 기도(삿 15:14-19)

② 삼손의 죽기 전 마지막 기도와 응답(삿 16:26-30)

(8) 한나의 기도

① 아들 사무엘을 얻기 위한 기도(삼상 1:10-17)

② 한나가 사무엘로 인해 여호와를 찬양하는 기도(삼상 2:1-10)

(9) 사무엘의 기도

① 사무엘이 하나님의 음성을 처음 듣고 드리는 기도(삼상 3:10)

② 사무엘의 이스라엘을 위한 기도(삼상 7:9)

③ 사무엘의 백성들을 위한 중보기도(삼상 8:21)

(10) 다윗의 기도

① 하나님께 영광을 드리는 기도(삼하 7:18-20)

② 하나님의 약속을 위한 간구(삼하 7:25-26)

③ 여호와를 기뻐하라(시 32:11)

④ 곤고한 자가 부르짖음(시 34:4-22)

⑤ 우리아의 아내를 범한 죄에 대한 깊은 회개로 통곡하는 기도(시 51:1-19)

⑥ 저녁과 아침과 정오의 기도(시 55:17)

⑦ 여호와의 인자하심(시 107:6-14)

⑧ 경책 받는 고통에서의 간구(시 118:25-29)

⑨ 깊은 데서 부르짖는 기도(시 130:1-8)

⑩ 주께 피하는 기도(시 141:1-10)

⑪ 고통 중에서 부르짖는 기도(시 142:1-7)

(11) 솔로몬의 기도

① 지혜를 구하는 솔로몬의 기도(왕상 3:4-14)

② 여호와의 단 앞에서의 기도(왕상 8:22-61)

③ 성전을 봉헌하는 기도(대하 6:12-13)

(12) 엘리야의 기도

① 3년 6개월의 비를 막는 기도(왕상 17:1)

② 다시 비를 내리게 하는 기도(왕상 18:41-46)

③ 갈멜산상에서 바알의 선지자와 아세라의 선지자와의 기도 대결
   (약 5:17-18)

④ 사르밧 여인의 죽은 아들을 살리는 기도(왕상 17:17-24)

(13) 엘리사의 기도

① 수넴 여인의 죽은 아들을 살리는 기도(왕하 4:32-37)

② 사환의 눈을 열어 천군 천사를 보게 한 기도(왕하 6:15-17)

(14) 히스기야의 기도

① 앗수르의 왕 산헤립의 편지를 받고 국가를 위하여 드리는 기도
   (왕하 19:14-19)

② 유월절 절기를 잘못 지킨 백성을 위한 중보기도(대하 30:17:20)

③ 여호와께 심히 통곡 기도함(왕하 20:1-11)

④ 15년의 생명을 연장 받음(사 38:1-8)

(15) 에스라의 기도

① 이방 족속과의 통혼을 한탄하여 드린 회개기도(스 9:1-10:1)

(16) 느헤미야의 기도

① 예루살렘을 위한 기도(느 1:2-11)

② 성벽 준공을 위한 기도(느 4:4-5)

③ 자신의 충성심과 마음을 하나님께 고백(느 13:14)

(17) 에스더의 기도

① 죽으면 죽으리라(에 4:16)

(18) 욥의 기도

① 욥의 회개기도(욥 42:1-6)

(19) 이사야의 기도

① 히스기야의 병을 고친 기도(왕하 20:1-17)

② 하나님을 훼방하는 산헤립을 하나님께 고하는 기도(대하 32:20)

(20) 예레미야의 기도

① 유다 족속을 위한 회개기도(렘 1:20)

(21) 다니엘의 기도

① 민족의 죄를 자복하는 금식기도(단 9:3-4)

② 세 이레 동안 포로 해방이 성취되도록 기도(단 10:2-3)

③ 예루살렘을 향하여 하루에 세 번씩 무릎을 꿇고 기도함
(단 6:1-28, 6:10)

(22) 요나의 기도

① 물고기 뱃속에서의 회개와 서원기도(욘 2:9)

2) 신약에 나오는 간절한 기도의 예

(1) 예수님의 간절한 기도

① 겟세마네 동산에서 땀방울이 핏방울이 될 때까지의 간절한 기도
(눅 22:39-44)

② 예수께서는 육체로 계실 때에 하나님 아버지께 심한 통곡과 눈물

로 간구와 소원을 올렸고(히 5:7)

(2) 성령님의 간절한 기도

① 오직 성령이 말할 수 없는 탄식으로 우리를 위하여 간구하심(롬 8:26
-27)

(3) 제자들의 간절한 기도

① 예수님 승천 후 제자들이 다락방에서 합심기도(행 1:12-14)

② 오순절 날 성령의 충만함을 받음(행 2:1-4)

(4) 스데반의 간절한 기도

① 스데반의 순교(행 7:54-60)

(5) 바울의 간절한 기도

① 사울이 다메섹 도상에서 주님을 만난 후 3일간 간절히 금식
기도함(행 9:8-11)

(6) 베드로의 간절한 기도

① 죽은 다비다를 기도로 살림(행 9:36-42)

(7) 온 교회의 간절한 기도

① 베드로를 위한 온 교회의 간절한 기도(행 12:5-17)

(8) 바울과 실라의 간절한 기도

① 큰 지진으로 구출됨(행 16:19-26)

2. 기도하면 곤경에서 회복된다.

"욥이 그 벗들을 위하여 빌매 여호와께서 욥의 곤경을 돌이키시고 욥에게 그 전 소유보다 갑절이나 주신지라"(욥 42:10).

하나님께서 욥을 곤경에서 회복시켜 주셨는데 개인이나 가정이나 교회도 기도하면 어려운 곤경에서 풀려나 회복되는 응답을 경험할 수 있다.

욥은 도적맞고, 자식 죽고, 몸이 병들고, 엄청난 곤경과 어려움을 당했다. 보통 어려움이 아니었다. 그러나 하나님께서 욥의 곤경을 돌이켜 주셨다. 욥을 곤경 가운데서 돌이켜 주신 하나님께서 우리들의 곤경도 회복시키실 줄 믿어야 한다.

1) 기도는 불가능을 가능케 한다.

어떤 사람들은 평생 고생만 하다가 인생 끝난다고 믿는 사람들이 많이 있다. 그러나 하나님께서 역사하시면 내가 지금 아무리 어려움을 당하고 있다고 할지라도 곤경은 돌이켜지는 역사가 있다는 사실을 믿어야 한다. 어떠한 믿음을 가지고 있느냐에 따라서 그 결과는 엄청나게 다르게 나타난다.

어떤 사람들은 계속 불황이라고 한다. "안 된다", "불가능하다"라는 절망적이고 부정적인 이야기만 한다. 그러나 믿음의 사람들은 부정적인 이야기를 해서는 안 된다. 내가 한다고 할 때는 불가능하고 안 되지만 하나님께서 함께해 주실 때는 가능하다는 것이다.

따라서 불가능을 가능케 하려면 우리가 주님께 기도해야 한다. 기도의 길만이 우리들이 살 길이다.

2) 울 때가 있으면 웃을 때가 있다.

하나님께서는 울 때가 있으면 웃을 때를 주신다. 이것이 바로 하나님의 놀라운 섭리의 역사이다. 어려움 속에 처하게도 하셨다가 하나님만을 섬기고 하나님을 의지하며 기도하게 하시는 하나님의 섭리를 깨닫고 어려움을 당할 때 좌절하거나 낙심해서는 안 된다. 음지가 양지되고 양지가 음지가 되는 역사를 베풀어 주신다.

바닷물도 달이 지구를 끌어당기는 인력 때문에 밀물과 썰물이 있다. 들어 올 때가 있으면 나갈 때가 있다. 이러한 현상은 하루에 두 번씩 일어난다.

마찬가지로 우리들도 어려움을 당할 때가 있다. 그러나 그 곤경으로 다 끝나는 것이 아니라 때가 되면 하나님께서 돌이켜 주시는 역사가 있다. 하나님의 백성들의 눈물을 닦아 주시는 회복과 위로의 축복이 반드시 있다.

3) 기도하는 자의 눈물을 닦아 주신다.

성경 에스더서에 보면 에스더가 베옷을 입고 우는데, 대성통곡하면서 부르짖었다. 그러나 하나님께서는 그 눈물을 닦아 주셨다.

하나님께서 상황을 완전히 역전시켜 주셨다. 당시에 유대인의 전멸을 계획하고 있는 하만을 자신이 만든 함정에 자신이 빠져버리도록 역사하셨다. 하나님의 놀라운 섭리이다.

우리가 기도하면 상황이 역전되는 역사가 일어난다. 이 사실을 정말로 믿어야 한다. 이 믿음이 없이는 하나님을 기쁘시게 하지 못한다. 하나님만을 기쁘시게 하는 믿음만 있으면 만사가 형통한다. 어린아이가 부모 마음을 흡족하게만 하면 부모가 어떻겠는가? 마찬가지로 우리가 믿음의 기도로 하나님을 기쁘시게만 하면 된다.

제가 청주에서 부흥회를 했을 때 이웃 교회 목사님이 부흥회에 참석하게 되었다. 그 목사님이 예수님을 알기 전에 어떤 병에 걸렸는데 그 병은 다리가 점점 썩어 들어가는 병이라고 한다. 목사님이 수술을 받아야 하는데 피부병이 생겨서 수술을 못하게 되었다고 한다.

이 병은 암처럼 무서운 병이라고 한다. 썩어 들어가면서 그 냄새가 이루 말할 수 없었다고 한다. 이러한 목사님에게 어떤 권사님이 계속 오셔서 기도해 주시고 전도를 했다고 한다. 그 때 그 권사님이 회개하면 병 고침을 받는다고 하더라는 것이다.

자신도 모르게 눈물을 흘리며 성경을 읽다가 회개하고 예수님을 믿게 되었다. 당시 다리를 절단해야 하는 상황이었는데 깨끗하게 고침받고 지금은 목사님이 되었다는 것이다.

얼마나 감사한가? 그 때 깨달은 것은 하나님께서는 회개의 눈물을 흘리며 기도할 때 삶을 역전시켜 주시는 분이라는 것이다.

병 들 때가 있으면 고침받을 때가 있고, 빚질 때가 있으면 갚을 때가 있는 것이다. 이 사실을 믿어야 한다.

4) 하나님은 기도하는 자가 망하기를 원치 않는다.

하나님께서는 우리가 망하기를 원하는 분이 아니시다. 참 좋으신 하나님이시다.

마귀는 우리가 망하기를 원하지만 하나님께서는 그렇지 않으시다. 오히려 그 마귀의 세력을 예수님의 이름으로 물리치기를 원하신다.

우리나라가 얼마나 어려운 곤경에 빠졌었는가? 보릿고개는 두말할 것도 없이 외국의 구호물자로 살았던 나라가 아닌가? 그러나 하나님께서 이 민족에게 복음이 들어오게 하셔서 오히려 쌀이 남아돌 정도로 축복해 주셨다. 하나님께서 일하시므로 풍성케 하셨다. 하나님께서 가난한 곤경을 돌이켜 주신 것이다. 하나님께서 일하시면 뒤집어지는 역사가 일어나는 것이다.

우리가 이 세상을 살아가다가 보면 곤경에 빠져 그 곤경과 더불어 사라져버리는 사람이 있는 반면에 하나님께서 역사하실 때 과거보다 훨씬 더 좋은 삶의 축복이 있는 경우가 많이 있다. 하나님으로 인해 인생의 역전을 경험하는 것이다.

욥이 병이 들어 곤경에 처해 있을 때 욥의 기도를 들으시고 하나님께서 곤경에서 회복시켜 주시므로 더 큰 축복을 허락해 주셨다.

5) 환난 날에 부르짖으라.

욥의 하나님이 바로 나의 하나님이다. 하나님께서는 믿는 자에게 역사하신다. 욥이 가만히 있는데 곤경을 돌이켜 주시지는 않았다. 욥의 친구들은 욥을 조롱하나 욥은 하나님을 향하여 눈물을 흘린다. 하나님 앞에서 해결받기를 원했던 것이다. 바로 이것이 신앙이다.

하나님은 하나님의 자녀들이 곤경을 당하여 그 곤경과 더불어 사라져버리는 것을 원치 않으신다. 하나님께서는 오히려 "환난 날에 내게 부르짖으라 그리하면 내가 네게 응답하겠고 크고 비밀한 것을 보이리라"고 말씀하셨다.

환난 날에 우리가 앉아서 소주잔을 들이키며 자신의 신세를 한탄한다거나 나의 사업을 망하게 한 그 사람을 저주하며 원망할 것이 아니라 하나님께 기도해야 한다. 그리할 때 그 부르짖는 기도에 응답해 주실 것이다.

6) 골리앗 앞에 어린 다윗일지라도

우리가 기도만 하면 하나님께서 해결해 주시는 역사가 일어난다. 하나님께서는 약한 자가 강한 자를 부끄럽게 하는 역사를 이루신다.

골리앗 앞에 다윗이 있다. 골리앗은 다윗을 어린아이로 취급해버린다. 사실 당시 다윗은 어린아이라 할 수 있다. 그러나 하나님께서 다윗을 간섭하시고 역사하실 때 단번에 골리앗을 넘어지게 하셨다.

내 앞에 골리앗과 같은 어려운 난관이 있다 해도, 내 앞에 홍해가 가로놓여 있어도 하나님께서 갈라지게 해 주신다. 나의 앞에 여리고가 무너지는 역사가 일어난다.

언젠가는 38선도 무너지게 해 주실 것이다. 하나님께서는 분명히 통일이 되게 해 주실 것이다. 그리하여 우리의 눈물을 닦아 주실 것이다. 우리들의 기도를 결코 외면하지 않으시는 하나님이시다.

우리는 어려움에 있을 때 하나님 앞에 지혜를 구해야 한다. 하나님 앞에 간절히 기도하면서 화가 복으로 변하도록 기도해야 한다.

요셉이 노예로 팔려갈 때에 이제 끝나는 것 같은 절망이 있었을 것이다. 그러나 팔려가는 것이 동기가 되어 자기만 사는 것이 아니라 형제들 모두 잘 사는 역사를 일으켜 주셨다. 이를 위해 시편 기자는 하나님께서 요셉을 애굽에 먼저 보내셨다고 말씀하고 있다.

사도행전을 보면 예루살렘 교회는 어려움과 박해를 받을 때 서로 합심하여 기도했다. 문제 해결 방법은 바로 기도였다. 우리는 어려움이 와도 기도를 쉬지 말아야 한다. 기도만 하면 하나님의 때가 있다. 분명 회복시켜 주는 때가 있다.

7) 기도는 핵무기보다 강하다.

예수님께서는 밤이 맞도록 기도하셨다. 예수님을 따르는 사람들이 기도를 해야 하는데 자기 고집대로, 자기 계산대로 신앙생활을 하는 사람들이 많이 있다. 기도하는 사람들은 겁날 것이 없다. 천만인이 나를 둘러 진친다고 할지라도 하나님께서 역사하실 때 문제는 해결된다. 핵무기보다 더 강한 것이 바로 기도의 무기라는 사실을 믿어야 한다.

기도하는 사람들을 함부로 생각하면 안 된다. 하나님께서는 기도하는 사람들과 한 편이 되셔서 역사하기를 원하신다. 하나님께서는 기도하는 사람들에게 응답의 축복을 주신다.

8) 조급할 때 기도하라.

엄청난 곤경에 휘말려 어찌할 수 없는 상황일지라도 하나님께 기도만 하라. 하나님께 그 억울한 곤경을 돌이켜 주실 때까지 기도하라.

하나님께서는 결코 우리를 외면하지 않으실 것이다. 우리의 눈물을 닦아 주실 것이다. 외면한 것 같은 침묵이 우리들에게 있을 수도 있다. 그 침묵의 시간이 오래간다고 낙심하면 안 된다. 분명히 하나님의 때가 있다. 그 하나님의 때를 기다릴 줄 알아야 한다. 성급하고 조급하면 안 된다.

내 생각대로 하려고 할 때 언제나 조급하기 마련이다. 우리 자신들이 매사에 너무 조급하다고 생각될 때 무릎을 꿇어야 한다. 기도하면서 좀 차분할 필요가 있다.

조용히 무릎을 꿇고 하나님께 기도하고 기도를 통해서 하나님을 만나고 하나님을 체험하면 조급했던 마음에 평온이 찾아오기 시작한다.

예수님을 믿기 전과 믿은 후는 무엇이 달라도 달라져야 한다. 그것이 바로 기도하는 사람들이 아니겠는가? 물론 하루 아침에 불가능하다. 지속적으로 기도해야 한다. 시간과 장소를 정해서 꾸준히 기도하면 하나님께서 엄청난 은혜를 주실 것이다.

9) 곤경을 당할 때 낙심하지 말고 기도하라.

우리들이 언제나 범하기 쉬운 실수는 어려움이 왔을 때 즉 곤경에 빠졌을 때 내가 하나님께 버림받은 것이 아닌가 하고 좌절하고 낙심하며 교회를 떠나는 사람들이 있는데 그것은 어리석은 생각이다.

하나님의 자녀이기 때문에 어려움이 있을 수도 있다. 또한 그 어려움이 나의 불성실함이나 죄 때문이라고 한다면 그 죄를 회개해야 한다. 내가 죄가 없는데도 당하는 곤경이라면 분명히 하나님의 뜻과 때가 있다는 것을 기억해야 한다.

어려움이 왔을 때 빨리 그 상황을 판단할 필요가 있다. 가장 중요한 상황 판단은 무조건 하나님 앞에 무릎을 꿇는 것이다. 기도의 골방에서 하나님과 만나야 한다. 하나님께 기도하면 헤아릴 수 없는 은혜의 단비가 내릴 것이다. 기쁨과 평안이 올 것이다. 지금 사업이 망하고 있는데도 왠지 모를 감사가 나온다. 회개의 기도가 나온다. 그것은 하나님께서 그 곤경을 돌이켜 주시겠다는 징표로 이해하면 틀림없다.

그러한 하나님을 믿는다면 그대로 실천할 수 있는 믿음의 사람이 되어야 한다. 우리를 곤경에서 회복시켜 주시는 하나님을 찬양하자.

3. 내가 새벽을 깨우리라.

하나님이여 내 마음이 확정되었고 내 마음이 확정되었사오니 내가 노래하고 내가 찬송하리이다. 내 영광아 깰지어다 비파야 수금아 깰지어다. 내가 새벽을 깨우리로다 주여 내가 만민 중에서 주께 감사하오며 열방 중에서 주를 찬송하리이다. 대저 주의 인자는 커서 하늘에 미치고 주의 진리는 궁창에 이르나이다 하나님이여 주는 하늘 위에 높이 들리시며 주의 영광은 온 세계 위에 높아지기를 원하나이다(시 57:7-11).

(1) 하나님께서는 새벽에 더욱 크게 역사하신다.

"내가 새벽을 깨우리로다"(시 57:8).

얼마나 멋있고 힘 있는 말인가! "새벽을 깨운다"는 말은 "어두움을 물리치고 새벽을 가져 온다"라는 말로 해석할 수 있다. 이것은 분명 우리의 힘으로는 그 어두움을 물리칠 수 없지만 성령께서 함께 해 주실 때 가능한 것이다.

따라서 성령으로 충만한 사람들, 기도하는 사람들만이 새벽을 깨울 수 있는 자격이 있는 것이다.

시편 57편은 다윗이 사울을 피하여 굴에 있을 때 지은 시다. 사울이 다윗을 죽이려고 할 때 다윗은 굴로 피신하였다. 그 굴속에 피신해 있을 때를 상상해 보라. 그러한 절대 절명의 위기의 순간에서 지은 찬송시이다.

오늘 이 밤을 무사히 보내고 내일 새벽을 맞으리라는 보장이 없는 가운데서도 다윗은 담대히 "새벽을 깨울 것"이라는 신앙고백을 했다. 이 말은 절대 절명의 순간은 결국 극복될 것이라는 확신에 찬 고백이기도 하다.

새벽이라는 단어가 마음속에 없거나 사라져버린 사람들은 소망이 없는 사람이다. 그런데 새벽 시간을 소유한 사람들은 누구인가? 세상에서도 남보다 한 발 앞서가거나 앞서가기를 원하는 사람들의 시간이다.

신앙에 있어서도 마찬가지다. 새벽에 홍해가 갈라졌다(출 14:1-22). 새벽에 만나가 내렸다(출 16:2-15). 새벽에 여리고 성이 무너졌다(수 6:5-17). 주님께서도 새벽 미명에 기도하셨고 "시험에 들지 않게 깨어 있어 기도하라"고 말씀하셨다(막 14:38).

새벽 시간을 하나님께 드리는 사람들은 신앙의 선두주자들이라고 말할 수 있다. 믿음이 앞서가기를 원하면 새벽 고요한 시간에 주님을 만나라. 그리하면 나의 무뎌진 영혼이 깨어나게 되는 것이다.

새벽 시간에 잠만 자는 사람인가? 아니면 그 시간 기도하며 하나님을 만나는 사람인가? 새벽 시간을 기도로 보낸다면 그 사람은 분명히 하나님의 축복을 받게 되어 있다.

세상의 성공이나 출세도 새벽 시간에 결정된다고 해도 과언이 아니다. 특히나 운동선수들은 새벽 시간을 어떻게 보내느냐에 따라서 승패가 결정된다.

2) 새벽을 깨우는 사람이 되기 위한 두 가지 조건

"새벽을 깨우는 사람들"이 어떠한 사람들인가를 살펴보기 전에 잠깐 말씀을 통해 "새벽을 깨우는 사람들"이 되기 위한 두 가지 조건을 알아보도록 하자.

첫째, 구원의 확신이 있어야 한다.

새벽을 깨우기 위해서는 먼저 구원의 확신이 있어야 한다. 다윗은 7절에서 "하나님이여 내 마음이 확정되었고, 내 마음이 확정되었사오니"라고 고백했다. 다윗은 주님에 대한 자신의 확고한 마음을 표현했다. 두 번씩이나 "확정되었다"라고 말한다. 이 말은 주님을 믿는 마음이 확고부동하여 고정되어 있다는 의미이다.

잠자는 영혼을 깨우고 주님의 일을 감당하기 위해서는 먼저 자신이 주님에 대한 신앙이 확실해야 한다. 하나님에 대한 확신이 없이는 새벽을 깨울 수 없다.

기도의 불을 붙이는 사람들이나 기도의 일꾼들은 먼저 하나님 앞에서 확고한 신앙을 고백해야 한다. 그러한 확신 속에 있는 자들이 새벽을 깨울 수 있는 자격이 있다.

물리적인 새벽을 깨우는 것도 얼마나 힘든 일인가? 새벽에 일어나기 좋아하는 사람들은 이 세상에 아무도 없다. 인간은 척추동물이기 때문에 누울 때 가장 편안함을 느낀다. 가장 편안한 자세로 잠을 자는데 새벽에 일어난다는 것은 신체의 의지와 역행하는 일이다.

그래서 우리는 어떤 방법을 사용하는가? 최후의 순간까지 누워 있으려고 10분만 더 누워 있자, 10분이 지나면 5분만, 3분만, 단 1분이라도 그 자유를 누려보려고 하다가 더 이상 피할 수 없는 시간에 다다르면 아쉬운 마음을 달래며 일어난다.

새벽을 깨우는 것은 굉장히 어려운 일이다. 그런데 그것보다 더 어려운 일이 있다. 그것은 다른 사람을 깨우기 위해서, 새벽에 일어나는 사람들이다. 잠자는 사람들을 깨워 본 사람들은 다 알겠지만 깨워 달래서 깨워줘도 좋지 못한 소리를 들을 때가 많다. 심한 경우에는 욕도 듣고, 더 심한 경우에는 물리적인 폭력을 당하는 경우도 있는데 영적인 세계에서도 마찬가지이다.

잠자는 영혼들을 깨우는 일은 많은 어려움이 따른다. 때로는 좋지 않은 말을 들을 때가 있고, 핍박을 당할 때도 있다. 그런데 남의 영혼을 깨우기 위해서는 먼저 나의 영혼이 깨어 있어야 한다.

8절에 "내 영혼아 깰지어다"라는 말에서 확고한 믿음이 없는 사람들은 새벽을 깨울 수 없다는 사실을 우리는 명심해야 한다. 따라서 먼저 깨어 기도하는 사람들이 되지 않고는 일꾼이 된다거나 신앙의 지도자가 된다는 것은 모순이다.

둘째, 하나님의 영광을 위해 살려는 분명한 목적의식이 있어야 한다.

주님의 영광을 위하여 산다는 분명한 목적이 있는 사람들만이 새벽을 깨울 수 있다(11절).

11절에서 다윗은 "하나님이여 주는 하늘 위에 높이 들리시며 주의 영광은 온 세계 위에 높아지기를 원하나이다"라고 선포한다. 우리의 삶의 분명한 목적은 하나님의 영광이다.

로마서 14장 8절을 보면 "우리가 살아도 주를 위하여 살고 죽어도 주를 위하여 죽나니 그러므로 사나 죽으나 우리가 주의 것이로다"라는 말이 있다. 우리 인간이 살아가는 제일의 목적은 하나님의 영광이다.

세상에서도 성공한 사람들을 보라. 자기의 분명한 목적이나 꿈이 있다. "되는 대로 살지"하는 사람과 "꼭 이루고 말테야"하는 사람과 살아가는 방법은 결코 똑같지 않다.

"꼭 세계 챔피언이 될거야"하는 선수와 "그냥 한번 해 보다가 안 되면 그만 두지 뭐"하는 권투선수가 있다면 그들의 훈련 방법이나 훈련에 임하는 각오는 굉장히 다를 것이다. 꼭 세계 챔피언이 되겠다는 선수는 새벽부터 밤늦게까지 뼈와 살을 깎는 고된 훈련을 할 것이다. 그러한 훈련을 하면서 그 마음에는 "나는 세계 챔피언이 반드시 되고 말테야" 하는 생각이 항상 자리 잡고 있을 것이다.

그렇지만 "한 번 해 보지 뭐"하는 선수는 뚜렷한 목표가 없으므로 훈련에도 열의가 없고 꼭 권투로 성공하겠다는 결심도 약할 수밖에 없다.

새벽을 깨우기 원한다면 주님을 위하여 살아야 한다는 분명한 목적이 있어야 한다. 그리고 우리가 달려갈 길을 다 마친 후에는 그리스도의 심판대 앞에 선다는 두려운 마음을 가지고 신앙생활을 해야 한다(고후 5:10).

3) 새벽을 깨우는 사람들

그러면 "새벽을 깨우는 사람들"이 어떠한 사람들인지 성경 속에 나타난 신앙의 인물들을 중심으로 네 가지로 살펴보자.

첫째, 하나님의 말씀에 순종하는 사람들이다.

대표적인 인물로 아브라함을 들 수 있다. 창세기 22장 3절에 아브라함은 하나님께서 아들 이삭을 모리아 땅의 한 산에서 번제로 드리라는 명령을 내릴 때 아침 일찍 일어나서 이삭을 데리고 떠나는 장면이 나온다.

창세기 22장을 읽을 때 특별히 3절의 "아침 일찍이"라는 이 말을 깊이 묵상해 보면 새벽을 깨운다는 뜻은 영적인 의미이지만 물리적인 새벽도 영혼을 깨우기 위해서는 빼놓을 수 없는 중요한 사실이라는 것이다.

아브라함은 100살에 아들 이삭을 얻었다. 그런데 눈에 넣어도 아프지 않을 사랑하는 아들 이삭을 각을 떠서 불에 태워 죽이라는 번제의 명령을 하나님이 내리신다.

이 얼마나 엄청난 명령인가! 하나님이 주실 때는 언제고 이제 그 아들을 데리고 가시겠다니, 보통 사람들 같으면 분노하거나 거부했을 것이다. 그런데 아브라함은 믿음의 조상답게 철저하게 달랐다. 하나님의 명령에 전적으로 순종하는 모습을 보여준다. 전적인 순종이 바로 22장 3절의 "아침 일찍이"라는 말에서 가르쳐 준다.

누구나 사랑하는 사람들과는 조금이라도 오래 있고 싶어 한다. 사랑하는 연인들이 헤어질 때 얼마나 아쉬워하면서 발길을 돌리는가? 언제 죽을지 모르는 전쟁터에 나가는 아들이 있다고 한번 생각해 보자. 그 아들의 손을 잡고 단 1분이라도 같이 있고 싶은 것이 부모의 마음이다. 자식에 대한 부모님의 사랑은 한이 없고 끝이 없는 것이다. 아브라함도 이삭과 조금이라도 더 같이 있고 싶었을 것이다.

대부분의 성경학자들은 이 때 이삭의 나이를 15, 16세쯤 된 것으로 보는데 이제 이삭은 의젓하고 늠름한 청년으로 변해가고 있다. 그 이삭과 조금이라도 함께 있고 싶었지만 하나님의 말씀 앞에 아브라함은 자신의 모든 것을 포기한다.

"주신 자도 여호와시요, 취하신 자도 여호와시오니"(욥 1:21) 라는 믿음으로 전적인 순종의 자세를 보인다.

그것을 우리는 "아침에 일찍이"라는 말 속에서 찾을 수가 있는데 "아침 일찍이"라는 말은 새벽이라는 말이다. "어둠이 걷히고 막 태양이 떠오르기 시작하는 때"에 아브라함은 길을 떠나고 있었던 것이다. "순종이 제사보다 낫다"(삼상 15:22). 하나님의 말씀에 "아멘"하고 순종하는 사람들만이 새벽을 깨울 수 있는 것이다.

아브라함은 순종의 믿음으로 자신과 그 믿음의 후손들을 통해서 이 땅의 잠자는 영혼들을 얼마나 많이 깨웠는가? 하나님의 말씀에 순종하는 사람들은 어두운 세상에 빛을 던져 주는 새벽을 깨우는 사람들이다.

둘째, 하나님의 일을 준비하는 사람들이다.

성경에 나타난 대표적인 새벽의 인물을 이야기할 때 여호수아를 빼놓을 수가 없다. 여호수아 3장부터 8장까지 보면 "여호수아가 아침에 일찍이 일어나"라는 말이 4번이나 나온다.

여호수아는 3장에서 요단강을 향해 싯딤을 떠나는데 아침 일찍 일어나 떠난다. 가나안 땅을 들어가기 위해서는 요단강을 건너야 되는데 아침 일찍 싯딤을 떠나서 요단강을 건너기 위해 준비한다.

6장에서도 여호수아는 여리고성을 무너뜨리기 위해 아침 일찍 일어나서 제사장과 백성들로 하여금 여리고성을 돌게 한다. 새벽에 일어나서 7일 동안 매일같이 여리고성을 돌았을 때 드디어 제 7일째 새벽에, 난공불락의 여리고성이 무너져버렸다.

7장에서도 여호수아는 아침에 일찍이 일어나서 범죄한 아간을 제비뽑아 찾아낸다.

8장에서 여호수아는 아침에 일찍이 일어나서 아이성을 점령하기 위해 백성들을 준비시킨다. 여호수아야말로 새벽을 확실히 깨운 사람이며 새벽과 함께 산 인물이라고 말할 수 있다.

여호수아는 가나안 땅에 들어가기 위해서 새벽에 일찍 일어나서 하나님의 일을 준비했다. 하나님이 능력을 주시지만 우리는 인간이 해야 할 준비에 최선을 다해야 한다. 여호수아가 아침 일찍 일어나서 무엇을 했겠는가? 하나님이 명하신 일들을 온전히 준비하기 위해 그 새벽을 이용했던 것이다.

하나님의 일을 보다 잘 하기 위해서 기도로, 찬양으로, 지식으로, 건강으로 준비하는 사람들은 바로 새벽을 깨우는 사람들이다.

셋째, 새벽을 깨우는 사람들은 열심인 사람들이다.

대표적인 인물로 막달라 마리아를 들 수가 있다. 성경에 나오는 여러 마리아 중에서도 이 막달라 마리아는 주님을 만나거나, 따르는 데 있어 누구보다 열심이었다.

부활 후에 제일 먼저 예수님의 무덤에 새벽에 찾아온 사람 중에 첫 번째로 이름이 기록된 사람이 바로 막달라 마리아였다.

부활의 주님으로서 광명한 새벽별(계 22:16)이신 예수님을 처음 만난 사람이 제자들이나 니고데모나 아리마대 요셉이 아닌, 일곱 귀신이 들렸다가 고침을 받은 보잘 것 없는 한 여인인 막달라 마리아라는 사실은 우리들에게 많은 것을 묵상하게 한다.

막달라 마리아는 단지 주님을 만나기 위해 새벽 미명에 여자의 신분으로 겪게 될지도 모를 모든 위험을 무릅쓰고 무덤으로 갔다. 이렇게 주님을 만나는 데 열심이었기에 막달라 마리아는 참 빛이신 예수님을 만날 수가 있었다. 그래서 온 세계에 새벽을 깨우는 복음의 빛을 발하는 여인이 될 수 있었던 것이다.

새벽기도에는 누가 나오는가? 주님 만나기를 간절히 사모하는 사람들이 나온다. 주님 만나는 데 열심인 사람들만이 새벽을 깨우고 복음의 빛을 발할 수가 있는 것이다.

새벽에 잠자는 데 열심을 내지 말고 새벽을 깨우는 데 열심이어야 한다. 그리고 새벽을 깨우기 위해서는 주님 만나기를 갈망해야 한다는 사실을 기억하라.

넷째, 새벽을 깨우는 사람들은 새벽에 기도하는 사람들이다.

마가복음 1장 35절에 보면 새벽 미명에 예수님께서 기도하시는 모습이 나온다. 영혼을 깨우기 위해서는 새벽 조용한 시간에 기도로 능력을 덧입어야 한다. 위대한 신앙의 인물들은 새벽에 기도생활을 하지 않은 사람이 없다.

성경을 통해 볼 때도 새벽에 하나님의 역사가 많이 나타난 것을 알 수 있다. 새벽에 홍해가 갈라졌으며(출 14장), 새벽에 여리고성이 무너졌다(수 6장). 시편 46편 5절에 보면 "새벽에 하나님께서 도와주신다"라고 말씀하고 있다. 새벽은 우리 그리스도인들에게 있어서 보화를 캐는 시간으로 너무도 소중한 시간이다.

바벨론 포로 생활 후에 예루살렘으로 돌아온 유다 백성들은 에스라가 하나님의 말씀을 전할 때 새벽부터 오정까지 귀 기울여 듣는 것을 느헤미야 8장에서 볼 수 있다. 말씀에 대한 사모함이 새벽부터 그들을 수문 앞 광장으로 나오게 했던 것이다.

우리나라 기독교가 세계에 자랑할 만한 것이 하나 있는데 그것이 바로 새벽기도이다. 이 새벽기도의 좋은 전통은 길선주 목사님으로부터 시작이 되었는데 초대 교부 중에 이그나티우스 감독은 "하나님은 고요한 중에 계시므로 새벽에 잘 만나 주신다"라고 했다.

진정 하나님의 살아 계심과 사랑을 체험하기를 원한다면 새벽기도로 하루의 삶을 시작하라. 세상의 일이나 신앙에 있어서 성공하기 위해서는 새벽을 어떻게 보내느냐에 달려 있다.

능력 있는 하나님의 일꾼이 되려면 새벽 시간을 하나님께 드려야 한다. 우리가 새벽을 깨우기를 진정 원한다면 새벽에 주님과 깊은 교제를 나누고, 이 어두운 세상에 빛이 되어 잠자는 영혼들을 깨우고 또 깨우는 성도들이 되기를 바란다.

II. 기도란 무엇인가

1. 기도의 정의

1) 기도의 본질

기도(祈禱)는 하나님과의 대화(對話)요, 영혼의 호흡이며, 하나님의 능력을 우리 자신에게로 끌어들이는 통로이다.

기도는 하나님이 자신의 자녀들과 관계를 유지하는 대화의 방법으로 하나님의 자녀들만이 가지는 최대의 특권이다. 우리는 성경을 통해 하나님의 말씀을 들으며, 그 말씀에 우리의 영혼이 경배하고 찬양과 감사를 드리며 탄원과 간청으로 응답하는 대화가 바로 기도인 것이다.

하나님과의 대화가 단절되면 사람이 호흡을 멈추고는 살 수 없는 것처럼 하나님과의 관계는 끊어지고 만다. 그러므로 기도는 영혼의 호흡으로써 쉬지 않고 하나님을 향해 드려져야 한다. 기도를 통해서만 영적 생명을 얻을 수 있기 때문이다.

만일 하나님과의 대화인 영혼의 호흡이 없으면 죽은 심령이 되어 하나님의 능력을 우리에게 끌어들일 통로가 차단된다. 그러므로 기도는 하나님의 전능하신 능력을 우리의 삶 속에 끌어들이는 통로인 것이다.

기도란 곧 하나님의 관계를 의미하며 하나님과의 대화를 의미한다. 또한 기도란 하나님과 동행하는 삶이며, 하나님을 사랑한다는 고백이며, 하나님을 믿고 의지한다는 고백이다. 기도는 곧 인간의 생사화복을 주장하시는 하나님 앞에 나아가 모든 즐거움과 모든 고민을 함께 나누는 것이다. 그러므로 기도보다 더 귀중한 것은 없고 기도보다 더 아름다운 것은 없다. 기도는 모든 삶의 중심이 되어야 하며 모든 삶의 시작과 진행과 마지막이 되어야 한다. 기도, 이것은 유일하게 하나님의 자녀만이 누릴 수 있는 가장 소중한 특권이다.

기도가 비록 하나님과 인간의 상호 대화의 교제라고 하지만, 그 주도적 능력과 인도는 하나님으로부터 오는 것이어야 하며, 그리스도인은 거기에 성실히 감사해야 한다.

2) 기도의 의미

(1) 관계적 의미

일반적으로 기도의 의미는 세 가지 측면에서 생각해 볼 수 있는데, 그 첫 번째 측면이 기도를 하나님과 인간의 상호관계 속에서 나타나는 대화적인 의미로 보는 것이다.

기도에 대한 가장 일반적인 이해는 기도를 하나님과 인간의 교제(交際) 또는 대화로 보는 것이다(시 17:6). 그리스도인이 하나님과 교제하기 위해 가장 쉽게 접할 수 있는 방법이 기도이다. 그리스도인은 기도를 통해서 자신의 처지와 어려움을 하나님께 아뢸 뿐 아니라 감사와 찬양을 드린다. 또 하나님께서는 그리스도인의 기도를 들으시고 응답하시며, 때를 따라 은총을 주시고 당신의 뜻을 계시(啓示)하신다. 따라서 기도는 인간과 하나님과의 영적 교제라고 할 수 있다.

이러한 교제에는 필연적으로 하나님께서 인간에게 당신의 뜻을 계시하시고, 인간은 그분의 뜻을 깨닫는 가운데 의사소통이 이루어진다. 물론 인간과 하나님의 대화가 눈에 보이는 구체적인 형태를 가지고 있는 것은 아니지만 기도에는 모든 대화적인 요소가 포함되어 있다. 그리스도인은 기도라는 대화를 통하여 하나님과 더욱 친밀한 영적 관계를 유지하게 된다.

예수님께서는 특별히 하나님과 그 자녀들과의 관계를 유지하는 방법으로 기도를 명령하셨다(살전 5:17 참조). 사람이 다른 사람과 계속적인 교제를 갖지 않고는 그 친밀한 관계를 유지할 수 없는 것 같이 그리스도인도 하나님과의 지속적인 교제 없이 하나님을 향한 신앙을 유지할 수 없는 것이다. 따라서 기도는 그리스도인의 신앙을 유지해 줄 뿐만 아니라 하나님과의 친밀한 관계를 이어주는 능력을 갖고 있다.

(2) 은총적 의미

기도의 의미를 파악하는 또 다른 방법은 기도를 하나님의 은총적 측면에서 이해하는 것이다.

기도는 하나님의 은총이라는 면에서 그리스도인의 최대 특권이라고 할 수 있다. 그리스도인이 언제든지 하나님을 만나 대화할 수 있는 것은 기도라는 무기가 있기 때문이다. 하나님께서는 인간에게 기도라는 무기를 주셔서 그것을 통해 당신을 만날 수 있게 하신다.

그리스도인은 기도를 통하여 하나님을 만날 수 있을 뿐만 아니라 기도의 응답을 받을 수 있다. 구약성경에는 하나님을 움직인 기도의 예가 여러 곳에 나타난다. 즉 하나님께서는 눈물로 매달려 기도한 히스기야 왕의 생명을 15년이나 더 연장시켜 주셨으며 엘리야의 기도를 들으시고 비를 내려 주시기도(왕상 18:1)하셨다.

또한 하나님께서는 놀라운 이적의 역사도 그리스도인의 기도를 통하여 허락하셨다. 예수님께서는 기도의 능력에 대해 말씀하시면서 "기도 외에 다른 것으로는 이런 유가 나갈 수 없느니라"(막 9:29)고 말씀하셨다. 그리스도인은 기도하지 않고서 하나님의 은총적 역사를 기대할 수 없다. 그러므로 기도는 하나님의 놀라운 은총을 나타내는 통로이기도 하다.

(3) 신앙적 의미

기도의 의미를 이해하는 데 꼭 필요한 또 하나는 기도를 그리스도인의 신앙적 요소로 이해하는 것이다.

기도를 나타내는 가장 아름다운 말은 "영혼의 호흡"이라는 표현이다. 그리스도인의 기도는 신앙적 삶을 유지시켜 주는 영혼의 호흡이다. 하나님께서는 그리스도인이 숨을 내쉬듯 자신의 죄를 자백하면 죄를 용서하시고 신선한 공기를 들이마시듯 성령과 말씀으로 충만하게 하신다(요일 1:9). 그래서 기도는 그리스도인의 영적인 생명을 유지시켜 줄 뿐만 아니라 영적인 성장을 도모한다.

또한 기도는 그리스도인이 하나님께 대한 신뢰를 나타내는 신앙적 표현이다. 그리스도인이 기도하는 것은 전적으로 하나님께 대한 신뢰에 근거한 것이다. 사람은 가장 믿을 수 있는 사람에게 자기의 문제를 의논하고 조언을 듣는다. 이와 같이 그리스도인은 가장 신뢰하는 하나님께 자신의 영육간의 모든 문제를 기도로 고하고 응답을 기다리는 것이다. 여기에는 그리스도인의 신실한 믿음이 기초가 있어야 한다. 하나님께 대한 믿음은 신뢰를 낳고 신뢰는 기도할 마음을 불러일으키기 때문이다.

마지막으로 그리스도인이 기도에 대하여 반드시 알아야 할 것은 기도는 그리스도인의 신앙적 의무라는 것이다. 따라서 그리스도인이 기도하지 않는 것은 범죄라고(삼상 12:23)까지 말씀하고 있다. 그리스도인의 가장 큰 신앙적 의무인 기도를 소홀히 한다면 그는 성숙한 신앙생활을 할 수 없을 뿐만 아니라 세상의 유혹과 시련을 이겨낼 수 없다. 하나님께서는 언제나 맡은 바 소명과 책임을 감당하는 자녀에게 더 큰 사명과 책임을 주시고 그것을 감당할 능력도 더하여 주시는 분임을 알아야 한다.

♣ 기도하세요 ♣

기도를 시작하세요. 하나님은 기도를 가르쳐 주십니다.

낙심하지 마세요. 하나님은 열매를 보여 주십니다.

항상 기도하세요. 하나님은 염려를 없애 주십니다.

자주 하나님께 찾아가세요. 하나님은 자주 응답을 주십니다.

매일 기도하세요. 하나님은 매일 도와주십니다.

일평생 기도하세요. 하나님은 일평생 도와주십니다.

그리고 영원히 함께 하십니다.

3) "기도가 생명이다!"

기도가 생명이다. 생명을 사랑하는 자는 기도를 사랑한다. 기도를 생명보다 사랑하는 자가 생명을 얻고 더 풍성한 생명을 얻는다. 기도가 무엇인지 참으로 아는 자는 기도가 아니면 차라리 죽음을 선택한다. 다니엘은 기도에 생명을 걸었다. 다니엘은 기도하다가 죽는 것이 차라리 기도를 포기하고 사는 것보다 영광이라고 생각했다.

기도를 쉬면 죽는다.

기도는 영혼의 호흡이다.

기도는 성도들의 생명줄이다.

기도는 마치 태아가 모체로부터 끊임없이 영양을 공급받는 탯줄 같은 생명줄이다. 성경에 쉬지 말고 찬송하라, 쉬지 말고 설교하란 말은 없어도 쉬지 말고 기도하라고 명령하셨다. 왜 그런가? 기도를 쉬면 죽기 때문이다. 주님은 설교하는 법을 제자들에게 가르쳐 주시지 않았다. 그러나 기도하는 법은 가르쳐 주셨다. 쉬지 않고 기도함으로 하늘의 능력을 공급받는 자는 살고, 기도 쉬는 죄를 범하는 자는 죽는다.

기도를 일보다 사랑하자.

기도는 일보다 더 큰 일을 한다.

하나님은 기도하는 자를 위하여 일하신다.

내가 일하는 것과 하나님께서 나를 위하여 일하시는 것과 어느 편이 더 큰 일을 하겠는가? "만일 내가 새벽에 3시간을 기도로 보내는 일에 실패하면 그날의 승리는 마귀에게로 돌아간다." 종교개혁자 마틴 루터의 고백이다. 장로교의 창설자 요한 낙스도, 감리교의 창설자 요한 웨슬리도 하루에 새벽 2시간을 성별하여 기도에 헌신한 사람들이다. 요한 웰츠는 하루에 7시간을 기도에 바친 사람이다. 야고보는 마리아의 아들이요, 주님의 형제요, 예루살렘교회의 감독이었는데 얼마나 기도를 많이 했는지 그 무릎이 낙타의 무릎같이 굳어졌다. 야고보는 무릎의 능력을 알았던 사람이다. 천국은 두 발로 뛰어가는 길이 아니라 두 무릎으로 기어가는 길이다. 기도는 능력이다.

기도는 불의 세력을 정복하며, 기도는 죽은 자를 살리며, 기도는 없는 것을 있는 것, 있는 것을 없는 것같이 불러낸다. 기도는 성난 사자의 입에 재갈을 물리며, 폭풍우를 잠잠케 하며, 마귀를 추방하며, 기도는 사망의 결박을 풀고, 질병을 치유하며, 태양을 머물게 하며, 하나님의 작정하신 뜻을 변경시키는 능력이다. 기도는 하늘 창고의 문빗장을 여는 황금열쇠이다. 기도하자!

우리의 사모하는 심령을 사랑하는 아버지 앞에 뜨거운 물처럼 쏟아 부으며 기도하자. 새벽이슬 내리는 풀밭에서나 저녁 바람 불어오는 붉은 황혼 속에서 깊은 골방에서나 고독한 창가에서 주님과 나만의 시간을 갖자. 상한 심령을 위로하시고 낙망한 영혼에 새 힘을 부어 주시며, 병든 몸을 고치시고, 방황하는 인생들을 붙드시는 살아 계신 아버지 하나님 앞에 내 모습 이대로 내던지자.

성도의 눈물은 땅에 떨어지는 법이 없다. 세상줄 끊어버리고 생명의 기도줄을 붙잡자. 하늘과 땅 사이에 굵은 동아밧줄 같은 기도줄 매달고 끊임없이 매달려 기도하는 겸손한 능력자들이 되자. 기도하자!

브레이너드와 브람웰과 바운즈처럼 우리도 쉬임 없이 하나님께 도고하는 자들이 되자. "만물의 마지막이 가까웠으니 너희는 정신을 차리고 근신하여 기도하라"고 말씀하신다. 우리의 기도를 깨우자!

우리의 기도가 역사의 새벽을 깨운다. 이 시대를 위하여 기도의 사람들이 일어나게 하자. 오늘 우리의 시대만큼 기도로 보좌를 흔들고 기도로 천국을 침노하는 기도의 능력자, 기도의 사명자들이 요청되는 시대가 없다.

기도하자.

쉬지 말고 기도하자(살전 5:17).

성령 안에서 기도하자(엡 6:18).

말씀에 무릎 꿇고 기도하자(눅 11:1).

제자들처럼 기도를 가르쳐 달라고 기도하자.

그리고 말씀에서 기도를 배우자. 기도학교를 세우자. 이 땅에 기도운동의 불길을 일으켜 "제 2의 청교도"가 되자. 전 세계 교회에 기독학교가 세워지는 비전을 보자. 기도하고 기도하며 재림의 주님을 대망하자.

4) 기도문의 예

- 나로 기도의 사람이 되게 하소서 - 김정복 목사

주여,

나로 기도의 사람이 되게 하소서.

나로 당신이 기뻐하시는 사람이 되게 하소서.

나로 당신의 마음에 합한 자가 되게 하소서.

주여, 나의 간절한

기도로 내 가정을 구원케 하소서.

기도로 내 가정을 성령 충만케 하소서.

기도로 내 교회를 부흥케 하소서.

기도로 내 교회가 성령 충만케 하소서.

기도로 내 조국을 구원케 하소서.

년부년 부흥케 하소서(합 3:2).

기도로 캠퍼스를 복음화 시키게 하소서.

기도로 이 나라의 청소년을 복음화 시키게 하소서.

기도로 한인청소년과 외국인청소년까지 복음화 시키게 하소서.

기도로 모든 종족에게 말씀을 전하게 하소서(마 28:18-20).

기도로 땅 끝까지 그리스도의 증인이 되게 하소서(행 1:8).

주여,

나로 기도의 사람이 되게 하소서.

나로 당신의 사람이 되게 하소서.

"구하라 그러면 너희에게 주실 것이요 찾으라 그러면 찾을 것이요 문을 두드리라 그러면 너희에게 열릴 것이니 구하는 이마다 얻을 것이요 찾는 이가 찾을 것이요 두드리는 이에게 열릴 것이니라 너희 중에 누가 아들이 떡을 달라 하면 돌을 주며 생선을 달라 하면 뱀을 줄 사람이 있겠느냐 너희가 악한 자라도 좋은 것으로 자식에게 줄줄 알거든 하물며 하늘에 계신 너희 아버지께서 구하는 자에게 좋은 것으로 주시지 않겠느냐 그러므로 무엇이든지 남에게 대접을 받고자 하는 대로 너희도 남을 대접하라 이것이 율법이요 선지자니라"(마 7:7-12).

우리 성도들은 기도해야 한다. 기도 쉬는 죄를 범하지 말아야 한다. 살아 계신 하나님을 섬기고 그분께 영광을 돌린다는 사람들이 기도하지 않는 것은 이상한 일이다.

어떻게 기도하지 않고 하나님께 영광을 돌릴 수 있겠는가?

기도하지 않고 하나님께 영광을 돌린다고 말하는 사람들은 거짓이다. 이제는 정말 우리 민족이 기도할 때이다. 기도하지 않는 백성은 망한다. 기도하는 백성은 복을 받는다. 기도하는 교회는 부흥한다. 기도하는 사람은 큰 은혜를 체험한다. 기도하는 가정은 복 받은 가정이다.

2. 기도의 어원

1) 구약에 나타나는 기도의 용어

구약성경에 최초로 "기도"라는 말이 사용된 곳은 출애굽기 8장의 '아탈'이라는 단어인데 이것은 향기를 의미한다. 그리고 이사야 26장 16절에 '라키스'라는 단어인데 "속삭인다", "귓속말로 말하다"라는 뜻으로 많이 사용된다.

구약성경에서 "기도"란 의미로 일반적으로 사용된 용어는 פלל(팔랄)로 그 의미는 "기도하다, 간섭하다, 판단하다, 중재하다, 간청하다"이다(창 20:17, 민 11:2, 신 9:20 등). 그 명사형 תפלה(테필라)는 시편에서 "기도"라는 제목으로 사용되었다(시 17, 86, 90, 102, 142편 등).

'테필라'는 '베다, 가르다'의 뜻으로 기도할 때 자기 몸을 상하게 하면서 신 앞에 제물을 드리는 셈족의 예배습관에서 나온 말이다. 그리고 하나님의 이름을 찬양하거나 기원함에 있어서 하나님을 향한 부름에는 קרא(카라)가 사용되었고(신 4:7, 시 116:2), "요구하다, 기원하다, 또는 하나님의 계시를 묻다"에는 שאל(사알)이 사용되었으며(시 27:4, 122:6, 민 27:21, 수 9:14 등), "요구 또는 중재로서의 탄원"은 פגע(파가)란 단어로 묘사되었다(렘 7:16, 사 53:12, 수 9:14 등).

그리고 다른 사람의 얼굴을 즐겁게 하기 위해서 화를 진정시키거나 은혜를 구할 때는 חלה(할라)가 사용되었고(출 32:11, 시 119:58), 사람이 무엇이 필요해서 부르짖을 때는 זעק(자아크)가 쓰였으며(삿 3:9, 시 22:5), '자아크'라는 단어는 '부른다'는 뜻을 가진 말로 하나님의 이름을 불러

억울한 일을 고(告)하고 곤란한 형편에서 구해 주시기를 간구(시 72:12)하는 것을 의미하는 말이다.

이밖에 '찾는다'는 의미를 가진 단어도 있는데(시 105:40, 호 5:15, 암 5:4) 이 말은 하나님의 얼굴을 기쁘시게 하거나(출 32:11), 그분의 호의를 사고자(신 3:23) 한다는 의미로 사용된다.

"소리치다"라는 의미로 쓰인 말은 רנן(라난)으로 기쁠 때와 비탄의 때에 함께 쓰여 부르짖는 외침을 의미했다(시 17:1, 렘 31:12, 애 2:19).

특히 솔로몬이 하나님의 은혜를 간곡히 애원할 때 רנן(라난)이 사용되기도 했고(왕상 8:33, 47, 59, 시 30:8), 그 밖에 "도움을 청하여 부르짖다"는 뜻으로 שוע(샤와)와 "구하다"라는 뜻의 שחר(샤하르)가 있다.

2) 신약에 나오는 기도의 용어

신약성경에서 일반적으로 "기도"란 의미로 가장 많이 사용되는 단어는 명사 προσευχη(프로슈케)와 동사 προσευχομαι(프로슈코마이)로서 누가복음과 사도행전에서 가장 빈번히 발견된다. "하나님께 간구하는" 경우에 사용되었고(마 23:14, 막 12:40, 행 10:9, 눅 1:10, 3:21, 5:16 등), δεησιτ(데에시스), δεομαι(데오마이)란 용어보다 더 신앙적인 것이다.

'데에시스'와 '데오마이'도 "요청하다", "바라다"라는 뜻을 지니고 있으나(눅 2:37, 5:33, 엡 6:18, 눅 21:36, 행 8:22, 10:2 등), 반드시 하나님을 향하여 쓰이지는 않았다.

요한복음에서는 "기도"라는 의미로 주로 αιτεω(아이테오)란 동사가 사용되었는데 이 말은 사람이나 하나님께 간청할 때 두루 쓰인다. "중재, 중보하다"라는 의미의 εντυγγανω(엔퉁카노)도 기도라는 뜻으로 사용되었는데(롬 8:27, 34, 히 7:25), 간혹 "법적인 청원"의 의미로도 사용되곤

했다(행 25:24).

신약성경에서는 디모데전서 4장 5절에 εγτευζιζ(엔튜시스)라는 단어가 나오는데 그 뜻은 '대화하다, 회견하다, 통행하다'이다. 야고보서 5장 17절에 προσευχη(푸루슈케)는 하나님께 요청할 때 쓰는 용어이다. 이 말은 '옆에 접근하다'라는 뜻의 προζ(푸로스)와 '기도'라는 뜻의 ενχη(에유케)의 합성어이다.

신약의 용어로는 '유케스다이'와 '프로슈코마'등 여러 가지가 쓰이고 있다. '유케스다이'는 '소리 높여 기도한다'는 뜻으로 해석되고 있고, '프로슈코마'는 '하나님께 기도한다'는 뜻으로 해석된다.

이밖에도 신약에는 '찾다, 구하다'라는 뜻을 가진 단어가 쓰이고 있고, '바람, 감사' 등을 뜻하는 말도 기도의 의미로 쓰이고 있는 것을 볼 수 있다.

이와 같이 신구약성경에서 쓰이고 있는 용어에 따르면 기도는 "하나님을 찾아 그리스도인이 필요한 것을 구하는 행위"라고 정의할 수 있다. 물론 여기에는 소리 높여 기도하거나, 혼을 쏟아 기도하거나(시 62:8), 호소(시 142:2)하는 기도의 태도가 포함되어 있고, 감사의 뜻으로 기도하는 마음가짐이 포함되어 있다.

이상에서 살펴볼 때 성경에 나와 있는 기도에 대한 모든 언급들을 포괄할 수 있도록 한마디로 정의(定義)를 내리기는 어렵다. 다만 기도를 가리키는 전칭적 용어들 속에 나타난 의미만으로 정의할 수 있는 것이다. 따라서 기도는 인격적 접촉의 창조라는 수단에 의하여 인간과 하나님과의 관계의 본질과 방향에 영향을 주기 위해 시행되는 것이다.

3) 기도의 성경적 이해

(1) 구약성경의 이해

구약성경에서 흐르고 있는 이스라엘 백성의 신앙은 하나님께서는 전능하신 신으로 세상의 역사(歷史)를 주관하시는데, 하나님의 역사(役事)는 곧 인간구원의 역사라는 것이다. 그러므로 구약성경에 나타난 기도에 대한 이스라엘 백성들의 이해도 하나님의 구원사역 속에서 찾아야 한다.

이스라엘 백성들은 하나님을, 어디에나 계시면서 무슨 일이든지 은총으로 해결해 주시는 분으로 믿었다. 그래서 그들은 언제나 문제를 가지고 하나님을 찾고 간구했으며, 하나님께서는 기꺼이 그들의 간구에 응답하셨다.

구약성경의 기도에 관한 교훈 가운데 특징적인 것은 이스라엘 백성은 언제나 구체적인 삶의 현실에서 지체 없이 하나님께 기도했고, 하나님께서는 그 기도에 응답하셔서 그들을 인도해 주셨다는 사실이다. 여기에 기도의 의미를 알 수 있는 두 가지 중요한 요소가 들어 있다.

하나는 이스라엘의 조상들(아브라함, 이삭, 야곱, 모세 등)은 자기들이 처해 있는 상황에서 부딪히는 모든 문제를 하나님께 기도하지 않고 행한 일은 언제나 실패하였고, 백성들을 곤경에 빠지게 하는 것이었음을 알 수 있다.

또 다른 하나는 하나님께서는 언제나 이스라엘 백성들의 간구하는 구체적인 문제를 완전하게 해결해 주시는 놀라운 응답으로 함께 하셨다는 것이다. 하나님께서는 때로 이스라엘 백성들이 상상하지도 못한 기사와 이적으로 응답하셨고(출 14장, 민 21:9 참조), 때로는 그들이 당장은 깨닫지 못하는 방법으로도 응답하셨다.

이스라엘 백성들 가운데 거하시는 여호와 하나님은 언제나 살아 계셔서 기도를 통하여 그들과 인격적으로 대화하시는 분이다. 따라서 인간은 기도를 통하여 하나님과 교통(communication)한다. 하나님은 모든 일에서 철저하게 당신의 뜻을 인간들의 삶 속에서 그들과 더불어 이루시는데, 여기에는 기도의 응답이라는 통로가 사용된다.

(2) 신약성경의 이해

신약성경에는 기도에 대하여 보다 더 구체적으로 명확한 설명과 교훈이 기록되어 있다. 신약성경에 나타난 인물들은 대부분 기도를 통하여 하나님과 교통하였는데, 그들의 기도하는 모습과 기도의 내용에서 기도의 본질적인 의미를 알 수 있다.

신약성경에 나타난 기도의 교훈 가운데 가장 중요한 것은 기도는 근본적으로 하나님과 인간 사이의 영적교제라는 것이다.

기도는 그리스도인의 개인적인 신앙고백인 동시에 하나님의 직접적인 응답이다. 예수님께서는 "너는 기도할 때에 네 골방에 들어가 문을 닫고 은밀한 중에 계신 네 아버지께 기도하라"(마 6:6)고 말씀하셨다. 이 말씀은 기도가 하나님과 인간의 직접적이고 은밀한 대화라는 사실을 지적해 주는 말이다. 예수님의 이 말씀에는 기도는 결코 남에게 보이기 위한 행위이거나 형식적으로 하는 행위가 아니라는 뜻이 내포되어 있다.

신약성경에는 이러한 기도의 의미를 잘 나타내는 예가 여러 곳에 있는데 특히 마리아의 기도와, 예수 그리스도의 기도, 사도바울의 기도에서 그 내용이 잘 드러나고 있다.

마리아의 기도는 하나님께 대한 감사와 찬양을 나타낸다. 마리아의 기도는 "내 영혼이 주를 찬양하며 내 마음이 하나님 내 구주를 기뻐하였음은 그 계집종의 비천함을 돌아보셨음이라..."(눅 1:46-55)하는 말로 시작된다. 이것은 기도의 첫 번째 요소일 뿐만 아니라 가장 중요한 내용이다.

여호와 하나님 앞에 비천한 종으로 머리를 조아리는 모습이 진실한 기도자의 모습이요, 하나님을 경외하는 마음으로 찬양하는 신자의 모습이다. 예수님의 기도는 하나님의 뜻과 그 순종에 대한 간구로 나타난다. 예수 그리스도의 간절한 기도는 죽음 앞에서도 오직 하나님의 뜻이 이루어지기만을 원하는 모습에서 나타난다. 그는 십자가 고통 앞에서 "아버지여 만일 아버지의 뜻이어든 이 잔을 내게서 옮기시옵소서 그러나 내 원대로 마옵시고 아버지의 원대로 되기를 원하나이다"(눅 22:42)라고 기도하였다.

예수 그리스도의 기도에는 인간적인 모든 욕망을 버리고 하나님의 뜻만이 실현되기를 원하는 참된 기도자의 모습이 나타난다. 그는 이미 제자들에게 "구하기 전에 너희에게 있어야 할 것을 하나님 너희 아버지께서 아시느니라"(마 6:8)고 교훈한 바 있다. 하나님께서는 이미 인간이 구할 바 모든 것을 아시기 때문에 기도하는 자는 오직 그분의 뜻과 의(義)만을 구하면 된다. 그렇기 때문에 그리스도인은 더욱 자기의 소유욕을 버리고 솔직하게 기도하고 하나님의 은총을 확신해야 하는 것이다. 기도는 결코 인간의 뜻을 표현하는 방도가 아니라 하나님의 뜻을 나타내는 통로여야 한다.

사도바울의 기도는 이웃에 대한 하나님의 은총을 구하는 것으로 나타난다. 신약성경의 많은 부분을 차지하고 있는 바울서신에는 그의 간절한 기도가 많이 기록되어 있는데 바울은 여러 교회의 형제들을 위해서 기도했을 뿐만 아니라 그들에게도 이웃을 위해 기도하라고 가르치고 있다. 바울은 빌립보교회에 보낸 서신에서 "내가 너희를 생각할 때마다 …. 너희 무리를 위하여 기쁨으로 항상 간구함은 첫날부터 이제까지 복음에서 너희가 교제함을 인함이라"(빌 1:3-5)고 쓰고 있다.

바울의 모든 서신은 기도로 시작하여 기도로 끝마치고 있는데, 그 내용은 모든 수신자(受信者)들의 평안과 복음 안에서 교제(交際)를 비는 것들이다. 바울은 기도의 궁극적인 목적을 그리스도 예수의 마음으로 이웃과 더불어 화목하고 성령 안에서 사귀기 위해서 하나님께 의뢰하는 것으로 보았다. 그리스도인은 기도할 때마다 모든 이웃을 위하여 기도하고, 그들의 평안과 은총을 빌어야 한다.

이상에서 보는 바와 같이 신약성경에서의 기도는 하나님께 감사의 찬양을 드림으로써 시작된다. 그리스도인은 먼저 하나님의 은총을 감사하고, 그분의 뜻을 구하는 데서 시작해야 한다. 그리고 성숙한 신앙을 가진 그리스도인의 기도는 이웃을 위하여 하나님의 은총을 구하는 것이어야 한다.

3. 기도는 사랑의 고백이다.

- 하나님 편에서의 사랑의 고백(롬 8:26-27)
- 대속주 예수님의 사랑의 고백(히 5:7)
- 하나님을 향한 인간의 사랑(행 1:12-14, 행 2:1-4)

(1) 기도는 "사랑의 교제이며 믿음의 고백"이다.

(2) 기도는 "하나님께 나아가는 최선의 길"이다.

(3) 기도는 "하나님의 살아 계심을 증명하는 최선의 길"이다.

(4) 기도는 "사랑하는 아버지와 자녀 사이의 뜨거운 대화"이다.

(5) 기도는 "하나님의 형상대로 지음을 받은 사람이 성령 안에서 하나님 아버지와 대화하는 것"이다.

(6) 기도는 "하나님의 자녀들이 하나님 아버지께 말씀을 아뢰며 또한 하나님 아버지의 말씀을 듣는 사랑의 관계"이다.

(7) 기도는 "성령 충만에 이르는 길"이다.

(8) 기도는 "하나님과 동행하는 방법"이다(창 5:24 에녹).

(9) 기도는 "하나님을 나의 삶에 모시는 일"이다.

(10) 기도는 "나의 마음을 하나님의 마음속에 뜨거운 물처럼 쏟아 붓는 일"이다.

(11) 기도는 "나의 마음과 목숨과 뜻을 다하여 드리는 강하고 비밀스러운 행동"이다.

(12) 기도는 "하나님 아버지와 끊임없는 사랑을 완성시켜 나가는 거룩한 축제"이다.

- 하나님을 향한 욥의 사랑의 고백(욥 42:5).
- 하나님과 친구같이 대화하는 모세(출 33:11).
- 하나님 앞에 마음을 토하는 모세(시 62:8).
- 하나님을 가까이 하라. 그리하면 너희를 가까이 하시리라(약 4:8).
- 감사함으로 하나님께 나아가라(시 95:2).

4. 기도는 하나님의 역사이다.

- 하나님께서 먼저 역사하심(렘 33:3)
- 예수님께서 먼저 초청하심(마 7:7-11, 살전 5:17, 마 11:28)
- 성령님께서 먼저 간구하심(롬 8:26-27)

(1) 기도는 "하나님의 명령"이다.

(2) 기도는 "하나님이 제정하신 법"이다.

(3) 기도는 "하나님의 약속"이다.

(4) 기도는 "하나님의 초청"이다.

(5) 기도는 "하나님의 도전"이다.

(6) 기도는 "하나님의 기다림"이다.

(7) 기도는 "하나님의 찾으심"이다.

(8) 기도는 "하나님의 인도하심"이다.

(9) 기도는 "하나님의 기뻐하심"이다.

(10) 기도는 "하나님이 원하시는 것"이다.

(11) 기도는 "하나님의 사랑"이다.

(12) 기도는 "하나님의 영광"이다.

- 여호와의 눈은 온 땅을 감찰하사(대하 16:9)

- 내 아들아 네 마음을 내게 주며 네 눈으로 내 길을 즐거워할찌니라(잠 23:
  26).

5. 기도는 인간 영혼의 갈망이다.

- 유한 세계에 존재하는 상대적 인간이 온 세상을 주관하시는 전지전
  능하신 절대자 하나님(Almighty God)께 향한 영혼의 갈망이다
  (시 42:1, 시 130:6).

(1) 기도는 "부족한 인간의 본성"이다.

(2) 기도는 "인간의 유한성의 고백"이다.

(3) 기도는 "인간이 죄인임을 고백하는 것"이다.

(4) 기도는 "인간이 하나님을 추구하는 생명적 요청"이다.

(5) 기도는 "인간의 영혼을 위로하고 고민을 진정시키고 생각을 정화할 수 있는 정화제"이다.

(6) 기도는 "영혼의 호흡"이다.

(7) 기도는 "영혼의 목마름"이다.

(8) 기도는 "영혼의 기다림"이다.

(9) 기도는 "영원을 향한 마음의 창문"이다.

(10) 기도는 "하나님의 음성에 고요히 귀를 기울이는 마음의 창문"이다.

(11) 기도는 "생명의 근원 되시는 하나님께 연결된 생명의 통로"이다.

(12) 기도는 "하나님으로부터 받은 믿음, 사랑, 소망, 능력, 전도, 성령 충만 등 많은 은사들을 공급하는 하나님과 나 사이에 놓여진 생명줄"이다.

● 크시고 두려워할 주 하나님(단 9:4)

● 마음과 손을 아울러 하늘에 계신 하나님께 들자(애 3:41).

● 주의 인자하심을 따라 나를 소성케 하소서(시 119:88).

6. 기도는 권리 주장이다.

● 기도는 하나님의 자녀된 성도들이 자식된 권리를 아버지께 요청하는 주장이다(요 1:12, 요일 3:10, 요 5:24).

(1) 기도는 "하나님의 자녀됨을 주장하는 일"이다.

(2) 기도는 "하나님의 후사됨을 주장하는 일"이다.

(3) 기도는 "은혜의 보좌 앞에 담대히 나아가는 일"이다.

(4) 기도는 "하나님의 부요함을 마음 속 깊이 깨닫는 일"이다.

(5) 기도는 "믿음으로 의롭다고 칭함을 받은 사실을 자각하는 일"이다.

6) 기도는 "허물로 죽은 우리를 그리스도와 함께 살리신 그 은혜에 감격하는 일"이다.

(7) 기도는 "구원이 하나님의 선물이라는 사실을 깊이 알게 하는 일"이다.

(8) 기도는 "하늘 창고를 여는 황금열쇠"이다.

(9) 기도는 "하나님이 서명하신 금액이 기입되지 않은 보증수표"이다.

(10) 기도는 "하나님이 우리에게 구하면 주시겠다고 약속하신 하나님의 약속을 우리의 것으로 삼는 권리이며 주장"이다.

(11) 기도는 "아버지가 기뻐하시는 자녀의 의무이며 권리"이다.

(12) 기도는 "하나님의 응답을 우리의 것으로 삼는 통로"이다.

- 우리가 예수의 피를 힘입어 성소에 들어갈 담력을 얻었나니(히 10:19).

- 어찌 그 아들과 함께 모든 것을 우리에게 은사로 주지 아니하시겠느냐(롬 8:32).

- 하나님을 구하고 일심으로 행하여 형통하였더라(대하 31:21).

- 보좌 앞에 담대히 나아갈 것이니(히 4:16)

7. 기도는 능력이다.

• 기도는 나약한 인간이 하나님으로부터 능력을 부여받을 수 있는 유일한 능력의 통로이다.

• 태양을 정지시킨 여호수아의 기도(수 10:12)

• 여호와의 뜻을 변경시킨 모세의 기도(출 32:11-14)

(1) 기도는 "무릎의 능력"이다.

(2) 기도는 "고백의 능력"이다.

(3) 기도는 "타오르는 영혼의 능력"이다.

(4) 기도는 "하나님의 보좌를 움직이는 힘"이다.

(5) 기도는 "하나님의 작정하신 뜻을 변경시킬 수 있는 힘"이다.

(6) 기도는 "태양을 머물게 하는 힘이요 자연의 법칙을 변경케 하는 힘"이다.

(7) 기도는 "죽은 자를 살리는 능력"이다.

(8) 기도는 "성난 사자의 입에 자갈을 물리는 능력"이다.

(9) 기도는 "폭풍우를 잠잠케 하는 능력"이다.

(10) 기도는 "마귀를 쫓아내며 질병을 치유하는 능력"이다.

(11) 기도는 "헛된 근심과 천박한 욕망과 몸을 병들게 하는 심령의 모든 부정적 요소를 가장 힘있게 정복하는 영적 능력"이다.

(12) 기도는 "참 평안과 기쁨과 소망을 부어주는 하늘 신령한 힘"이다.

- 너는 내게 부르짖으라, 내가 네게 응답하겠고 네가 알지 못하는 크고 비밀한 일을 네게 보이리라(렘 33:3).

- 내가 네 기도를 들었고 네 눈물을 보았노라 내가 너를 낫게 하리니 (왕하 20:5)

- 너희가 얻지 못함은 구하지 아니함이요(약 4:2).

이 짧은 말 속에 하나님의 메시지가 담겨 있다. 이 일곱 단어 "Ye have not, because ye ask not" 가운데 여섯 단어는 단음절이고, 나머지 한 단어는 두 음절로 되어 있으며 영어 단어 중에서 가장 친밀하고도 쉽게 이해할 수 있는 단어들 중의 하나이다. 그러나 이 단순한 말이 많은 사람들의 삶을 변화시켰고, 무능력한 사역자들을 능력의 자리로 나아가게 했다.

"너희가 얻지 못함은 구하지 아니함이요." 이 위대한 말씀은 야고보서 4장 2절의 하반절에서 발견할 수 있다.

이 일곱 단어들은 평범한 그리스도인, 평범한 사역자 그리고 평범한 교회들의 무능력과 빈곤의 원인을 분명히 제시해 주고 있다. 많은 그리스도인들이 이렇게 묻고 있다. "왜 나의 신앙생활은 이렇게도 발전이 없는가? 왜 나는 이렇게 죄를 이기지 못하는가? 왜 나는 그리스도께로 영혼을 인도하지 못하는가? 왜 나는 구주 예수 그리스도의 형상을 닮아가는 데 이렇게 더딘가?" 이 질문에 대해서 하나님께서는 야고보서 4장 2절을 통해서 말씀하신다. "기도 태만이다. 즉 너희가 얻지 못함은 구하지 않기 때문이다."

많은 사역자들이 이렇게 묻고 있다. "왜 나의 사역에는 이렇게 열매가 적은가? 왜 회심자가 없는가? 왜 우리 교회는 이토록 성장이 느린가? 왜 우리 교인들은 나의 사역을 통해 별로 도움을 받지 못하고 성경 지식과 생활이 궤도에 오르지 못할까?" 여기에 대해서 하나님은 다시 말씀하신다. "기도 태만이다. 너희가 얻지 못함은 구하지 않기 때문이다."

누가가 성령의 영감을 받아 기록한 사도행전에서 우리는 초대교회에 일어난 사건을 통해 무엇을 발견할 수 있는가? 이 초대교회에 대한 누가의 진술을 통해서 우리는 초대교회가 계속해서 승리하고 부단히 전진하는 것을 알게 된다. 사도행전 23장 47절에 이렇게 말하고 있다. "또 하나님을 찬미하며 또 온 백성에게 칭송을 받으니 주께서 구원받는 사람을 날마다 더하게 하시니라." 사도행전 4장 4절에는 "말씀을 들은 사람 중에 믿는 자가 많으나 남자의 수가 약 오천이나 되었더라"고 기록되어 있다. 또 다시 사도행전 5장 14절에는 이렇게 기록되어 있다. "믿고 주께 나오는 자가 더 많으니 남녀의 큰 무리더라."

그리고 사도행전 6장 7절에는 "하나님의 말씀이 점점 왕성하여 예루살렘에 있는 제자의 수가 더 심히 많아지고 허다한 제사장의 무리도 이 도에 복종하니라"고 역설하고 있다.

사도행전을 처음부터 끝까지 통독하면서 각 장마다 울려 퍼지고 있는 승리의 거대한 찬송과 나팔소리를 들을 수 있다. 사도행전에 기록된 초대교회의 모습과 현대교회의 현상을 비교해 볼 때 엄청난 차이를 발견할 수 있다.

그 예로 사도행전 2장 47절을 다시 한번 들어보자. "하나님을 찬미하며 또 온 백성에게 칭송을 받으니 주께서 구원받는 사람을 날마다 더하게 하시니라." 오늘날 많은 교회들이 일 년에 한두 차례씩 연례적으로 부흥회를 열고는 그것이 끝나면 다시 원상태로 돌아가, 자만하며 자위하고 있다. 그러나 초대교회는 날마다 참된 부흥이 일어나서 많은 영혼들에게 말씀과 성령을 도전했을 뿐만 아니라 실제로 그들이 구원받는 역사가 나타났다.

이 초대교회와 현대교회와의 엄청난 차이는 무엇인가? 여기에 대하여 어떤 사람은 "현대교회는 너무나 심한 반대와 핍박이 있기 때문"이라고 말할지도 모른다. 그러나 그 당시 초대교회가 당한 박해와 환난과 반대는 우리가 지금 도저히 상상할 수 없을 만큼 혹독했다. 현재 우리가 당하고 있는 핍박이나 어려움은 그들에 비하면 아무것도 아니다. 그들은 가장 지독하고, 혹독한 온갖 박해와 순교를 경험했다.

그러나 이러한 극한 상황 속에서도 초대교회는 계속해서 그 모든 박해를 감수하며, 모든 방해 공작을 극복하며, 사탄의 모든 세력을 정복해 나아갔다. 그들은 예루살렘에서 로마까지 실망이나 좌절 없이 당시의 지독한 우상숭배와 불신에 대항해 과감하게 승리하며 담대하게 전진했다. "이 초대교회의 승리의 비결이 무엇일까?" 이미 소개한 성경말씀으로 돌아가서 깊이 묵상하면 그 해답을 얻을 수 있다.

다시 사도행전 2장 42절을 보자. "저희가 사도의 가르침을 받아 서로 교제하며 떡을 떼며 기도하기를 전혀 힘쓰니라." 이 말씀은 짧지만 초대교회의 부흥과 승리의 비결을 알려 주는 의미심장한 구절이다. 초대교회는 기도하는 교회였다. 초대교회는 가끔 기도하는 것이 아니라 그들 모두가 계속해서 끈질기게 기도하는 교회였다. 몇몇 특별한 사람이 기도한 것이 아니라 모든 그리스도인들이 굳은 결심으로 끈질기게 기도하는 교회였다.

사도행전 6장 4절의 희랍어 원어를 번역하면 "그들은 기도에 자신들을 바쳤다"라고 되어 있다. 사도행전 6장 4절에 "우리는 기도하는 것과 말씀 전하는 것을 전무(全務)하리라"고 기록되어 있다. 이것은 희랍어 원어에서 이렇게 번역되어야 한다. "우리는 기도하는 것과 말씀 전하는 일에 계속적으로 우리 자신들을 온전히 바치리라." 이 말씀은 사도들의 사역하는 모습을 보여 주고 있다. 즉 사도들은 기도하는 일에 계속해서 자신을 바치는 사역을 했던 것이다. 그들의 사역은 바로 기도하는 사역이었다. 기도하는 교회, 기도하는 사역!

이러한 교회와 사역은 어떠한 일도 성취할 수 있다. 이러한 교회는 계속

전진하며 모든 사탄의 반대를 극복하고, 모든 장애물들을 제거하며, 모든 원수들을 정복해 나아간다. 사도시대에 그랬던 것처럼 오늘날에도 그렇게 할 수 있다.

현대교회와 사역이 초대교회와 다른 것들 가운데 이 기도 문제만큼 현저하게 다르고 통탄스러운 것은 없다. 우리는 확실히 기도하지 않는 시대에 살고 있다. 오늘날 복음적인 많은 교회들이 기도와 그 능력을 이론상 믿지 않는다. 그들은 도저히 이루어질 수 없는 일이 기도를 통해 이루어질 수 있다는 것을 믿지 않는다. 그들은 다만 기도가 "반사 효과"가 있다고 믿고 있다. 즉 기도하는 사람의 힘으로 이익과 축복을 얻는다고 생각한다. 그들은 불가능한 일을 가능하게 하는 기도에 대해서는 솔직히 믿지 않는다. 대다수의 그리스도인은 물론 "교회의 목회자"들까지도 믿지 않고 있다.

아직도 복음적인 교회에 속해 있는 많은 그리스도인들이 기도의 능력을 믿고 있는 것을 하나님께 감사드린다. 그러나 그들은 이론적으로는 기도의 능력을 믿지만 그들에게 주어진 하나님의 전능하신 도구를 정작 사용하지 않고 있다. 우리는 확실히 기도하지 않는 시대에 살고 있다. 우리는 밀치고 당기는 혼잡한 시대에 살고 있다. 우리는 지금 인간의 노력과 의지와 결단을 신뢰하는 시대에 살고 있다. 우리는 인간의 조직과 인간이 만들어낸 기계와 계획과 업적 속에서 살고 있다. 인간은 자신들의 노력과 의지와 힘으로 무슨 일이든지 성취할 수 있다고 확신하고 있다. 그러나 이 모든 인간의 업적이나 행위가 하나님 편에서 보면 아무런 의미가 없다.

역사상 현대교회처럼 조직적으로 완벽하고 능숙하며 많은 재력과 교인들을 소유한 교회가 결코 없었다. 정말 현대교회의 조직과 구성은 놀라울 정도로 완벽하다. 그러나 그 조직과 구성에는 능력이 빠져 있다. 어떤 일이 잘 되지 않으면 하나님을 의지하면서 그의 능력을 구하지 않고, 어떤 조직이나 기구를 찾는다. 우리는 이미 너무나 많은 조직과 방법과 기구를 사용하여 보았다. 그럼에도 불구하고 제대로 성공한 적이 거의 없다. 계속적으로 실패만 거듭한다. 진정으로 우리가 필요로 하는 것은 어떤 새로운 조직이나 기구가 아니라 "그 조직 속에서 역사하시고 계신 성령"이다.

그리스도인들이 옛날처럼 무릎을 꿇고 기도하며 역사하는 기도의 조건을 채운다면, 오늘날에도 기도는 큰 능력을 갖게 될 것이다. 하나님은 변하지 않으셨다. 지금도 그분의 귀는 진정한 기도를 듣는 데 신속하고 그의 손은 예전처럼 구원하는 데 길고 힘이 있다. 그러므로 이사야 59장 1-2절은 이렇게 말하고 있다. "여호와의 손이 짧아 구원치 못하심도 아니요 귀가 둔하여 듣지 못하심도 아니라 오직 너희 죄악이 너희와 너희 하나님 사이를 내었고 너희 죄가 그 얼굴을 가리워서 너희를 듣지 않으시게 함이니."

기도는 하나님의 무한한 은혜와 능력의 창고를 여는 열쇠다. 하나님의 전 존재, 전 소유물이 기도에 달려 있다. 기도는 하나님이 하실 수 있는 일은 무엇이든 할 수 있다. 그리고 하나님이 어떠한 일도 하실 수 있듯이 기도는 전능하다. 어떤 사람도 기도하는 법을 알고 역사하는 기도의 조건을 채우며 진실로 기도하는 사람을 당해낼 수 없다. "전능하신 여호와 하나님"께서 그 사람을 위해서, 그리고 그 사람을 통해서 역사하시는 것이다.

8. 기도는 투쟁이다.

- 기도는 전지전능하신 하나님께 간구하는 영적 투쟁이다(창 32:22-29 얍복강변에서의 야곱의 기도).

(1) 기도는 "영적 투쟁"이다.

(2) 기도는 "하나님과의 거룩한 씨름"이다.

(3) 기도는 "자아가 죽고 겸손과 온유를 배우는 내적 투쟁"이다.

(4) 기도는 "하나님의 뜻이 이루어질 때까지 계속되는 인내와 절제의 훈련도장"이다.

(5) 기도는 "이마에서 땀방울이 흘러 핏방울이 되며 뻣뻣한 목이 부드러운 양털같이 되며 빤질빤질하던 무릎이 낙타의 무릎 같이 굳어질 때까지 계속되는 인내의 투쟁"이다.

(6) 기도는 "생명책에서 내 이름이 삭제되더라도 나의 간구는 반드시 들어 주셔야 한다고 하나님과 씨름하는 자녀의 투쟁"이다.

(7) 기도는 "죽으면 죽으리라고 하나님께 매달리는 거룩한 투쟁"이다.

(8) 기도는 "구하는 자, 두드리는 자, 찾는 자에게 응답해 주시기로 약속한 하나님의 약속"이다.

(9) 기도는 "열심을 다하여 침노하는 자의 응답"이다.

(10) 기도는 "아버지의 사랑을 나의 삶 속에 구체적으로 나타내게 하는 자녀의 강력한 투쟁"이다.

(11) 기도는 "하룻밤 사이에 소나무 둥치를 서너 뿌리씩 뽑아내는 생사 결단의 피눈물 나는 투쟁"이다.

(12) 기도는 "때로는 식음을 전폐하고 때로는 온밤을 지새우며 오직 하나님의 기쁘신 응답을 기다리며 매달리는 자녀의 강한 도전"이다.

- 예수께서 힘쓰고 애써 더욱 간절히 기도하시니 땀이 땅에 떨어지는 핏방울 같이 되더라(눅 22:44).

- 야곱이 얍복강변에서 날이 새도록 하나님과 겨루어 이김으로 이스라엘이라 축복하심(창 32:22-29)

- 3일을 금식하고 죽으면 죽으리라고 아하수에로 왕에게 나아가는 에스더(에 4:16)

- 이스라엘 민족이 하나님께 범죄함을 본 모세가 생명책에서 그의 이름을 지워버릴지라도 민족을 용서해 달라고 기도하는 이스라엘을 위한 중보기도(출 32:31-32)

- 나의 형제, 곧 골육의 친척을 위하여 내 자신이 저주를 받아 그리스도에게서 끊어질지라도 원하는 바로라(롬 9:3).

9. 기도는 헌신이다.

- 기도는 하나님께 영광을 돌리기 위하여 나의 몸과 마음을 제물로 바치는 신령한 제사이다(롬 12:1-2).

(1) 기도는 "하나님이 가장 기뻐하시는 신령한 제사"이다.

(2) 기도는 "끊임없이 우리의 삶 자체를 바쳐서 하나님의 뜻이 우리로 말미암아 성취되도록 하는 거룩한 헌신"이다.

(3) 기도는 "하나님께 순종을 배우는 헌신"이다.

(4) 기도는 "우리의 몸을 바쳐 하나님으로 하여금 일하시게 하는 것"이다.

(5) 기도는 "하나님께 우리의 원하는 바를 청구하는 일이 아니라 하나님께서 우리에게 주시기 원하시는 바를 청구하는 일"이다.

(6) 기도는 "하나님과 같이 생각하고 함께 일하는 신령한 헌신"이다.

(7) 기도는 "예수 그리스도의 형상을 이루는 경건의 연습"이다.

(8) 기도는 "예수 그리스도의 이름을 영화롭게 하는 일"이다.

(9) 기도는 "몸과 마음과 정성을 바쳐 신령한 양식을 얻는 거룩한 헌신" 이다.

(10) 기도는 "나의 원대로 되는 것이 아니고 아버지의 원대로 되기를 바라는 진정한 소원"이다.

(11) 기도는 "하나님께 상달되는 금대접에 가득한 향으로 성도들의 간절한 헌신"이다.

(12) 기도는 "하나님께 향한 사랑과 희생과 인내의 산제사"이다.

- 스데반의 헌신(행 7:60)

- 예수님의 헌신(요 12:27)

- 예수님의 기도(롬 8:34)

- 예수님의 기도와 천사의 도움(눅 22:42)

- 하나님께 상달되는 향기(계 5:8)

- 환난 날에 나를 부르라, 내가 너를 건지리니 네가 나를 영화롭게 하리로다 (시 50:15).

- 성령님의 헌신(롬 8:26)

10. 기도는 하나님의 약속을 성취시키는 최선의 길이다.

1) 하나님의 약속과 기도를 통한 성취

(1) 에스겔 36장에 나오는 크고 거룩한 하나님의 약속들이 신약에서 온전하게 그리고 풍성하게 이루어지고 있다.

① 이스라엘 민족을 통한 하나님의 약속(겔 36:25-28)

② 이스라엘 민족의 기도를 통한 약속의 성취(겔 36:37)

(2) 아브라함에게 주신 하나님의 약속과 성취

① 아브라함을 통한 하나님의 약속(창 22:15-18)

② 이삭의 간절한 기도를 통한 약속의 성취(창 25:21)

(3) 야곱을 향한 하나님의 약속과 성취

① 야곱을 통한 하나님의 약속(창 28:13-15, 창 31:3)

② 야곱의 간절한 기도를 통한 약속의 성취(창 32:12-13, 창 32:24-28)

(4) 엘리야에게 주신 하나님의 약속과 성취

① 엘리야를 통한 하나님의 약속(왕상 18:1-2)

② 엘리야의 간절한 기도를 통한 약속의 성취(왕상 18:41-44)

(5) 이스라엘 민족의 포로생활의 종말에 대한 약속과 성취

① 예레미야를 통한 하나님의 약속(렘 29:10, 렘 29:12-14)

② 다니엘의 기도를 통한 약속의 성취(단 9:3-4)

(6) 예수 그리스도가 오시기 전에 세례요한이 먼저 오리라.

① 이사야 선지자를 통한 하나님의 약속(사 40:3-5)

② 스가랴, 엘리사벳의 기도를 통한 약속의 성취(눅 1:6, 1:13)

(7) 예수님의 제자들이 성령충만을 받으리라.

① 부활 승천하시기 전 예수님을 통한 약속(행 1:4-5)

② 제자들의 간절한 기도를 통한 약속의 성취(행 1:12-14, 행 2:1-4)

(8) 예수님을 영접하는 자는 하나님의 자녀가 되리라.

① 말씀을 통하여 주신 약속(요 1:12, 요일 5:13, 갈 3:26, 요 11:52)

② 개인적으로 영접하는 기도를 통하여 성취(롬 10:9-10, 계 3:20)

(9) 하나님 아버지께 예수님의 이름으로 회개하는 자는 죄사함을 받는다.

① 이사야 선지자와 말씀을 통한 약속(사 55:6-7, 요일 1:9)

② 탕자와 사울(바울)이 간절한 기도를 통하여 성취함(눅 15:18-20, 행 9:10-11)

(10) 바울의 구원과 안전이 보장되며 사도적 직무를 수행할 수 있는 능력을 받게 된 요인

① 바울을 통한 이방선교에 대한 하나님의 약속(행 26:17-18)

② 바울의 사명을 위한 간절한 기도 요청과 합심기도-도고(롬 15:30-31)

- 하나님의 약속은 기도에 영감을 주며 에너지를 공급해 주고 기도는 하나님의 약속을 찾아내며 성취한다.

- 우리의 믿음의 기도가 너무 작고 약하기 때문에 하나님의 크신 약속을 이루지 못하고 있다.

- 오직 신령한 기도만이 신령한 약속들을 작동하게 할 수 있다. 또한 신령한 목적이 이루어지게 된다.

- 기도는 하나님께 대한 완전한 항복을 의미한다. 기도는 일점이라도 하나님의 뜻에 불충분하지 않는다.

- 우리의 느낌이나 공로, 우리의 행위가 아닌 하나님의 약속이 믿음의 기초이며 기도의 굳건한 토대이다.

11. 기도에 대한 기도의 선배들의 정의

1) 반응과 행위로서의 기도

하나님은 역사 가운데 존재하며 또한 역사 가운데서 발생하는 모든 것의 영원히 고갈되지 않는 원천이심으로 기도생활은 환경 가운데 나타난 하나님의 의지에의 전적인 위탁(신뢰)의 하나라고 보는 견해이다. 그러므로 기도는 우리의 삶 속에서 하나님께 향한 충실함이라고 제안한다. 즉 우리의 모든 행위들은 행동화된 기도여야 하며 생활 자체가 온전히 기도가 되어 하나님의 뜻에 응답해야 한다고 생각한다(James A. Airk, Leslie Newbiggin).

2) 「존재의 근거」를 향한 황홀한 경험으로서의 기도

하나님은 존재 자체이며 그 근거가 되시는 분으로 하나님과의 교제는 인간 혼자 힘으로는 불가능하고 성령을 통해서만 그분을 만날 수 있는데, 성령의 역사하심에 대하여 일어나는 반응은 그 자체가 영적이여야 한다. 영은 황홀경에 속하며, 명상, 기도 및 예배도 일반적으로 황홀경 속에 일어남으로 기도는 이러한 이유에서 황홀경 속에서 가능한 것이라고 보는 견해이다.

왜냐하면 하나님의 능력은 인간의 말이나 개념 속에서 인식되지 않고, 인간의 생각을 넘어선 황홀의 경험 속에서만 하나님을 발견할 수 있다고 한다(P. Tillich, Nels Ferre).

3) 그리스도인에게 계시된 하나님과의 교제로서의 기도

우리는 유한하고 죄인임에도 불구하고 살아계신 하나님과 교통할 수 있는데 이는 하나님께서 우리를 구원하시기 위해서 예수 그리스도를 통하여 그 손을 우리에게 내미셨기 때문이다. 창조적이며 사랑으로 충만한 하나님의 부르심에 책임적인 사랑의 자세로 응답하는 것은 인간이 창조되어진 운명이며 이 부르심은 인간 존재의 근거이므로 "예수의 이름으로"라는 말은 단순한 말의 공식이 아니라 오히려 그 말은 구원의 역사 전체의 요점을 반복하는 말이다. 따라서 기도는 '그리스도 안에서'의 하나님과 인간 사이의 완전한 교제의 표현이라고 보는 견해이다. 곧 기도는 하나님 안에 나타난 하나님의 위대성에 대한 우리의 신앙을 나타내는 것이라 할 수 있다(E. Brunner, K. Bart).

4) 역사적 그리스도와 성경적 진리 가운데 계시된 만유의 주(하나님)께 향한 응답과 간구로서의 기도

하나님의 독생자로 친히 이 세상에 오셔서 우리에게 기도의 모범을 보여 주셨고 기도를 가르쳐 주신 역사적 그리스도 예수와 하나님의 말씀인 성경의 진리 가운데 계시된 만물의 창조주이신 하나님께 향한 감사의 응답과 일상생활의 간구로서 기도를 보는 견해이다.

기도는 역사 속에서 행동하셨고 진리를 말씀하신 하나님께 향한 응답임으로 하나님의 말씀에 접합된 기도는 하나님께서 만드신 모든 것들을 신성하고 성결케 하는 까닭에 기도는 평범한 것을 거룩하게 하고 세속적인 것을 신성하게 한다고 보고 있다(Andrew Murry, c. Garrett).

5) 기도는 신앙의 유모다(매튜 헨리).

6) "당신은 기도한 후에 기도하는 이상의 것을 할 수 있다. 그러나 당신이 기도하기 전까지는 기도하는 이상의 것을 할 수 없다." - A. J. 고든 -

7) "세상의 어떤 남자나 여자에게 하나님께서 가장 좋은 재능을 주셨다면 그것은 바로 기도의 재능이다." - 알렉산더 화이트 -

8) "세상 끝 날에 하나님께서 오셔서 계산하실 때 남녀불문하고 그에게 가지고 갈 수고하여 얻은 가장 좋은 달란트(이윤)는 기도의 생활이다. 가장 착하고 충실한 종들은 주님의 물질을 아침 일찍 일어나 늦게까지 않아서 그들이 세상에 사는 동안 가장 좋은 기도 방법을 찾아다니며 따라다니는 자에게, 또 더 비밀히, 더 확고히, 영적으로 더 많은 열매를 맺는 기도의 습관을 가진 자에게 또 글자 그대로 끊임없이 기도하며 계속적으로 새로운 기도의 사업들을 실천하며 새로운 과업과 새로운 풍조를 창조해 내는 그런 자들에게 맡길 것이다." 당신의 내일 계획이 무엇이냐는 물음을 받게 된다면 "일찍부터 밤늦게까지 일하고 일하는 것이다." 라고 대답하고, 사실 나는 그렇게 할 일이 많기 때문에 매일 하루에 첫 세

시간을 기도에 사용하지 않으면 안 된다고 말할 것이다. - 마틴
루터 -

9) 그는 그의 무릎을 많이 의지했다. 한때 유명한 사람의 동상을 쳐다
보면서 "내 동상을 만들려거든 무릎을 꿇는 모양으로 만들어 주
게! 왜냐하면 그렇게 함으로 내가 영광에 이르게 되었기 때문일
세." - 크롬웰 -

10) "우리가 드리는 모든 기도가 꼭 원하는 그대로 응답되는 것은
아니다. 만일 그렇다면 우리가 하나님께 기도를 한낱 구걸하는 도
구로 전락시키는 것을 의미하는 데 불과하다. 육신의 부모도 자녀
들의 행복을 위한 최선책이 무엇인지 알거든 하물며 하나님께서
그의 가족들의 필요를 특별히 고려하지 않으시며 그의 놀라운 보
물창고 앞에서 그들을 만나주시지 않겠는가? 우리의 간청이 깜짝
놀라게 하는 방법으로 찾아와서 우리의 마음을 그분의 뜻으로 가
득 채우고 우리의 입에서는 감사의 찬송이 흘러넘치게 해 준다.
하나님은 부자이시며, 자녀들이 받으므로 그들에게 유익한 것들을
감추어 놓고 주시지 않는 분이 아니시다." -케네디 메클리언-

11) "이것은 곧 모든 참된 기도의 목적이며 모든 진실한 예배의 목적
이다. 밤낮으로 기도하면서도 자신을 속이는 자도 있을 수 있다.
그러나 기도하지 않고는 아무도 자신의 진실함을 보증할 수 없다.

기도는 행동화되는 믿음이다. 의지와 지식의 연합은 지적 행동 안에서 실현된다. 기도하는 자만이 완전한 자이다. 이것에 미치지 못하는 것은 기원이나 말로만 일하는 것에 불과하며 가짜이거나 허식에 지나지 않는다." "만일 하나님께서 나에게 건강을 다시 허락하신다면 나는 성경만을 연구하기로 결심하겠다. 만일 문학이 의지가 굳은 손 아래 장악되지 못한다면 그것은 영적인 것에 해로울 뿐이다." - 리차드 세일 -

12) "우리의 성화는 우리의 직업을 바꾸는 데 달려 있다. 그러나 우리가 보편적이고 자신을 위하여 하던 것을 바꾸어 하나님을 위하여 행하게 될 때 성화는 이루어진다. 나에게 있어서 사업의 시간과 기도의 시간이 다를 수가 없다. 기도는 다름 아닌 면전의식이기 때문이다." - 브런디 로렌스 -

12. 실제적 기도

1) 기도는 단순히 하나님과 대화하는 것만이 아니라 크리스천의 생활 양식(a style of life)이나 삶의 태도를 말한다.

• 우리의 모든 생활은 기도 그 자체가 되어야 한다.

• 그리스도인들은 무엇을 하든지 그것이 범죄가 되지 않는 한 신성한 것이다.

• 집안을 청소하는 일, 음식을 만드는 일, 잔디를 깎는 일, 교회에서 찬양하는 일, 강단에서 설교하는 일, 도서관에서 공부하는 일, 이웃과 대화하는 일, 이 모든 일들은 다 신성한 것이다. 가정주부가 식사를 준비하고, 아이를 키우며 빨래하는 것도 주부의 일이다. 이 모든 일들을 통해서 하나님께 영광을 돌리는 생활, 거룩한 생활이 되어야 한다. 기도라고 하는 것은 단순한 언어나 대화가 아니라 우리의 생활이 되어야 한다.

"기도란 우리의 요구를 성령의 도우심을 통해서 그리스도의 이름으로 하나님 아버지께 아뢰는 것이다." - 웨스터민스터 대교리문답서(WEST MINSTER LARGER CATECHISM) -

2) 기도는 하나님께 아뢰고 하나님의 말씀을 듣는 것이다.

(1) 하나님께 아뢰는 것

• 당신이 지금 이야기하고 있는 사람은 세상의 어떤 특별한 사람과 이야기하고 있는 것이 아니라 삼위일체 되시는 하나님과 이야기하고 있는 것이다.

• 당신이 지금 기도를 하고 있다면 그것은 하나님과 이야기하고 있는 것이다.

삼위일체의 하나님

"하나님은 성부 하나님과 성자 하나님과 성령 하나님이 삼위 가운데 본질적으로 완전하게 그리고 영원히 존재하신다." 하나님은 아버지시다. 하나님은 아들이시다. 하나님은 성령이시다. 하나님은 한 분이시며 세 분이시다. 하나님은 한 분이시며 삼위의 역할을 하신다.

이것이 신비한 사실이며 우리의 지식과 이해의 한계를 초월하는 영역이다. 따라서 우리는 기도할 때 아버지와 아들과 성령께 기도해야 한다.

- 성부 하나님께 기도(마 6:9)
- 성자 예수님께 기도(행 7:59-60)
- 성령 하나님께 기도(유 1:20)
- 하나님의 성호

  ① 하나님(창 1:1)

  ② 여호와 하나님(창 2:4)

  ③ 지극히 높으신 하나님(창 14:18-22)

  ④ 주 여호와(창 15:2, 8)

  ⑤ 영생하시는 하나님(창 21:33)

  ⑥ 전능하신 하나님(창 28:3)

  ⑦ 스스로 있는 자(출 3:14)

  ⑧ 여호와(출 6:3)

  ⑨ 질투의 하나님(출 34:14)

  ⑩ 영원하신 하나님(신 33:27)

  ⑪ 사시는 하나님(수 3:10)

  ⑫ 만군의 하나님(시 80:7)

  ⑬ 이스라엘의 거룩한 자(사 43:3, 14, 15)

  ⑭ 크고 능하신 하나님(렘 32:18)

  ⑮ 하늘의 하나님 여호와(욘 1:9)

⑯ 천부(마 6:32)

⑰ 만세의 왕(딤전 1:17)

⑱ 능하심과 만왕의 왕

(2) 하나님의 말씀을 듣는 것

기도는 당신이 하나님께 말하는 것 이상의 의미를 가지고 있다. 기도는 하나님께서 당신에게 무엇을 말하고 계신가를 듣는 것이다.

① 하나님께서는 성경을 통해서 말씀하신다.

성경을 읽지 않고 기도하는 것은 아무런 의미가 없다. 왜냐하면 기도의 핵심적인 목적이 하나님의 뜻과 방향에 맞춰져야 하는데 성경을 읽지 않고는 알 수 없기 때문이다.

② 성령님을 통해서 말씀하신다.

성령님께서는 우리를 위해서 말할 수 없는 탄식과 기도로 하나님께 간구하고 있기 때문에 성령님께서는 우리에게 올바른 결단과 결정을 내릴 수 있도록 확신을 주시며 그 상황을 구체적으로 인도하신다(요 16:13). 따라서 우리는 어떠한 결정을 내리기 전에 기도 가운데 하나님의 음성을 들어야 한다.

하나님의 음성은 기도 가운데 성령님의 역사를 통해서 환경 속에서 들을 수 있다. 그러나 이 모든 방법보다 가장 안전하고 확실한 것은 하나님의 말씀이다. 우리는 하나님의 말씀을 통해서 하나님의 음성을 분명히 들을 수 있다.

③ 기도는 우리의 삶 속에서 역사하시는 하나님의 구체적인 방법이다.

＊기도는 우리를 위해서 어떠한 놀라운 일을 하게 한다.

* 기도는 천지를 창조하신 주님과 교제하는 것이다.

* 기도는 하나님의 뜻을 파악할 수 있는 중요한 방법이다.

* 기도는 우리가 하나님께 말하는 것이고 하나님께서 우리에게 이야기하는 것이다.

* 하나님께서는 우리의 기도를 들으시고 응답하시기를 기뻐하신다.

<구체적인 기도방법>

1. 나의 기도를 응답해주실 하나님을 부른다.

하나님 아버지, 지극히 높으신 곳에 계신 아버지, 감사하신 아버지, 고마우신 아버지, 전지전능하신 아버지 등 하나님 아버지를 부른다. 그리고 하나님께 말씀을 드려야 한다.

2. 내가 하고 싶은 이야기를 말씀드린다.

기도는 성령님께서 인도하시는 대로 기도하는 것이 좋다. 기도의 일반적인 내용은 찬양(Adoration), 회개(Confession), 감사(Thanksgiving), 간구(Supplication), 도고(Intercession)의 내용을 포함하는 것이 바람직하지만 자연스럽게 살아 계신 하나님과 대화하는 기도여야 한다.

3. 말씀을 다 드린 후 기도의 끝을 맺어야 한다.

우리는 죄인이므로 그리스도의 보혈의 공로 없이는 거룩하신 하나님께 직접 나아갈 수가 없다. 따라서 반드시 기도의 끝에는 "주님의 이름"으로 하나님께 나아가는 기도를 드려야 한다. 그러므로 기도를 마칠 때는 "예수님의 이름으로 기도합니다"라고 말해야 한다.

4. 아멘은 하나님께 "그렇게 되기를 원합니다"라고 말하는 것이다. 따라서 우리는 기도를 마칠 때 "아멘"이란 말로 끝마친다.

"아멘"은 하나님이 우리의 기도를 들으셨다는 사실을 확인하고 선포하는 상징적인 단어이다. "아멘"은 주님께서 우리의 기도에 응답하실 것을 열망하는 표현이다. "아멘"은 하나님의 능력 안에서 우리의 기도가 응답된다는 확신과 믿음의 표현이다. "아멘"은 우리의 의지를 그에게 완전히 복종시켜 "주님의 뜻대로 되기를 원합니다"라는 표시이다. 그러므로 우리는 "아멘"하기 전에 나의 기도나 혹은 다른 사람의 기도가 정말 성경적이며 하나님의 영광을 위해 구하고 있는가 먼저 확인해야 한다.

5. 어떻게 기도를 시작하고 지속시키겠는가?

좋은 성경을 구입하라.

날마다 경건한 서적들을 읽어라.

"주님과 나만의 시간"을 성실히 지켜라.

기도 노트를 하라.

필기구를 준비하고 기도하라.

기도할 사람의 이름을 적어놓고 일정한 시간에 기도해라.

기도의 동역자를 찾아라.

혼자 기도하라.

무릎을 꿇고 기도하라.

가능하면 큰 소리로 부르짖으며 기도하라.

듣는 시간(묵상의 시간)을 가져라.

직장에서, 학교에서 혹은 사람들이 많이 모여 있는 곳에서라도 기도하라.

아침에 일찍 일어나 무엇보다 우선적으로 기도하라.

가능하면 해 뜨기 전에 기도를 시작하여 해 뜬 다음에 마쳐라.
당신이 계속 기도할 수 있도록 하나님께 도와달라고 기도하라.

III. 기도의 대상인 삼위

기도의 대상은 우리의 창조주 하나님이시다. 하나님은 생명의 창조자이시고, 만물을 지으시고, 통치하시며, 섭리하시고, 지배하시는 분이시다. 그분은 영원히 살아 계셔서 졸지도 아니하시고 주무시지도 아니하시며, 피곤치 아니하시며, 곤비치 아니하시는 분이시며, 만유의 아버지시며, 만유를 통일하시고, 만유 가운데 계시며, 유일무이하신 분이시기 때문이다(창 1:27, 시 89:9, 히 1:3, 시 21:4, 사 40:28, 엡 4:6, 막 12:29 등).

그러므로 하나님께 기도하지 않고 다른 누구에게 기도할 수 있을까? 태양, 달, 별(日月星辰)이나, 사람의 손으로 만든 것이나 특정한 자연을 섬기며 기도하는 것은 어리석고 무지몽매한 것이다.

1. 하나님께 드리는 기도

1) 기도는 하나님과의 대화이다.

기도를 한다는 것은 하나님과의 대화이므로 사실은 사람과 이야기하듯 하면 되는 것이다. 그러나 이것은 기도의 경험이 없는 사람에게는 쉬운 일이 아니다. 여러 차례 기도를 드린 경험이 있는 성도들에게도 실상은 용이한 일이 아니다.

왜냐하면 하나님 앞에 혼자서 기도한다는 경지에 좀처럼 들어갈 수 없기 때문이다. 자신의 마음을 터놓으려는 대상이 이 세상을 만드시고 자신을 사랑하시며 또한 모든 것을 알고 계시는 분이라는 믿음이 없으면 도저히 기도할 수 없는 것이다.

하나님은 과연 나에게 관심을 갖고 있을까? 이런 의문이 문득 들기도 한다. 하나님의 사랑이 성경에서 말하는 대로 그토록 크고 변치 않는 것이라면 그분께서는 왜 우리가 험난한 환경에 시달려 허우적거리도록 내버려 두시는 걸까? 이런 회의에 빠지기도 한다.

하나님은 공의로우신가? 성경이 말하는 대로 하나님께서 공의로우시다면 왜 세상은 그토록 불의로 가득한가? 악인은 아무런 방해 없이 탄탄대로를 달리는데 의인은 삶의 궤도에서 진창에 빠지거나 험난한 길을 가야 하는 것처럼 보이기도 한다.

우리가 하나님께 온전하게 기도하려면 하나님과의 관계에 대한 신뢰가 확고해야 한다. 기도는 하나님의 자녀들과 하늘에 계신 아버지 사이에 나누는 대화이기 때문이다. 하나님께서 우리의 기도를 들으신다는 증거가 즉각 나타나지 않더라도 우리가 기도할 수 있는 것은 바로 이 관계에 대한 신뢰 때문이다.

2) 하나님과 우리의 관계

첫째, 하나님과 우리의 관계는 마법 같은 불가사의한 관계가 아니다. 고대와 현대의 여러 문화에서 사람들은 어떤 마술 의식이나 주문으로 하나님의 침묵을 깨보려고 노력해왔다. 구하는 일을 얻지 못하면 그들은 다른 마법을 써보거나 제물을 바치거나 다른 주문을 외쳤다. 그들은 기도 응답을 얻는 것이 교묘한 조작이나 적합한 제사의식, 또는 적당한 주문의 암송 여부에 달려 있다고 생각했다.

둘째, 하나님과 우리의 관계는 신비적인 관계가 아니다. 하나님이 기도를 들으신다는 것은 마술 행위나 어떤 비밀스런 지식에 근거하지 않는다. 우리는 예수 그리스도를 통해 하나님의 자녀가 되었다. 따라서 하나님께 주목받기 원할 때 주술이나 마법은 필요로 하지 않는다. 또한 기도는 하나님과의 관계에서 느끼는 신비적인 감정에 바탕을 두지 않는다. 우리는 감정을 지녔으며 이 감정은 중요하다. 그러나 기도를 하느냐, 않느냐, 무엇을 기도하느냐의 문제는 너무나 중대하여 감정처럼 흔들리기 쉬운 것에 좌우될 수는 없다. 마음이 원하든 원하지 않든 우리는 우리의 필요를 하나님께 알려야 한다.

셋째, 하나님과 우리의 관계는 역사적인 관계이다. 우리가 하나님께 이야기할 수 있고 하나님께서는 우리의 이야기를 들으신다는 확신은 우리가 그분의 자녀이기 때문이다. 자녀 됨의 기초는 오직 하나님이 역사 속에서 예수님을 통해 이루신 일과 우리가 개인적으로 예수님을 구주로 영접하는 것에 있을 뿐이다.

넷째, 하나님과 우리의 관계는 인간적인 관계이다. 우리가 하나님의 자녀라는 친밀한 관계는 하나님께서 예수님을 통해 하신 말씀과 이루신 일, 즉 예수님의 가르침과 죽음과 부활에 기초한다. 이러한 역사적인 바탕은 매우 중요하다. 만일 하나님께서 예수님을 통한 구원의 사역을 이루지 않으셨다면, 우리는 하나님의 존전과 능력 앞에 자유로이 나갈 수 없을 것이다.

기도는 하나님이 누구이신가에 따라 결정된다. 우리의 믿음의 대상은 하나님이며, 믿음의 본질은 하나님을 아는 것이고, 그분과 참된 교제를 하는 것이다. 하나님의 소유요, 하나님이 통치하시는 이 세상에서 하나님에 관하여 아무것도 모르고 산다면 그것은 우리 스스로에게 잔인한 일을 행하는 것과 같다. 하나님을 모르는 세상은 이상하게 되고 혼돈과 고통스러운 장소가 되며 그 안에서의 삶은 절망적이고 불쾌한 것이 될 것을 알고 있을 것이다.

우리가 창조된 목적이 무엇인가? 하나님을 알기 위해서이다. 우리는 어떤 목적을 위해서 살아야 하는가? 하나님을 알기 위해서 살아야 한다. 예수님께서 주시는 영생은 무엇인가? 하나님을 아는 것이다. "영생은 이것이니 유일하신 참 하나님과 그의 보내신 자 예수 그리스도를 아는 것이니이다"(요 17:3). 인생에 있어서 무엇보다도 가장 큰 즐거움을 주고 기쁨을 주고 만족을 주는 것은 하나님을 아는 것이다(렘 9:23-24). 하나님께서는 사람이 어떤 상태일 때 가장 즐거워하시는가? 바로 인간이 하나님 자신을 알 때이다(호 6:6).

우리는 예수님께서 가르쳐 주신 기도를 볼 때, 아주 동일한 우선순위를 발견하게 된다. 예수님께서 말씀하시고 행하신 것에 있어서 결정적으로 중요한 위치를 담당하고 있는 것은 하나님이 주기도문의 기초요, 중심이요, 목표이다. 다시 말해서 예수님의 생애뿐만 아니라 예수님의 기도 가운데 이 세상에서 가장 중요한 것은 다름 아닌 하나님은 어떤 분이신가라는 사실을 우리에게 가르쳐 주는 것에 있다.

3) 기도의 법칙은 최고의 법이다.

기도의 법칙은 온 우주 가운데서 최고의 법이다. 기도는 하나님께서 역사하시므로 다른 모든 법칙들을 극복할 수 있도록 한다. 기도의 법칙은 실행되기만 하면, 자유의지를 가진 반역자에 의해 지배되고 있는 세상, 자연법칙이 지배하고 있는 우주 가운데서 하나님의 주권이 행사될 수 있도록 한다.

(1) 여호수아 10장 13절을 보자.

여호수아는 기도를 통해 문제에 대한 하나님의 뜻을 움직였고, 무엇을 해야 할지 말씀을 들었으며, 말씀에 순종했다. 그래서 전투에서 승리를 얻었다. 이 일은 한 인간이 하나님의 뜻을 알고 그 뜻에 순종했기 때문에 이루어졌다. 여호수아는 갑자기 섬광 같은 아이디어가 떠올라서 하나님께 그 일을 해달라고 요청했던 것이 아니다. 그는 이 아이디어를 하나님께 받은 것이다. 만약 하나님께서 우리에게 무슨 일을 하라고 말씀하신다면 그 일은 틀림없이 성공할 것이다.

(2) 모세는 기도의 사람이다.

그는 항상 하나님께 말씀드렸고, 하나님께서는 항상 모세에게 말씀하셨다. 출애굽한 얼마 후, 뒤에는 바로의 군대가 있었고, 앞에는 홍해가 가로놓인 절망적인 상황에 처하게 된다.

그때 그들은 기적이 필요했다. 그러나 모세는 한번도 하나님께 무엇을 해 주셔야 한다고 기도하지 않았다. 모세는 오히려 이미 불평하고 있는 백성들에게 여호와께서 행하시는 구원을 보라고 말했다(출 14:13). 여호와께서는 모세에게 무엇을 해야 할지를 말씀해 주셨다(출 14:16). 모세가 순종하자 바다가 갈라졌고, 온 이스라엘 백성들은 마른 땅 위를 걸어 홍해를 건넜다. 모세의 기도와 믿음이 하나님께서 하시고자 하는 일을 행하실 수 있는 상황을 만들었던 것이다. 믿음의 기도는 하나님께서 의도하시는 바를 가능하게 만든다.

4) 우리는 하나님께 기도해야 한다.

우리는 기도를 해야 한다(약 4:2). 이것은 하나님께서 합법적으로 우리의 상황 속에 개입하실 수 있는 유일한 방법이다. 하나님께서는 거룩한 법칙과 확립된 원리들에 따라 행동하신다. 그분은 엄격한 법칙에 따라 자신의 뜻을 이루는 과정에 우리를 포함시키기로 작정하셨다. 우리는 하나님의 뜻을 이루는 과정에 적극적으로 참여해야 한다. 하나님의 거룩한 뜻을 이루는 데 있어서 우리는 하나님과 함께 일하는 것이다. 이것이 바로 우리가 하나님께 기도하는 이유이다. 하나님과 대화하는 것이다. 그분과 의논하는 것이며 그분에게서 최상의 방안을 깨닫는 것이다. 이 진리를 마음 속 깊이 새긴다면 우리의 삶을 대하는 태도가 달라질 것이다.

2. 예수님의 이름으로 구하는 기도

1) 우리는 기도할 때 예수님의 이름으로 기도한다.

"너희가 나를 택한 것이 아니요 내가 너희를 택하여 세웠나니 이는 너희로 가서 과실을 맺게 하고 또 너희 과실이 항상 있게 하여 내 이름으로 아버지께 무엇을 구하든지 다 받게 하려 함이니라."(요 15:16)

"내 이름으로 무엇이든지 내게 구하면 내가 시행하리라." 이 말씀은 평범하고 단순하며 적극적이면서도, 매우 귀중한 그리고 우리에게 용기와 희망을 주는 구절이다. 예수님 이름으로 하나님께 나아간다는 것은 우리 주 그리스도의 권세와 권위로 그의 대변자로서 나아가는 것을 의미한다.

"내가 진실로 진실로 너희에게 이르노니 나를 믿는 자는 나의 하는 일을 저도 할 것이요, 또한 이보다 큰 것도 하리니 이는 내가 아버지께로 감이니라." 이 말씀이 예수님의 이름으로 기도할 것을 처음으로 언급하시기 전에 나오고 있음을 주목해야 한다.

"내 이름으로 구하라"보다 "내 이름으로 행하라"는 말이 먼저 언급된 것을 주목해야 한다. 우리가 모든 일을 주님의 이름으로 행할 때 우리는 모든 것을 주님의 이름으로 구할 수 있다. 구함의 자격은 행함으로 주어진다. 이것은 자기 삶을 예수님이 하신 그 일을 하는 데 헌신했고, 모든 일을 그의 이름으로 하는 사람들에게 주신 것이다. 예수님은 저들을 신뢰하실 수 있다. 저들은 부지런함과 충성을 통해 그 신뢰를 얻었다. 이제 저들은 그의 이름으로 필요한 것을 주문할 수 있다.

"이제 네가 나의 일을 하고 스스로를 증명하였으니 내 이름으로 아버지께 나아가 나의 일을 청구하여라." 이것이 바로 요한복음 15장 7절이 의미하는 것이다. "너희가 내 안에 거하고 내 말이 너희 안에 거하면 무엇이든지 원하는 대로 구하라 그리하면 이루리라."

2) 예수님의 이름의 의미

우리가 예수님의 이름으로 아버지께 무엇을 구한다고 하는 것은 예수님께서 요구하시는 것, 그분을 기쁘시게 하는 것, 그리고 그분의 역사를 풍성케 함으로 하나님께 영광 돌리기를 구한다는 의미이다. 하나님은 자신의 이름을 존귀케 하시기 위해 우리의 기도에 응답하신다. 그러므로 기도는 그분의 뜻을 따라해야 한다(요일 5:14-15). 주기도문에 나타난 첫 번째 간구 사항은 "이름이 거룩히 여김을 받으시오며"(마 6:9)이다. 하나님의 이름을 영화롭게 하지 않는 간구라면 어떠한 것도 그분의 이름으로 구해서는 안 된다.

우리가 예수님의 이름으로 기도한다는 것은 "예수님의 인격으로" 기도하는 것을 의미한다.

예수 그리스도의 이름으로 기도한다는 것은 우리가 하나님께 예금해 놓은 것이 하나도 없기 때문에 하나님에게 받을 자격이 없다는 것을 인정하면서 자신의 노력이나 선행이나 행위가 아니라 오직 예수 그리스도를 믿음으로 하나님께 청구하는 것이다. 우리가 이와 같은 방법으로 하나님께 나아갈 때 우리는 그것이 얼마만큼 크든지 관계없이 우리가 요구한 모든 것을 하나님께 받을 수 있는 것이다.

예수님을 믿는 우리에게 주님은 그의 이름으로 하나님께 나아가서 구할 수 있는 권리를 주신다. 우리가 기도하는 것을 그의 이름으로 주신다. 우리는 예수 그리스도의 이름 덕분에 기도할 수 있고, 하나님께 무엇을 받을 수 있는 것이다.

예수 그리스도께서는 우리가 그분의 이름으로 하나님께 나아가 우리의 공로나 권리가 아니라 그분의 이름으로 하나님께 기도할 수 있는 특권을 주셨다. 우리가 예수님의 이름으로 하나님께 기도할 수 있는 특권을 주셨다. 우리는 예수님의 이름으로 하나님께서 우리를 위해 예비해 놓으신 하늘에 속한 모든 신령한 복과 은혜를 다 받을 수 있다. 그러므로 예수 그리스도의 이름이 아닌 다른 방법이나 자신의 권리를 갖고 하나님께 나아가려고 시도하는 것은 무모한 짓이다. 우리는 우리의 죄를 대속하기 위해 십자가에서 죽으신 예수 그리스도의 사역에 근거하여 그를 의지하는 마음으로 하나님 앞에 나아갈 수 있다.

우리는 자신의 선행이나 봉사를 통해서 하나님께 나아갈 수 없다. 오직 예수 그리스도께서 그의 이름으로 우리에게 주신 권리를 가지고 하나님께 담대히 나아갈 수 있을 뿐이다. 내 힘과 능력으로는 원하는 것을 구할 수 없는 비참한 존재들이다. 우리는 도무지 하나님 앞에 구할 자격과 가치가 없는 사람들이다. 그러나 예수 그리스도께서는 자격과 가치를 지니고 있는 분이시다. 따라서 우리의 공로로 기도하는 것이 아니라 예수님의 이름으로 기도하는 것이다.

3. 성령님의 능력을 힘입어 하는 기도

1) 성령으로 기도한다.

에베소서 6장 18절에는 "성령 안에 기도하며"(praying in the Holy Spirit)라는 말씀이 있고, 유다서 1장 20절에는 "성령으로 기도하며"(praying in the Holy Spirit)라고 언급되어 있다. 이 두 구절은 능력 있는 기도를 하는 데 있어서 매우 중요한 비결 중의 하나를 지적하고 있다. 하나님은 우리가 성령 안에서, 성령으로 기도할 수 있기를 바라신다.

성령 안에서, 혹은 성령으로 기도한다는 것은 우리 안에 내주하시며, 우리의 친구가 되시며, 우리의 상담자가 되시고, 우리의 안내자와 보혜사가 되시며, 우리를 감동하사 기도하게 하시며, 우리가 그의 능력과, 역사 안에서 기도한다는 의미이다. 성령은 예수님이 이 세상을 떠나실 때, '다른 보혜사'를 보내 주시겠다고 약속하신 바로 그분이시며 주님을 대신하여 이 땅에서 사역을 하고 계시는 인격적인 분이시다.

2) 올바른 기도

올바른 기도를 하기 위해서는 성령을 온전히 의지해야 한다. 사도행전 12장 7절을 보면, 성령의 역사와 능력으로 기도 응답을 받았음을 알 수 있다. 성령은 우리가 기도할 때, 우리를 하나님 앞으로 인도하며 하나님의 실제를 깨닫게 해 주시고, 하나님께 상달되는 기도로 인도하시며, 그로 인해 우리의 기도가 하나님께 응답받는다는 것을 확신케 하신다.

성령께서는 거대한 기도의 강물로 나아가게 하신다. 성령께서는 때때로 우리의 생각이 혼돈스러운 마음 깊은 곳에서 말할 수 없는 탄식으로 우리를 위해 기도하신다. 그는 삼위일체 하나님의 놀라운 생명에 우리를 동참하게 하신다. 성령을 통해 그리스도의 기도가 우리의 기도가 되고 우리의 기도가 그리스도의 기도가 되는 것이다. 왜냐하면 성령 안에서 우리는 하나가 되었기 때문이다.

성령은 우리가 기도할 때 도우시며, 우리를 위한 중재자가 되신다(롬 8:25-26). 우리는 늘 하나님의 뜻을 잘 알지 못한다. 우리와 함께 짐을 나누어져야 할 사람들이 있지만, 우리는 그들을 위해 어떻게 기도해야 할지 모른다. 그러나 성령께서는 어떻게 기도해야 하는지 알고 계신다. 기도의 소망을 심어 주시는 성령께서는 또한 무엇을 기도해야 할지 깨닫는 지혜도 주신다. 성령님의 인도하심을 받는다면, 우리는 하나님의 뜻대로 기도할 수 있다. 성령은 우리가 말씀을 읽을 때 하나님께서 우리에게 주신 약속들을 밝히 보여 주시며, 우리로 하여금 약속대로 간구하도록 격려해 주신다.

올바른 기도란 "성령 안에서" 하는 기도이다. 이 기도는

첫째, 간절한 기도(롬 8:26, 행 12:5)이다.

둘째, 하나님의 뜻을 따라서 완전한 지혜 가운데 구체적으로 기도하는 것이다. 여기에 대하여 로마서 8장 27절은 이렇게 말하고 있다. "마음을 감찰하시는 이가 성령의 생각을 아시나니 이는 성령이 하나님 뜻대로 성도를 위하여 간구하심이니라."

셋째, 하나님께서 우리의 기도를 들으시고 응답하신다는 것을 완전히 확신하는 것이다. 이것은 마가복음 11장 24절에서 언급하고 있는 바로 '믿음의 기도'를 말하고 있다. 성령께서는 그리스도인들이 '믿음의 기도'를 하도록 인도하시고 역사하시며 '하나님 뜻대로' 기도하도록 역사하신다.

넷째, 기도의 응답을 받기 위해서는 중단하지 않고 끝까지 기도해야 한다. 여기에 대해서 에베소서 6장 18절은 '무시로', '항상' 기도할 것을 말하고 있다. 우리의 기도생활을 구체적으로 인도하시는 성령으로 인해 우리는 위해 끝까지 기도할 수 있는 특권을 가진 것이다.

3) 우리는 어떻게 성령 안에서 기도할 수 있는가?

첫째, 우리가 성령으로 기도하기 위해서는 우리의 의지와 자신을 완전히 하나님께 드려야 한다. 사도행전 5장 32절을 보면, 하나님은 순종하는 사람들에게만 성령을 주신다는 사실을 명백히 알 수 있다. 하나님은 우리의 의지와 감정과 전 생애를 바칠 것을 요구하신다. 그렇지 않으면 성령은 우리의 삶과 기도생활을 인도하실 수 없다. 우리는 모든 삶을 그 분께 전폭적으로 드려야 하며 순간순간 성령의 인도와 지배를 받아야 한다.

둘째, 우리가 성령으로 기도하기 위해서는 삶의 모든 부분에서 하나님께 절대적으로 순종해야 한다. 우리의 모든 삶의 영역에서 하나님께 불순종하면 성령은 슬퍼하시며, 우리의 언행과 기도생활을 인도하지 않으시며 통치하지 않으신다.

셋째, 성령으로 기도하기 위해서는 우리 자신에게 아무런 능력이 없다는 것을 마음 속 깊이 깨닫고 전적으로 성령을 의지해야 한다. 우리는 일상생활에서 성령을 정말 깊이 신뢰해야 한다. 우리는 그리스도를 위한 사역과 봉사가 자신의 '힘이나 능으로' 할 수 없으며 오직 성령으로만 가능하다는 사실을 분명히 깨닫고 그 분을 온 마음으로 신뢰해야 한다. 우리가 세상에서 하나님을 위해서 일할 때 자신의 능력이나 재능으로는 그것을 성취할 수 없다는 사실을 너무도 잘 알고 있다(슥 4:6).

넷째, 성령 안에서 기도하려면 하나님께서 우리의 기도를 분명히 들어 주신다는 약속을 의심 없이 전적으로 믿어야 한다. 하나님께서는 성령을 보내사 우리가 확신을 갖도록 인도하신다. 다시 한 번 로마서 8장 26-27절의 약속을 깊이 묵상하고 성령을 의지하기 바란다.

다섯째, 성령 안에서 기도하기 위해서는 계속적으로 성령의 충만함을 받아야 한다. 사도 바울은 에베소서 5장 18절을 통해서 이렇게 강력하게 명령하고 있다. "성령의 충만을 받으라." 이 말은 "성령의 충만을 계속해서 받으라"는 말이다. 이 말에 쓰여진 "받으라"는 동사는 헬라어에서 현재시제를 나타내고 있다. 즉 계속적인 과정을 의미하고 있다. 그러므로 끊임없이 성령으로 충만함을 받아야 한다. 우리가 계속적으로 성령충만하면 우리의 일상생활과 기도생활은 성령의 인도함을 받는다.

여섯째, 성령 안에서 기도하려면 날마다 하나님의 말씀을 진지하게 묵상해야 한다. 성경에 기록된 하나님의 말씀은 보이지 않는 성령의 도구이다. 그러므로 성령충만을 위해서는 하나님의 말씀으로 충만해야 한다. 에베소서 5장 18-19절 말씀으로 충만된 결과와 골로새서의 성령으로 충만된 결과가 동일하다는 사실을 발견하게 된다. 그것은 이 두 서신이 거의 동시에 쓰여졌다는 사실을 보아서도 하나님의 말씀과 성령은 깊은 관계가 있다는 것을 알 수 있다.

성령으로 충만하면 우리의 기도는 기록되어진 말씀처럼 정말 능력 있는 기도가 된다. 말씀과 성령의 관련성에 대한 성경말씀을 살펴보자. "살리는 것은 영이니 육은 무익하니라 내가 너희에게 이른 말이 영(성령)이요 생명이라"(요 6:63). 기도의 응답에 대한 가장 성경적인 방법은 바로 하나님의 말씀을 날마다 성실하고 진지하게 묵상하며 그것을 하나님 앞에서 실천하는 것이다.

능력 있는 기도, 하나님의 마음을 감동시키는 기도, 응답받는 기도를 하기 위해서는 우리가 하나님께 무엇을 구하고 있는가를 깊이 생각하고, 또 내가 지금 기도하고 있는 것이 하나님의 뜻인가를 성경을 열고 살펴보아야 한다. 만일 하나님의 뜻이라면 응답받을 때까지 낙망하지 않고 계속해서 기도해야 한다. 우리가 진정으로 '성령 안에서' 기도하면 성령이 주시는 지혜로 계속적인 능력의 기도를 할 수 있다.

IV. 간절한 기도의 중요성

1. 간절한 기도의 역할

1) 간절한 기도는 하나님의 의도다.

하나님의 뜻은 우리의 기도가 응답받는 것이다. 기도란 외롭지 않으려고 하나님을 우리에게 향하도록 하는 것이 아니다. 하나님은 우리와의 교제를 즐거워하신다. 우리가 기도할 때 더 가까이 임재하신다. 간절한 기도는 하나님 나라의 계획에 가장 중요한 사역 가운데 하나이다.

2) 기도 생활의 성장이다.

간절한 기도는 단순히 은혜 안에서 성숙하도록 돕는 영적운동이 아니다. 은혜 안에서 성숙하는 데 기도 생활보다 더 유익한 것은 확실히 아무것도 없다. 우리의 신앙의 삶이 승리하면 할수록 하나님의 은혜의 비밀과 하나님 나라의 능력을 더욱더 크게 배우게 될 것이다. 간절한 기도를 하면 할수록 더욱더 그리스도와 긴밀하게 동행하며, 성령의 능력으로 강건해질 것이다.

3) 교회가 성장한다.

간절한 기도는 하나님 나라를 확장하기 위해 하나님이 정하신 방법이다. 왜냐하면 사탄과 그의 어두움과 악의 세력을 멸절시키고, 하나님의 계획을 성취하여 이 세상에 하나님의 선한 뜻을 실현시킬 수 있기 때문이다. 간절한 기도는 온 땅을 하나님의 축복으로 덮으시려는 하나님의 방법인 것이다. 간절한 기도는 우리 시대와 제도를 위한 하나님의 우선적인 전략이다. 영원하신 그리스도께서 그의 백성들의 기도의 능력을 드러내주실 때에야 비로소 교회의 역사는 완전히 기록될 수 있다. 그러한 계시를 통하여 그리스도의 기도의 동역자로 인도함 받는 것이 얼마나 큰 기쁨인가!

4) 성령의 도움을 받는다.

성자 하나님은 성부 하나님의 영원한 보좌 우편에서 오늘날 그의 왕국을 주권적으로 통치하시며 확장해 나가신다. 그리스도는 심판하거나, 신성한 능력을 실증하거나, 주권자로서 엄명을 내리거나 또는 권위적인 강령을 반포하는 주된 임무로 살아 계시는 것이 아니다. 그리스도의 특별한 천직과 전략적인 통치는 중재의 기도를 드리는 것이다(히 7:25).

성령은 이 세대를 위한 하나님의 계획에 절대 필요하며 성자 하나님의 중보기도에 쉬지 않고 동참한다. 성령은 또한 중보기도라는 하나님의 전략에 우리를 동역자로 세우는 책임이 있다. 성령께서는 우리가 자신의 연약함을 초월하여 하나님 안에서 기도의 용사가 되기를 갈망하신다. 그래서 우리가 그리스도의 중보기도의 동역자로서 효과적인 존재가 되기를 간절히 원하셔서 친히 인간의 말로써 형용하지 못할 하나님의 심정으로 탄식하며 우리를 위하여 간구하신다(롬 8:26). 우리는 성령의 기도 소리를 듣지 못하겠지만 성령은 우리를 위하여 울부짖고 계신다.

5) 삶의 승리를 얻는다.

간절한 기도야말로 우리가 할 수 있는 가장 거룩한 사역이다. 그 기도보다 그리스도를 더 닮게 하거나 그리스도와 더 협력할 수 있게 하는 것은 없다. 그리스도인의 봉사 중 승리의 기도만큼 만인에게 보편적으로 공개하고 모든 그리스도인에게서 그리스도가 우선적으로 요청하시는 것은 없다. 그 기도는 그리스도께서 소원하시는 바요, 그리스도의 부르심이며, 또한 그리스도의 명령이다. 주님, 우리가 승리하도록 가르쳐 주시옵소서!

2. 간절한 기도의 대상

1) 우선 「자신」의 영. 육을 위한 간구다.

간절한 기도는 극히 개인적인 것이다. 우리는 개인적 열망과 요구를 위해 기도할 권리를 얼마든지 가지고 있다. 하나님의 계획은 기도의 대부분이 다른 사람들과 하나님 나라의 확장을 위한 것이 되도록 계획하셨다. 그러나 하나님은 개인과 가족의 필요와 우리와 관계된 상황을 위하여 기도할 것을 기대하시며 환영하신다. 성경은 이 점에 있어서 명백하다.

소경 바디매오가 자신의 눈을 뜨기 위해서 기도했을 때 그 기도가 응답되었다(막 10:46-52). 열두 해 동안 혈루증으로 고생하며 괴로워했던 여인이 기도로 나았다(눅 8:43). 수로보니게 출신의 헬라 여자도 기도로 승리하였다. 예수님께서 그녀의 딸에게서 귀신을 쫓아내신 것이다(막 7:26).

2) 「타인」을 위한 간구다.

우리는 다른 사람들을 위하여 기도할 때 승리를 경험한다. 아브라함도 롯을 위한 기도에서 승리하였다(창 18:22-33). 이스라엘의 승리를 목적으로 한 아말렉과의 싸움에서 모세의 중보기도가 이루어졌다(출 18:8-14). 이스라엘을 타락으로부터 구원하기를 간구한 엘리야의 기도도 상달되었다(왕상 18장). 산헤립의 손에서 이스라엘을 구출하려는 이사야와 히스기야의 기도도 승리하였다(대하 32:20-21). 에바브라도 골로새 교회를 위하여 간절히 부르짖었다(골 4:12-13).

우리는 하나님의 뜻이 방해를 받거나 사탄이 그리스도의 목적을 지연시키거나 훼방 놓는 상황을 위하여 간절히 부르짖으며 기도해야 한다. 죄의 올가미에 걸려 소경이 된 채 자신을 위하여 기도할 수 없거나 또는 기도하기를 원하지 않는 사람들을 위해서도 우리가 부르짖어야 한다.

3) 「성전」 재건이다.

성령이 거하는 육체는 강건해야 하며(마음성전), 튼튼해야 한다. 지상 성전인 교회가 부흥 성장하도록 섬겨야 하고, 영생복락을 누릴 하늘 성전을 기도로 키워가야 한다. 다시 말하면, 우리는 교회의 부흥, 교회의 영적 성장, 복음의 전세계적인 진보를 위하여 기도해야 한다.

간절한 기도를 요청하는 물리적, 재정적, 영적 필요가 있다. 가정은 사탄의 공작으로 산산조각이 나고, 사람들은 파멸되며, 교회는 하나님의 특별한 해결책을 필요로 한다. 우리는 교회와 그리스도인 조직체의 사역을 위해서 기도해야 한다. 우리는 민족의 도덕적, 영적 필요가 충족되도록 간구해야 한다.

이런 간절한 기도의 영역은 그리스도의 교회만큼이나 광범위하며 하나님의 세계만큼이나 크다. 간절한 기도의 영역은 반드시 하나님의 뜻 안에 존재한다. 간절한 기도란 강렬한 간구, 응답을 받을 때까지 드리는 중보의 기도이다.

3. 간절한 기도에 소요되는 시간

1) 짧은 시간에 즉각 응답된다.

어떤 특별한 경우에 기도는 즉각적으로 이루어진다. 미리암의 문둥병을 고쳐달라는 모세의 기도는 매우 간단하였다. "하나님이여 원컨대 그를 고쳐주옵소서"(민 12:13). 모세는 하나님과 긴밀한 관계에서 동행해 왔기 때문에 하나님의 은총을 얻기 위하여 그의 마음을 준비할 필요가 없었던 것이다. 다른 사람들의 뜻과 태도가 연루되지 않았고, 아론과 미리암이 이미 회개하였다는 점에서 그 상황은 비교적 단순했다. 그리하여 모세는 즉시 하나님으로부터 응답을 받았다.

갈멜산에서 엘리야의 기도 역시 대단히 짧은 기도였다. "이에 여호와의 불이 내려서"(왕상 18:38). 이것은 아마도 엘리야가 기도 끝에 아멘하기도 전이었을 것이다. 하나님이 그렇게 신속히 응답하지 않으셨다면 엘리야는 더 오랫동안 기도했을 것이다. 그러나 얼마나 극적이며 나라를 변화시키는 기도였는가? "모든 백성이 보고 엎드려 말하되 여호와 그는 하나님이시로다 여호와 그는 하나님이시로다"(왕상 18:39).

2) 수년이 걸릴 수도 있다.

엘리야가 사악한 아합과 이세벨을 피하여 숨어 지냈을 때 삼 년 동안이나 기도했다는 것을 기억하라. 그는 다른 형태의 공직 사역은 하지 않았지만, 끊임없이 간절한 기도라는 짐을 지고 다녔다. 엘리야가 국가를 섬기는 한 사람으로서 왕이신 하나님의 존전에 나아가기 삼 년 전에 그는 아합에게 고하였다(왕상 17:1). 엘리야가 밤낮으로 고투하며 간구했다는 것을 확신할 수 있다.

기도에 대한 단순하고 즉각적인 응답처럼 보이는 것도 수많은 날, 수개월, 심지어 수년간의 충성스런 기도의 영광스런 결과인 경우가 많다. 엘리야는 언제 승리의 기도를 경험하였는가? 과부와 그녀의 아들과 함께 유하던 사르밧에서였던가? 대답은 엘리야가 간절한 기도를 했던 모든 때였다. 그리고 그 답변은 엘리야가 이겼음을 증명하였다. 그가 고투를 통한 기도에서 승리를 경험했을 때는 언제나 하나님께서 그의 필요를 충족시키며 그를 보호하셨다. 간절한 기도에는 꼭 치러야 할 대가가 있다. 엘리야는 적어도 삼 년 동안 그 값을 지불하였던 것이다. 다시 엘리야를 주시하라. 하늘에서부터 불이 떨어진 이후 즉시 엘리야는 홀로 갈멜산 꼭대기에 올라가서 비 오기를 기도하였다. 거듭 기도하고 응답을 기대하면서 그의 사환에게 바다 편을 바라보라고 말하였다. 겨우 일곱 번째에 이르러서야 비로소 하나님이 보내신 구름, 처음엔 사람 손만한 크기의 구름이 나타났다. 즉각적인 한 시간의 승리가 그 다음의 상황에서도 즉각적인 승리를 보장하지는 않는다.

간절한 기도에 요청된 시간에 관해서 풀지 못한 신비로움이 있다. 간절한 기도의 비밀이란 그저 응답이 올 때까지 기도하는 것이다. 시간의 길이는 결코 중요하지 않다. 중요한 것은 하나님의 응답이다. 기도에 요청되는 많은 시간에 인내가 필요하지만 그 시간 동안에 우리의 믿음이 입증되는 것이다.

마침내 하나님의 뜻이 성취될 때까지 응답을 얻기 위한 기도는 어떤 상황에서도 계속 되어야 할 필요가 있다. 여호수아가 아말렉과 싸울 때에 모세가 "하나님의 보좌를 향하여" 손을 들고 중보기도를 할 동안 여호수아는 승리하였다. 그러나 모세가 손을 내렸을 때에 여호수아는 패배하기 시작했다. 아론과 훌의 도움으로 모세의 팔은 해가 질 때까지 계속적으로 올려졌고, 완전한 승리를 경험하였다(출 17:11-16).

이와 유사하게 에바브라도 골로새 교회를 위하여 간절한 기도를 드렸다 (골 4:12-13). 바울도 비록 일차적으로는 이방인을 위한 사도였지만 유대인을 위하여 지속적으로 기도하였다(롬 9:1-3).

4. 간절한 기도의 단계

1) 응답받기 위하여 간절한 기도를 드리는 사람은 기도의 강도를 단계별로 올려야 한다.

이것에 대한 일곱 단계를 제시하고자 한다. 첫 세 단계는 산상수훈을 통하여 예수님께서 언급하신 것이고(마 7:7), 여기에 필자가 성경에서 발견한 네 단계를 더 첨가시켰다.

1단계 : 구하라 - 마태복음 7장 7절

2단계 : 찾으라 - 간구는 더 길고 더 강렬해진다.

3단계 : 두드리라 - 간구는 더 급박하고 끈질겨진다.

4단계 : 금식 - 앞 단계의 강도와 급박성이 점점 더 심해질 때 금식하
게 된다.

5단계 : 기도의 부담 - 짧은 기간 또는 더 오랫동안 부담을 강하게 느끼
게 된다.

6단계 : 씨름하는 기도 - 대단히 강렬한 기도

7단계 : 기도 전쟁 - 상당히 오랜 기간에 걸친 기도 전투

**2) 우리는 이런 단계들을 간절한 기도의 일곱 가지 형태라고 부를
수 있다.**

우리는 포기하는 대신 승리할 때까지 더 단호한 중보기도로 몰입해야
한다. 기도의 강도를 표현하는 이 단계들은 상호간에 완전히 분리된 것은
아니다. 간절한 기도를 하는 동안 다른 단계로 바뀌어진다.

성령께서 주시는 특별한 부담의 기도는 가장 격렬한 형태로 오랫동안
지속될 수는 없다. 왜냐하면 거기에는 육체적인 피로가 따르기 때문이다.
가장 강한 형태로 부담을 안고 드리는 기도는 씨름하는 기도와 거의 동일
한 모습이다.

전투적인 기도는 선행하는 모든 단계들을 포함한다. 사실 이 기도는 보
통 상당히 오랜 기간에 걸쳐서 이루어지며, 성령이 인도하는 대로 한 단계
에서 또 다른 단계로 교체되는 것도 내포한다.

**3) 중요한 점은 특정한 때에 기도가 어느 단계의 것인가를 분석하는
일이 아니다.**

오히려 성령께서 원하시면 우리를 한 단계 또는 이 모든 단계로 인도하

신다는 것을 알아야 한다. 성령께서 인도하셔서 능력을 부여하실 때 기도에 곧 임할 수 있도록 준비하라. 그리스도와 성령과 함께 중보기도의 거룩한 동역자가 된 기도의 용사는 끊임없이 성령의 뜻에 따라서 기도하기를 추구할 것이다. 이러한 모든 내용도 우리가 그리스도의 기도학교에 진학할 때 점점 더 명확해지고 영적으로 축복을 받게 될 것이다.

4) 응답을 받을 만한 기도를 할 수 있다고 결코 생각하지 말라.

자신이 무엇인가를 행함으로써 하나님의 응답을 받는 것이 아님을 기억해야 한다. 녹초가 된 육체, 큰 목소리의 기도, 혹은 감정적인 어떤 경험 때문에 응답을 얻는 것이 아니다. 가장 강렬한 기도는 때로 가장 조용히 드리는 기도일지도 모른다. 반면에 우리의 심령이 하나님께 부르짖기를 원한다면 예수님처럼 "심한 통곡과 눈물"(히 5:7)의 시간들을 가지는 것이 좋을 것이다. 역사를 통해 보면 많은 용사들이 그러한 기도를 경험하곤 하였다.

강렬한 기도는 그리스도께서 재림하실 때까지 이 세대에 하나님의 구속적인 계획을 수행하기 위해 하나님께서 정하신 방법이다. 그것은 하나님의 자녀로서 할 수 있는 가장 높고, 가장 거룩하며, 가장 힘 있는 기도이다. 하나님이 선택한 위대한 설교자 스펄전(Spurgeon)은 이렇게 말한다.

"하나님과 씨름하여 기도의 응답을 얻는 방법을 아는 사람은 하늘과 땅을 자기의 뜻대로 움직일 수 있다. 강렬한 기도는 하나님 자신의 능력으로 옷 입는 것이다."

5. 기도로 연합을 이루는 단계

기도의 연합은 응답을 얻는 데 꼭 필요한 것이다. 하나님은 항상 연합된 기도를 존중하신다. 몇몇 그룹의 사람들이 같은 필요를 위하여 기도할 때, 하나님은 그 중 한 사람을 선택하셔서 그들이 특별한 부담을 안고 기도하거나 또는 특별한 믿음을 구사하도록 인도하신다. 이렇게 함으로써 기도하는 그룹의 모든 사람들이 힘을 얻게 되는 것이다.

〈연합된 기도의 다섯 단계〉

1단계 : 기도의 동역자들

2단계 : 기도의 그룹들

3단계 : 동시에 존재하는 기도의 그룹들

4단계 : 많은 사람들과 그룹들에 책임감 있고 영향을 미치는 지도자들
　　　　이 기도에 동참

5단계 : 널리 확산되는 기도 운동

다섯 단계의 기도가 이루어지는 동안 모든 단계의 기도가 성령의 인도함을 받고 동기부여가 되어 동시에 존재할 수도 있다.

V. 기도가 필요한 이유

기도의 필요성은 성경이 직접 가르치고 있다. 기도는 예수님이 부탁하셨다. 기도는 신앙의 성장을 위해서 해야 한다.

기도는 신자의 특권이다. 기도해야 성령과 능력을 얻는다. 기도해야 교회가 성장한다. 기도는 마지막 날을 대비하는 영적 과업이다.

<예수님의 명령>

○ 항상 기도하며 깨어 있으라(눅 21:36).

○ 시험에 들지 않게 깨어 있어 기도하라(마 26:41).

○ 일어나 기도하라(눅 22:46).

○ 깨어 있어 기도하라(막 14:38).

<베드로의 권고>

○ 만물의 마지막이 가까웠으니 그러므로 너희는 정신을 차리고 근신하여 기도하라(벧전 4:7).

<바울의 권고>

○ 모든 기도와 간구로 하되 무시로 성령 안에서 기도하고 이를 위하여 깨어 구하기를 항상 힘쓰며 여러 성도를 위하여 구하고(엡 6:18).

예수님과 베드로와 바울의 말씀을 보면 기도가 얼마나 중요한가를 알수 있다. 특히 주목할 점은 "모든 기도와", "무시로", "항상 힘쓰며", "모든 성도를 위하여", "깨어", "일어나", "정신을 차리고", "근신하여", "기도하고", "간구로", "힘쓰며" 등 강한 어조의 말이 많이 쓰이고 있다.

특히 여기서 "깨어"는 잠자지 말고 즉 게으르지 말고 부지런히, 끝까지 기도하라는 뜻이다. 그러면 왜 예수님과 베드로와 바울 등 수제자들은 친히 그 제자들에게 계속적이고 끈질기게 그리고 방심하지 말고 부지런하여 인내하는 기도가 필요하다고 말씀하고 계신가?

1. 우리의 신앙생활을 방해하는 사탄이 존재하기 때문이다.

- "우리의 씨름은 혈과 육에 대한 것이 아니요 정사와 권세와 이 어두움의 세상 주관자들과 하늘에 있는 악의 영들에게 대함이라"(엡 6:12).

- "그러므로 하나님의 전신갑주를 취하라 이는 악한 날에 너희가 능히 대적하고 모든 일을 행한 후에 서기 위함이라"(엡 6:13).

- 그리스도인의 전신갑주에 대한 설명(엡 6:14-17)

- 에베소서 6장 18절 말씀은 결론으로 성령 안에서 계속적이고 끈질기게 깨어서 모든 일에 기도로 살아야만 사탄에게 이길 수 있다는 사실을 바울은 말하고 있다.

- "마귀를 대적하라 그리하면 너희를 피하리라"(약 4:7).

예수님의 친동생 야고보도 마귀를 이기는 길은 마귀를 기도로 대적할 때에 마귀가 피하여 도망간다고 말하고 있다.

"사탄의 궤계에 빠지지 않는 길은 매순간 깨어 기도하는 것이다" - Joshua C.

2. 기도는 하나님께서 친히 말씀하신 하나님의 명령이며 하나님의 약속이기 때문이다.

- 마 7:7-8 "구하라, 찾으라, 두드리라" : 하나님의 명령

    "주실 것이요, 찾을 것이요, 열릴 것이라." : 약속

- 마 6:33 "너희는 먼저 그의 나라와 그의 의를 구하라." : 명령

    "그리하면 이 모든 것을 너희에게 더하시리라." : 약속

- 요 14:13 "너희가 내 이름으로 무엇을 구하든지" : 명령(조건)

    "내가 시행하리라." : 약속

- 요 15:7 "무엇이든지 원하는 대로 구하라" : 명령

    "그리하면 이루리라" : 약속

- 약 4:3 "너희가 얻지 못함은 구하지 아니함이요"

"우리가 기도의 결실을 얻지 못하는 이유는 기도의 태만 때문이다."

- 참고말씀 -

- "너희는 내게 부르짖으며 와서 내게 기도하면 내가 너희를 들을 것이요 너희가 전심으로 나를 찾고 찾으면 나를 만나리라"(렘 29:12-13).

- "너는 내게 부르짖으라 내가 네게 응답하겠고 네가 알지 못하는 크고 비밀한 일을 네게 보이리라"(렘 33:3).

- "여호와께서 가라사대 장래 일을 내게 물으라 또 내 아들들의 일과 내 손으로 한 일에 대하여 내게 부탁하라"(사 45:11).

- "내게 구하라 내가 열방을 유업으로 주리니 네 소유가 땅 끝까지 이르리로다"(시 2:8).

- "그러므로 추수하는 주인에게 청하여 추수할 일꾼들을 보내어 주소서 하라"(마 9:38).

- "예수께서 이르시되 할 수 있거든이 무슨 말이냐 믿는 자에게는 능치 못할 일이 없느니라"(막 9:23).

- "내가 너희에게 말하노니 무엇이든지 기도하고 구하는 것은 받은 줄로 믿으라 그리하면 너희에게 그대로 되리라"(막 11:24).

- "너희는 장차 올 이 모든 일을 능히 피하고 인자 앞에 서도록 기도하며 깨어 있으라"(눅 21:36).

- "예수께서 저희에게 이르시되 시험에 들지 않기를 기도하라"(눅 22:40).

- "너희가 나를 택한 것이 아니요 내가 너희를 택하여 세웠나니 이는 너희로 가서 과실을 맺게 하고 또 너희 과실이 항상 있게 하여 내 이름으로 아버지께 무엇을 구하든지 다 받게 하려 함이니라"(요 15:16).

- "내가 진실로 진실로 너희에게 이르노니 너희가 무엇이든지 아버지께 구하는 것을 내 이름으로 주시리라 지금까지는 너희가 내 이름으로 아무것도 구하지 아니하였으나 구하라 그리하면 받으리니 너희 기쁨이 충만하리라"(요 16:23-24).

- "쉬지 말고 기도하라"(살전 5:17).

- "만물의 마지막이 가까웠으니 그러므로 너희는 정신을 차리고 근신하여 기도하라"(벧전 4:7).

- "아무것도 염려하지 말고 오직 모든 일에 기도와 간구로 너희 구할 것을 감사함으로 하나님께 아뢰라 그리하면 모든 지각에 뛰어난 하나님의 평강이 그리스도 예수 안에서 너희 마음과 생각을 지키시리라"(빌 4:6-7).

- "그를 향하여 우리의 가진 바 담대한 것이 이것이니 그의 뜻대로 무엇을 구하면 들으심이라 우리가 무엇이든지 구하는 바를 들으시는 줄을 안즉 우리가 그에게 구한 그것을 얻은 줄을 또한 아느니라"(요일 5:14-15).

"아버지께서는 스스로 주시기를 원하고 계신다. 그래서 내게 구하라 하셨다."
　　　- 바운즈

3. 예수님이 먼저 기도하셨고, 제자들에게 기도를 가르쳐 주셨기 때문이다.

1) "새벽 오히려 미명에 예수께서 일어나 나가 한적한 곳으로 가사 거기서 기도하시더니" (막 1:35)

"이 때에 예수께서 기도하시려 산으로 가사 밤이 맞도록 하나님께 기도하시고" (눅 6:12).

예수님은 참으로 기도의 사람이었으며 기도가 무엇인지를 가장 잘 아신 분이었다. 따라서 예수님께서는 쉬지 않고 기도하셨다.

- 성경에 기록된 "기도하라" 또는 "기도"라는 단어의 횟수를 조사해 보면 총 280회이다.
  "기도"(명사형)로 사용된 예는 총 87회로, 구약 62회 신약 25회(사복음서 3회, 그 외 22회)이다.
  "기도하라"(동사형)로 사용된 예는 구약 95회, 신약 98회(사복음서 48회, 그 외 50회)이다.
- 예수님께서는 기도를 이론으로 설명하신 것이 아니고 몸소 직접

행하셨다. 따라서 사복음서에는 기도를 명사형으로는 3번 사용되었고, "기도하라"는 동사형으로 사용된 예는 48회 기록되어 구약 전체 횟수의 1/2이 넘고 사복음서를 제외한 신약에 기록된 횟수와 거의 비슷한 횟수를 볼 수 있다. 이와 같이 예수님께서는 기도를 중요시 여기셨고 또한 스스로 기도하셨다.

2) "예수께서 한 곳에서 기도하시고 마치시매 제자 중 하나가 여짜오되 주여 요한이 자기 제자들에게 기도를 가르친 것과 같이 우리에게도 가르쳐 주옵소서 예수께서 이르시되 너희는 기도할 때에 이렇게 하라"

- 예수님께서는 먼저 몸소 행하심으로 제자들에게 기도를 가르치셨고 그리고 제자들의 요구에 따라 말씀으로 기도를 가르치셨다(눅 11:1-4, 마 6:9-13).

4. 하나님께서 그리스도인의 표본으로 세우신 사도들은 모두 기도의 사람들이었다.

초대교회 당시에 사도들에게 많은 사무적인 일이 쇄도하자 사도들은 온전히 기도하는 것과 말씀 전하는 것만을 전담하고 다른 일들은 집사들에게 맡겼다.

사도행전 6장 2-4절 말씀에 "열 두 사도가 모든 제자를 불러 이르되 우리가 하나님의 말씀을 제쳐놓고 공궤를 일삼는 것이 마땅치 아니하니 형제들아 너희 가운데서 성령과 지혜가 충만하여 칭찬 듣는 사람 일곱을 택하라 우리가 이 일을 저희에게 맡기고 우리는 기도하는 것과 말씀 전하는 것을 전무하리라."

- "항상 내 기도에 쉬지 않고 너희를 말하여"(롬 1:9)

- "내가 기도할 때에 너희를 말하노라"(엡 1:16).

- "우리도 듣던 날부터 너희를 위하여 기도하기를 그치지 아니하고 구하노니 너희로 하여금 모든 신령한 지혜와 총명에 하나님의 뜻을 아는 것으로 채우게 하시고"(골 1:9).

- "주야로 심히 간구함은 너희 얼굴을 보고 너희 믿음의 부족함을 온전케 하려 함이라"(살전 3:10).

- "나의 밤낮 간구하는 가운데 쉬지 않고 너를 생각하여"(딤후 1:3).

5. 예수님께서 부활 승천하신 후 하신 사역 중 가장 중요한 사역이 기도이기 때문이다.

- "그러므로 자기를 힘입어 하나님께 나아가는 자들을 온전히 구원하실 수 있으니 이는 그가 항상 살아서 저희를 위하여 간구하심이니라"(히 7:25).

- "죽으실 뿐 아니라 다시 살아나신 이는 그리스도 예수시니 그는 하나님 우편에 계신 자요 우리를 위하여 간구하시는 자시니라"(롬 8:34).

6. 성령님께서 지금도 우리의 연약함을 돕기 위하여 계속 기도하고 있기 때문이다.

- "성령도 우리 연약함을 도우시나니 우리가 마땅히 빌 바를 알지 못하나

오직 성령이 말할 수 없는 탄식으로 우리를 위하여 친히 간구하시느니라 마음을 감찰하시는 이가 성령의 생각을 아시나니 이는 성령이 하나님의 뜻대로 성도를 위하여 간구하심이니라"(롬 8:26-27).

7. 우리가 회개하고 용서받는 길이 기도이기 때문이다.

- "만일 우리가 우리 죄를 자백하면 저는 미쁘시고 의로우사 우리 죄를 사하시며 모든 불의에서 우리를 깨끗하게 하실 것이요"(요일 1:9).

- "내가 이르기를 내 허물을 여호와께 자복하리라 하고 주께 내 죄를 아뢰고 내 죄악을 숨기지 아니하였더니 곧 주께서 내 죄의 악을 사하셨나이다"(시 32:5).

- "자기의 죄를 숨기는 자는 형통치 못하나 죄를 자복하고 버리는 자는 불쌍히 여김을 받으리라"(잠 28:13).

- 하나님은 우리를 용서해 주시기를 원하고 계신다. 그러나 우리가 용서해 달라고 기도하지 않기 때문에 용서를 받지 못하고 있는 것뿐이다.

8. 기도는 성령 충만을 위해 하나님께서 정하신 방법이기 때문이다.

- "너희가 악할지라도 좋은 것을 자식에게 줄줄 알거든 하물며 너희 천부께서 구하는 자에게 성령을 주시지 않겠느냐"(눅 11:13).

- "오순절 날이 이미 이르매 저희가 다같이 한 곳에 모였더니 홀연히 하늘로부터 급하고 강한 바람 같은 소리가 있어 저희 앉은 온 집에 가득하여

불의 혀 같이 갈라지는 것이 저희에게 보여 각 사람 위에 임하여 있더니 저희가 다 성령의 충만함을 받고 성령이 말하게 하심을 따라 다른 방언으로 말하기를 시작하니라"(행2:1-4).

- "빌기를 다하매 모인 곳이 진동하더니 무리가 다 성령이 충만하여 담대히 하나님의 말씀을 전하니라"(행 4:31).

기도를 통하여 우리는 성령 충만을 받을 수 있다. 성령 충만했던 초대교회의 성도들은 모두 기도의 사람들이었다.

9. 기도의 응답은 하나님의 영광을 나타내기 때문이다.

- "너희가 내 이름으로 무엇을 구하든지 내가 시행하리니 이는 아버지로 하여금 아들을 인하여 영광을 얻으시게 하려 함이라"(요 14:13).

- "환난 날에 나를 부르라 내가 너를 건지리니 네가 나를 영화롭게 하리로다" (시 50:15).

"기도의 목적은 하나님의 영광을 나타내는 것이다." - R. A. 토레이

10. 기도의 응답은 하나님의 약속을 성취하기 때문이다.

- "내 이름으로 무엇이든지 내게 구하면 내가 시행하리라"(요 14:14).

- "그들이 부르기 전에 내가 네게 응답하겠고 그들이 말을 마치기 전에 내가 들을 것이며"(사 65:24).

- "너는 내게 부르짖으라 내가 네게 응답하겠고 네가 알지 못하는 크고 비밀한 일을 네게 보이리라"(렘 33:3).

- "이 곤고한 자가 부르짖으매 여호와께서 들으시고 그 모든 환난에서 구원 하셨도다"(시 34:6).

- "젊은 사자는 궁핍하여 주릴지라도 여호와를 찾는 자는 모든 좋은 것에 부족함이 없으리로다"(시 34:10).

- "네가 부를 때에는 나 여호와가 응답하겠고 네가 부르짖을 때에는 말하기 를 내가 여기 있다 하리라"(사 58:9).

- "너희는 내게 부르짖으며 와서 내게 기도하면 내가 너희를 들을 것이요 너희가 전심으로 나를 찾고 찾으면 나를 만나리라"(렘 29:12-13).

"하나님께서 독생자 예수 그리스도를 우리를 위해서 죽게 하시기까지 우리를 사랑하셨다면 그는 우리의 기도를 응답하셔서 우리의 모든 필요한 것을 채워주실 만큼 우리를 사랑하신다." - 존 하이스

11. 기도는 아버지와 아들의 대화로써 하늘 아버지와 깊이 사귀는 영적 교통이며 사랑의 교제이기 때문이다.

- "영접하는 자 곧 그 이름을 믿는 자들에게는 하나님의 자녀가 되는 권세를 주셨으니"(요 1:12).

- "내가 문밖에 서서 두드리노니 누구든지 내 음성을 듣고 문을 열면 내가 그에게로 들어가 그로 더불어 먹고 그는 나로 더불어 먹으리라"(계 3:20).

- "내 안에 거하라 나도 너희 안에 거하리라 가지가 포도나무에 붙어 있지 아니하면 절로 과실을 맺을 수 없음 같이 너희도 내 안에 있지 아니하면 그러하리라 나는 포도나무요 너희는 가지니 저가 내 안에 있지 아니하면 그러하리라 나는 포도나무요 너희는 가지니 저가 내 안에 내가 저 안에 있으면 이 사람은 과실을 많이 맺나니 나를 떠나서는 너희가 아무 것도

할 수 없음이라 사람이 내 안에 거하지 아니하면 가지처럼 밖에 버리워 말라지나니 사람들이 이것을 모아다가 불에 던져 사르느니라 너희가 내 안에 거하고 내 말이 너희 안에 거하면 무엇이든지 원하는 대로 구하라 그리하면 이루리라"(요 15:4-7).

기도는 육신의 눈으로 볼 수 없는 하늘 아버지와의 거룩한 교제이며 신성한 대화이다.

12. 기도는 성화의 길이며 경건에 이르는 연습이며 신령한 훈련이기 때문이다.

- "그가 경건하여 온 집으로 더불어 하나님을 경외하며 백성을 많이 구제하고 하나님께 항상 기도하더니"(행 10:2).

- "하나님의 말씀과 기도로 거룩하여짐이니라 네가 이것으로 형제를 깨우치면 그리스도 예수의 선한 일꾼이 되어 믿음의 말씀과 네가 좇는 선한 교훈으로 양육을 받으리라 망령되고 허탄한 신화를 버리고 오직 경건에 이르기를 연습하라 육체의 연습은 약간의 유익이 있으나 경건은 범사에 유익하니 금생과 내생에 약속이 있느니라"(딤전 4:5-8).

기도와 경건생활은 함께 이루어진다. 기도가 없는 경건생활이나 경건생활이 없는 기도는 있을 수 없다.

13. 기도는 하늘의 충만한 기쁨을 내 마음에
채우는 길이기 때문이다.

- "지금까지는 너희가 내 이름으로 아무 것도 구하지 아니하였으나 구하라 그리하면 받으리니 너희 기쁨이 충만하리라"(요16:24).

- "그 넓이와 길이와 높이와 깊이가 어떠함을 깨달아 하나님의 모든 충만하신 것으로 너희에게 충만하게 하시기를 구하노라"(엡 3:19).

- "그리스도의 말씀이 너희 속에 풍성히 거하여 모든 지혜로 피차 가르치며 권면하고 시와 찬미와 신령한 노래를 부르며 마음에 감사함으로 하나님을 찬양하고"(골 3:16).

- "향연이 성도의 기도와 함께 천사의 손으로부터 하나님 앞으로 올라가는지라"(계 8:4).

기도는 하나님과 내가 그리스도로 말미암아 만날 수 있는 유일한 길이며 하늘의 기쁨을 지상에 끌어내릴 수 있는 유일한 통로이다.

14. 기도는 새 힘을 얻는 길이기 때문이다.

- "오직 여호와를 앙망하는 자는 새 힘을 얻으리니 독수리의 날개치며 올라감 같을 것이요 달음박질하여도 곤비치 아니하겠고 걸어가도 피곤치 아니하리로다"(사 40:31).

- "삼손이 그에게 이르되 만일 마르지 아니한 푸른 칡 일곱으로 나를 결박하면 내가 약하여져서 다른 사람과 같으리라"(삿 16:7).

- "그의 힘의 강력으로 역사하심을 따라 믿는 우리에게 베푸신 능력의 지극히 크심이 어떤 것을 너희로 알게 하시기를 구하노라"(엡 1:19).

- "이러므로 너희 죄를 서로 고하며 병 낫기를 위하여 서로 기도하라 의인의 간구는 역사하는 힘이 많으니라"(약 5:16).

- "아멘 찬송과 영광과 지혜와 감사와 존귀와 능력과 힘이 우리 하나님께 세세토록 있을찌로다 아멘"(계 7:12).

15. 기도는 영혼 구원의 능력이기 때문이다.

- "누구든지 주의 이름을 부르는 자는 구원을 얻으리라"(롬 10:13).

- "자기를 힘입어 하나님께 나아가는 자들을 온전히 구원하실 수 있으니 이는 그가 항상 살아서 저희를 위하여 간구하심이니라"(히 7:25).

- "그 사람들이 거기서 떠나 소돔으로 향하여 가고 아브라함은 여호와 앞에 그대로 섰더니 가까이 나아가 가로되 주께서 의인을 악인과 함께 멸하시려나이까"(창 18:22-23).

- "가라사대 인자가 많은 고난을 받고 장로들과 대제사장들과 서기관들에게 버린 바 되어 죽임을 당하고 제 삼일에 살아나야 하리라 하시고 또 무리에게 이르시되 아무든지 나를 따라 오려거든 자기를 부인하고 날마다 제 십자가를 지고 나를 좇을 것이니라"(눅 9:22-23).

- "가로되 예수여 당신의 나라에 임하실 때에 나를 생각하소서 하니 예수께서 이르시되 내가 진실로 네게 이르노니 오늘 네가 나와 함께 낙원에 있으리라"(눅 23:42-43).

- "네가 만일 네 입으로 예수를 주로 시인하며 또 하나님께서 그를 죽은 자 가운데서 살리신 것을 네 마음에 믿으면 구원을 얻으리라 사람이 마음으

로 믿어 의에 이르고 입으로 시인하여 구원에 이르느니라"(롬 10:9-10).

16. 기   도   .

- "사도와 같이 모이사 저희에게 분부하여 가라사대 예루살렘을 떠나지 말고 내게 들은 바 아버지의 약속하신 것을 기다리라"(행 1:4).

- "우리는 기도하는 것과 말씀 전하는 것을 전무하리라"(행 6:4).

- "저희가 사도의 가르침을 받아 서로 교제하며 떡을 떼며 기도하기를 전혀 힘쓰니라"(행 2:42).

- "오순절 날이 이르매 저희가 다 같이 한 곳에 모였더니 홀연히 하늘로부터 급하고 강한 바람 같은 소리가 있어 저희 앉은 온 집에 가득하며 불의 혀 같이 갈라지는 것이 저희에게 보여 각 사람 위에 임하여 있더니 저희가 다 성령의 충만함을 받고 성령이 말하게 하심을 따라 다른 방언으로 말하기를 시작하니라"(행 2:1-4).

"내 교회는 내 눈에서 눈물이 흐르지 않는 동안은 결코 부흥되지 않을 것이다."
- 스탄필

17. 기도는 불가능을 가능케 하는 능력이기 때문이다.

- "엘리야는 우리와 성정이 같은 사람이로되 저가 비 오지 않기를 간절히 기도한즉 삼년 육 개월 동안 땅에 비가 아니 오고 다시 기도한즉 하늘이 비를 주고 땅이 열매를 내었느니라"(약 5:17-18).

- "헤롯이 잡아내려고 하는 그 전날 밤에 베드로가 두 군사 틈에서 두 쇠사슬에 매여 누워 자는데 파숫군들이 문 밖에서 옥을 지키더니 홀연히 주의

사자가 곁에 서매 옥중에 광채가 조요하며 또 베드로의 옆구리를 쳐 깨워 가로되 급히 일어나라 하니 쇠사슬이 그 손에서 벗어지더라. 천사가 가로 되 띠를 띠고 신을 들메라 하거늘 베드로가 그대로 하니 천사가 또 가로되 겉옷을 입고 따라 오라 한대 베드로가 나와서 따라갈째 천사의 하는 것이 참 인줄 알지 못하고 환상을 보는가 하니라. 이에 첫째와 둘째 파수를 지나 성으로 통한 쇠문에 이르니 문이 절로 열리는지라. 나와 한 거리를 지나매 천사가 곧 떠나더라. 이에 베드로가 정신이 나서 가로되 내가 이 제야 참으로 주께서 그의 천사를 보내어 나를 헤롯의 손과 유대 백성의 모든 기대에서 벗어나게 하신 줄 알겠노라"(행 12:6-11).

- "향연이 성도의 기도와 함께 천사의 손으로부터 하나님 앞으로 올라가는지 라 천사가 향로를 가지고 단 위의 불을 담아다가 땅에 쏟으매 뇌성과 음성 과 번개와 지진이 나더라"(계 8:4-5).

기도는 죽은 자도 살리는 능력이며 하나님의 일은 인간이 완전히 포기 하거나 절망했을 때부터 시작된다.

18. 기도는 환난을 극복하기 때문이다.

- "환난 날에 나를 부르라. 내가 너를 건지리니 네가 나를 영화롭게 하리로 다"(시 50:15).

- "인생은 고난을 위하여 났나니 불티가 위로 날음 같으니라. 나 같으면 하나 님께 구하고 내 일을 하나님께 의탁하리라"(욥 5:7-8).

- "혹 내가 하늘을 닫고 비를 내리지 아니하거나 혹 메뚜기로 토산을 먹게 하거나 혹 염병으로 내 백성 가운데 유행하게 할 때에 내 이름으로 일컫는 내 백성이 그 악한 길에서 떠나 스스로 겸비하고 기도하여 내 얼굴을 구하 면 내가 하늘에서 듣고 그 죄를 사하고 그 땅을 고칠찌라"(대하 7:13-14).

- "너희는 장차 올 이 모든 일을 능히 피하고 인자 앞에 서도록 항상 기도하며 깨어 있으라"(눅 21:36).

♣ 발튼버쳐의 말 ♣

"슬픔과 고통 중에 쓰러져 있느냐?" 기도할 것밖에 없고

"핍박을 당하고 욕을 먹고 미움을 받느냐?" 기도할 것밖에 없고

"근심과 걱정이 너를 괴롭히느냐?" 기도할 것밖에 없고

"죽음이 너희 집안에 찾아 왔느냐?" 기도할 것밖에 없느니라.

19. 믿음과 기도는 새의 두 날개이기 때문이다.

- "믿음이 없이는 기쁘시게 못하나니 하나님께 나아가는 자는 반드시 그가 계신 것과 또한 그가 자기를 찾는 자들에게 상 주시는 이심을 믿어야 할지니라"(히 11:6).

믿음으로 구원을 받고, 믿음으로 성령 충만함을 받고,

믿음으로 병고침을 받고, 믿음으로 능력을 얻고,

믿음으로 하늘의 신령한 복, 땅의 기름진 복, 충만한 기쁨,

더 풍성한 생명, 이기는 삶을 얻는다.

믿음이 없이는 하나님을 기쁘시게 못하며,

믿음이 없이는 아무 것도 받을 수 없다.

믿음과 기도는 새의 두 날개와 같다. 한 날개로 나는 새가 없듯이 믿음 없는 기도는 무능력하고, 기도 없는 믿음은 무가치하다.

20. 기도는 연약한 믿음을 온전케 하기 때문이다.

- "내가 너를 위하여 네 믿음이 떨어지지 않기를 기도하였노니 너는 돌이킨 후에 네 형제를 굳게 하라"(눅 22:32).
- "주야로 심히 간구함은 너희 얼굴을 보고 너희 믿음의 부족함을 온전케 하려 함이라"(살전 3:10).

21. 감사의 기도는 모든 염려, 근심, 걱정, 궁핍으로부터 자유함을 얻게 하고 하나님의 평강을 얻게 하기 때문이다.

- "아무 것도 염려하지 말고 오직 모든 일에 기도와 간구로 너희 구할 것을 감사함으로 하나님께 아뢰라. 그리하면 모든 지각에 뛰어난 하나님의 평강이 그리스도 예수 안에서 너희 마음과 생각을 지키시리라"(빌 4:6-7).
- "너희는 마음에 근심하지 말라, 하나님을 믿으니 또 나를 믿으라"(요 14:1).
- "항상 기뻐하라, 쉬지 말고 기도하라, 범사에 감사하라. 이는 그리스도 예수 안에서 너희를 향하신 하나님의 뜻이니라"(살전 5:16-18).
- "평안을 너희에게 끼치노니 곧 나의 평안을 너희에게 주노라. 내가 너희에게 주는 것은 세상이 주는 것 같지 아니하니라. 너희는 마음에 근심도 말고 두려워하지도 말라"(요 14:27).

♣ 기도는 영혼의 호흡입니다 ♣

기도는 영혼의 호흡입니다.

기도는 하나님에 대한 찬양입니다.

기도는 하나님과의 대화입니다.

기도는 하나님과의 사귐입니다.

기도는 하나님에 대한 사랑의 표시입니다.

기도는 하나님에 대한 마음의 표시입니다.

기도는 하나님에 대한 감사의 표시입니다.

기도는 우리 자신을 위한 것입니다.

기도는 하나님께 하며 성령의 도움으로

예수님의 이름으로 하는 것입니다.

이제 우리 진실되고 정성을 다하며

우리 마음의 문을 활짝 열고

하나님께 기도드립시다.

22. 기도는 우리의 마음이 늘 깨어 있어 그리스도의 재림을 준비하게 하기 때문이다.

- "그러나 그 날과 그 때는 아무도 모르나니 하늘에 있는 천사들도, 아들도 모르고 아버지만 아시느니라. 주의하라. 깨어 있으라. 그 때가 언제인지 알지 못함이니라. 가령 사람이 집을 떠나 타국으로 갈 때에 그 종들에게 권한을 주어 각각 사무를 맡기며 문지기에게 깨어 있으라 명함과 같으니 그러므로 깨어 있으라. 집 주인이 언제 올는지 혹 저물 때엘는지, 밤중엘

는지, 닭 울 때엘는지, 새벽엘는지 너희가 알지 못함이라. 그가 홀연히 와서 너희의 자는 것을 보지 않도록 하라. 깨어 있으라. 내가 너희에게 하는 이 말이 모든 사람에게 하는 말이니라 하시니라"(막 13:32-37).

- "그러나 주의 날이 도적같이 오리니 그 날에는 하늘이 큰 소리로 떠나가고 체질이 뜨거운 불에 풀어지고 땅과 그 중에 있는 모든 일이 드러나리로다. 이 모든 것이 이렇게 풀어지리니 너희가 어떠한 사람이 되어야 마땅하뇨. 거룩한 행실과 경건함으로 하나님의 날이 임하기를 바라보고 간절히 사모하라. 그 날에 하늘이 불에 타서 풀어지고 체질이 뜨거운 불에 녹아지려니와"(벧후 3:10-12)

항상 깨어 기도로 준비하는 사람에게는 사탄이 들어올 틈이 없다.

23. 기도는 하늘 창고를 여는 황금 열쇠이기 때문이다.

- "오늘날 우리에게 일용할 양식을 주옵시고"(마 6:11).
- "나의 하나님이 그리스도 예수 안에서 영광 가운데 그 풍성한 대로 너희 모든 쓸 것을 채우시리라"(빌 4:19).
- "아무 것도 염려하지 말고 오직 모든 일에 기도와 간구로 너희 구할 것을 감사함으로 하나님께 아뢰라. 그리하면 모든 지각에 뛰어난 하나님의 평강이 그리스도 예수 안에서 너희 마음과 생각을 지키시리라"(빌 4:6-7).
- "내가 네 말대로 하여 네게 지혜롭고 총명한 마음을 주노니 너의 전에도 너와 같은 자가 없었거니와 너의 후에도 너와 같은 자가 일어남이 없으리라"(왕상 3:12).
- "너희 중에 고난당하는 자가 있느냐 저는 기도할 것이요. 즐거워하는 자가 있느냐 저는 찬송할찌니라. 너희 중에 병든 자가 있느냐 저는 교회의 장

로들을 청할 것이요. 그들은 주의 이름으로 기름을 바르며 위하여 기도할 찌니라. 믿음의 기도는 병든 자를 구원하리니 주께서 저를 일으키시리라. 혹시 죄를 범하였을지라도 사하심을 얻으리라. 이러므로 너희 죄를 서로 고하며 병 낫기를 위하여 서로 기도하라. 의인의 간구는 역사하는 힘이 많으니라"(약 5:13-16).

- 기도는 일용할 양식(마 6:11), 물질 축복(빌 4:19), 마음의 평안(빌 4:6-7), 지혜(왕상 3:12, 잠 9:10, 잠1:7)를 얻게 하며 질병(약 5:14-16)과 삶의 고난(약 5:13)을 물리친다.

- 히스기야가 기도함으로 15년의 생명을 연장 받음(왕하 20:1-11).

- 사울이 죽은 것은 사울이 여호와께 기도하여 묻지 않았기 때문이다(대상 10:13-14).

- 하나님께서 사람으로 장수케 하심(시 61:6, 90:10).

- 악인은 장수하지 못함(전 8:13).

기도하지 않기 때문에 하나님의 자녀로서 마땅히 누릴 축복을 얼마나 많이 잃어버렸는가? 병 낫기를 위하여 서로 기도하라(약 5:16). 고난당하는 자가 있으면 기도할 것이요(약 5:13).

♣ 장수의 조건 ♣

하나님을 경외해야 함(잠 10:27)

지혜가 있어야 함(잠 3:16)

탐욕을 미워해야 함(잠 28:16)

부모를 공경해야 함(엡 6:2-3)

하나님을 사랑하고 말씀을 순종해야 함(신 30:20, 왕상 3:14)

24. 기도는 우리가 긍휼하심을 받고 때를 따라 돕는 은혜를 얻기 위하여 하나님이 정하신 방법이기 때문이다.

- "우리가 긍휼하심을 받고 때를 따라 돕는 은혜를 얻기 위하여 은혜의 보좌 앞에 담대히 나아갈 것이니라"(히 4:16).

- "내가 또 너희에게 이르노니 구하라 그러면 너희에게 주실 것이요 찾으라 그러면 찾을 것이요 문을 두드리라 그러면 너희에게 열릴 것이니"(눅 11:9).

우리에게 필요한 것은 하나님의 긍휼이며 우리가 누려야 할 것은 하나님의 은혜이다. 만일 하나님의 긍휼과 은혜가 없다면 우리의 삶과 노력은 완전히 끝날 것이다. 하나님의 긍휼과 은혜는 기도를 통해서만 얻을 수 있는 것이다.

25. 기도는 우리가 하나님께 간절히 구할 때에 모든 것을 받을 수 있으므로 구하지 않으면 아무것도 얻을 수 없기 때문이다.

- "구하라 그러면 너희에게 주실 것이요, 찾으라 그러면 찾을 것이요, 문을 두드리라 그러면 너희에게 열릴 것이니 구하는 이마다 얻을 것이요, 찾는 이가 찾을 것이요, 두드리는 이에게 열릴 것이니라"(마 7:7-8).

- "너희가 욕심을 내어도 얻지 못하고 살인하며 시기하여도 능히 취하지 못하나니 너희가 다투고 싸우는도다. 너희가 얻지 못함은 구하지 아니함이요"(약 4:2).

- "너희가 나를 택한 것이 아니요 내가 너희를 택하여 세웠나니 이는 너희로 가서 과실을 맺게 하고 또 너희 과실이 항상 있게 하여 내 이름으로 아버지께 무엇을 구하든지 다 받게 하려 함이니라"(요 15:16).
- "지금까지는 너희가 내 이름으로 아무 것도 구하지 아니하였으나 구하라 그리하면 받으리니 너희 기쁨이 충만하리라"(요16:24).
- "여호와께 묻지 아니하였으므로 여호와께서 저를 죽이시고 그 나라를 이새의 아들 다윗에게 돌리셨더라"(대상 10:24).
- "그러므로 내가 너희에게 말하노니 무엇이든지 기도하고 구하는 것은 받은 줄로 믿으라. 그리하면 너희에게 그대로 되리라"(막 11:24).
- "내 이름으로 일컫는 내 백성이 그 악한 길에서 떠나 스스로 겸비하고 기도하여 내 얼굴을 구하면 내가 하늘에서 듣고 그 죄를 사하고 그 땅을 고칠찌라"(대하 7:14).
- "만일 우리가 우리 죄를 자백하면 저는 미쁘시고 의로우사 우리 죄를 사하시며 모든 불의에서 우리를 깨끗케 하실 것이요"(요일 1:9).

하나님은 기도를 통해서만 우리를 도울 수 있다.

26. 기도하지 않으면 시험에 들기 때문이다.

- "시험에 들지 않게 깨어 있어 기도하라"(마 26:41).
- "그 곳에 이르러 저희에게 이르시되 시험에 들지 않기를 기도하라"(눅 22:40).

"하나님의 자녀에게 있어서 기도하지 않는 것은 타락하는 것과 동일하다" - 존 라이스

"크리스천은 기도생활에 실패하면 인생의 모든 면에서 실패한다."

27. 기도하지 않는 것은 죄이기 때문이다.

- "지금까지는 너희가 내 이름으로 아무것도 구하지 아니하였으나 구하라 그리하면 받으리니 너희 기쁨이 충만하리라"(요 16:24).

- "주께서 생명의 길로 내게 보이시리니 주의 앞에는 기쁨이 충만하고 주의 우편에는 영원한 즐거움이 있나이다"(시 16:11).

- "한나가 기도하여 가로되 내 마음이 여호와를 인하여 즐거워하며 내 뿔이 여호와를 인하여 높아졌으며 내 입이 내 원수들을 향하여 크게 열렸으니 이는 내가 주의 구원을 인하여 기뻐함이니다"(삼상 2:1).

주님께 향한 간절한 기도, 그리고 하나님의 응답은 우리에게 한없는 기쁨을 안겨 준다. 우리의 기뻐하는 삶을 보시고 하나님도 참으로 기뻐하신다.

29. 기도는 말씀과 전도와 함께 신앙생활에 있어서 삼위일체가 되기 때문이다.

- 기도 : "기도를 항상 힘쓰고 기도에 감사함으로 깨어 있으라"(골 4:2).

- 말씀 : "하나님의 말씀은 살았고 운동력이 있어 좌우에 날선 어떤 검보다도 예리하여 혼과 영과 및 관절과 골수를 찔러 쪼개기까지 하며 또 마음의 생각과 뜻을 감찰하나니"(히 4:12).

- 전도 : "우리를 위하여 기도하되 하나님이 전도할 문을 우리에게 열어

주사 그리스도의 비밀을 말하게 하시기를 구하라. 내가 이것을 인하여 매임을 당하였도다. 그리하면 내가 마땅히 할 말로써 이 비밀을 나타내리라"(골 4:3-4).

"살아 계신 하나님을 향한 간절한 기도"와 "살았고 운동력 있는 날선 검인 말씀"으로 자신을 늘 지키며, "이웃을 향하여 말씀과 기도를 가지고 사랑으로 사는 것"이 진정한 신앙생활이다.

30. 기도는 학원 복음화, 종족 복음화, 세계 선교를 위한 가장 능력 있는 길이기 때문이다.

● "종말로 형제들아 너희는 우리를 위하여 기도하기를 주의 말씀이 너희 가운데서와 같이 달음질하여 영광스럽게 되고 또한 우리를 무리하고 악한 사람들에게서 건지옵소서 하라. 믿음은 모든 사람의 것이 아님이라"(살후 3:1-2).

● "또한 우리를 위하여 기도하되 하나님이 전도할 문을 우리에게 열어 주사 그리스도의 비밀을 말하게 하시기를 구하라. 내가 이것을 인하여 매임을 당하였노라"(골 4:3).

"기도는 기도하는 자보다 오래 남아 있다."

"하나님은 무거운 기도의 짐을 나르는 헌신적인 사람을 찾고 계신다." - 딕 이스트 만

"세계를 지배하는 손을 움직이는 것은 바로 기도다" - 존 라이스

<기도는 하나님의 은사입니다>

기도는 하나님의 은사입니다.

우리는 기도를 통하여 언제든지 하나님 앞에 나아갈 수 있습니다.

기도는 영적인 훈련입니다.

기도 안에서 헌신과 노력과 인내가 필요합니다.

우리의 삶에 생명력을 불어넣는 원동력이 됩니다.

기도는 성도의 생활에 필수적인 것입니다.

성도의 영적 생활의 근원은 그리스도 안의 하나님입니다.

기도의 능력을 활용하지 않는 그리스도인은 실패합니다.

왜냐하면 주님 안에서 주님을 통하여 살지 않는 한

그리스도인의 생활은 불가능하기 때문입니다.

「크리스천과 기도」WMC기도학교 교장 김정복 목사

기도는 하나님이 그 자녀에게 주신 하나의 특권이다. 따라서 크리스천만이 기도할 수 있고 크리스천에게 있어 기도는 생명이다. 아니 생명보다도 귀중한 것이다.

태중에 있는 어린 생명이 탯줄을 통하여 어머니에게서 생명을 공급받듯이 크리스천은 기도줄을 통하여 하나님께로부터 은혜와 능력을 공급받는 것이다. 하나님과 대화(기도)하지 않고 어떻게 하나님의 사랑을 체험할 수 있으며, 어떻게 하나님의 응답을 내 것으로 삼을 수 있으며, 어떻게 하나님의 일을 할 수 있겠는가? 우리는 하나님의 자녀(요 1:12)인데 어떻게 아버지와 대화하지 않는 자녀가 있을 수 있는가?

자녀에게 있어서 사랑하는 아버지와의 대화(기도)는 우선적이며 절대적이다. 따라서 기독교인에게 있어서 기도는 우선적이고 절대적인 것이다. 따라서 기도 없는 기독교인은 하나님 없는 기독교인과 다를 바가 없다.

기도는 신앙의 핵심이며 생명이다.

기도를 통하여 하나님께로부터 사랑을 받아야 한다.

기도를 통하여 하나님께로부터 은혜를 받아야 한다.

기도를 통하여 하나님께로부터 능력을 받아야 한다.

기도는 참으로 하나님과 만나는 귀중한 생명의 시간이다.

예수님도 기도하셨고 제자들도 기도하였다. 구약과 신약에 나오는 모든 하나님의 종들은 기도의 사람들이었다. 예수님께서는 새벽기도(막 1:35), 철야기도(마 14:23, 막 6:46-48, 눅 6:12, 22:29-46), 금식기도(눅 4:1-2), 산에서 기도(마 14:23, 눅 9:28-29), 그리고 한적한 곳(막 1:35, 눅 5:16)에서 기도하시기를 기뻐하셨다.

성경의 모든 하나님의 종들은 간절한 기도를 통하여 응답받았다. 아브라함(창 18:1-33), 야곱(창 32:22-29), 모세(출 32: 11-14, 31-32), 여호수아(수 5:14-15), 한나(삼상 1:9-20), 사무엘(삼상 12:19-25), 다윗(시 6:1-10), 엘리야(왕상 18:41-46), 히스기야(왕하 20:1-3), 에스더(에 4:16), 베드로(행 9:26-42), 온 교회(행 12:5-17), 그리고 바울과 실라(행 16:19-20) 모든 신구약의 위대한 신앙인들은 간절한 기도의 사람이었다.

저들은 기도를 사랑했고 기도를 통하여 하나님의 능력을 체험했다. 저들에게 있어서 기도는 바로 하나님과 직결되는 생명줄인 것이었다. 따라서 기도 없는 신앙생활이란 상상도 할 수 없고 기도가 신앙생활의 중심이 되었다.

믿음, 소망, 사랑, 전도, 성령 충만 등 여러 가지 은사 중의 하나가 기도가 아니고 모든 은사보다 앞에 있는 하나님과 나 사이에 놓여진 생명줄이 기도인 것이다. 이 기도의 생명줄을 통하여 하나님께로부터 다양한 은사를 받는 것이다. 많은 크리스천들이 무능력한 이유는 그리고 성령 충만하지 못한 이유는 기도가 없기 때문이다.

"주여 내게 기도를 주옵소서 아니면 죽음을 주옵소서."

VI. 기도의 종류와 형식

성경에 나타난 기도의 여러 가지 형태는 다음과 같다.

- 교회에서 기도(행 3:1, 12:5)

- 가정에서 기도(행 12:11-12)

- 연합으로 기도(행 4:31, 1:14, 2:1)

- 단독 기도(마 6:6)

- 두 세 사람의 작은 기도 모임(마 18:19-20)

- 철야기도(눅 6:12, 행 16:25)

- 새벽기도(막 1:35)

- 산기도(마 14:23)

- 한적한 곳에서 기도(눅 5:16)

- 광야에서 기도(눅 4:1)

1. 기도의 종류

1) 개인기도

개인기도란 개개인이 개별적으로 하나님께 기도하는 사적(私的)인 기도를 일컫는다. 개인마다 자신의 문제를 하나님께 고백하면서 그 해결을 위한 응답을 요청하는 것이 주된 내용이 되는데 성경에 나오는 많은 인물들이 개인기도를 드리고 있다.

아브라함(창 18:32), 야곱(창 32:26), 모세(신 9:18), 엘리야(약 5:17) 등이 그러하였고, 주님께서도 새벽 미명에 일어나 한적한 곳으로 가서 기도하셨다(막 6:46, 눅 5:16, 눅 9:18, 눅 22:41).

개인기도의 장점은 언제 어디서나 드릴 수 있으며, 격식과 남의 견해를 고려할 필요가 전혀 없이 마음만 있으면 가능하다는 사실에 있다. 누구든지 은밀한 마음 속 고통이나 소원을 아룀으로써 하나님을 아버지로서 인격적으로 만나고 그로 말미암아 평안을 구할 수 있다.

"생명을 사랑하느냐, 그렇다면 기도를 사랑할지니라."- 요한 낙스

2) 회중기도(共同기도)

한 가지 또는 몇 가지 제목을 놓고 여러 사람들이 모여서 그 문제를 중점적으로 해결 받고자 드리는 기도를 말한다. 일반적으로 온 교우들이 함께 기도문을 공동으로 작성하여 낭송하는 경우가 많다.

초대교회에서 베드로와 요한 사도가 제사장들과 장로들에게 붙잡혀 위협을 당하고 돌아왔을 때 온 교우들이 "일심(한 마음)으로 하나님께 소리높여 가로되 대주재여…"(행 4:24-31)하고 기도하자 곧 모든 기도자들이 성령이 충만하였다고 한 기록은 이 회중기도의 대표적인 실례이다.

3) 대표기도(公的기도)

대표기도는 문자 그대로 기도하는 무리를 대표해서 한 사람의 기도자가 행하는 기도를 뜻한다.

개인이 혼자 하는 사적인 기도와 달리 모든 기도자들의 공동의 관심사를 공개적으로 표명하여 행하는 공적인 기도이기 때문에 그만큼 적절한 주의와 정성을 기울여야만 한다.

출애굽한 백성들이 모세에 대하여 원망하여 마실 것을 달라고 조르자 그들을 대신하여 모세가 여호와께 구함으로 쓴 물을 달게 해서 마시게 했다는 말씀(출 15:24)이나, 제사장들이 백성을 위하여 기도했다(대하 30:27)는 말씀들은 대표기도를 뜻하는데 이러한 대표기도는 성경에서 많이 묘사되고 있다.

모든 회중의 감사와 죄와 간구를 도맡아 지성소에 들어가는 제사장적 기도를 하되 될수록 간결하고 명료하며, 3분을 초과하지 않는 것이 바람직하다.

4) 윤번기도

윤번기도란 3-4명의 기도자를 세워서 기도할 내용을 사전에 분담하여 각 기도자가 맡은 분야를 집중적으로 기도하게 하는 것을 말한다. 예컨대 3명의 기도자를 선택하여, 한 사람은 국가를 위하여, 다른 한 사람은 통일을 위하여, 남은 한 사람은 민족을 위하여 기도하도록 하는 것이다. 그 장점으로는 기도의 내용이 풍부해지고, 서로 기도를 분담함으로써 협동심이 생기며 처음으로 기도하는 사람이 긴장감이나 압박감을 느끼지 않고 가벼운 마음으로 할 수 있으며 다양한 기도 내용을 알차게 마련할 수 있는 효과가 있다.

다만 기도 제목이 분명해야 하고 내용 분담 시 중복되거나 누락이 없어야 하며 시간이 통일되도록 주의해야 하고 가능한 한 마지막 사람이 "예수 그리스도의 이름으로 기도합니다."라고 마치는 것이 좋다.

5) 중보기도

중보기도란 남을 위해 기도하는 것을 뜻한다. 다른 사람을 위한 기도 부탁에 응하여 드리는 기도를 일컫는다. 중보나 중재라는 말은 양편의 중간에서 쌍방을 위해 조정하고 타협하여 보다 나은 선을 추구해 나가는 데 흔히 쓰이고 있다. 이 중보기도는 "이와 같이 성령도 우리 연약함을 도우시나니 우리가 마땅히 빌 바를 알지 못하나 오직 성령이 말할 수 없는 탄식으로 우리를 위하여 친히 간구하시며 마음을 감찰하시는 이가 성령의 생각을 아시나니 이는 성령이 하나님의 뜻대로 성도를 위하여 간구하시느니라"(롬 8:26, 27)는 말씀을 통해 분명히 제시해 주고 있다. 이러한 중보기도에는 죄의 용서와 성령을 받고 복음을 전파하기 위한 내용이 주조를 이룬다.

엄밀하게 말해서 개인기도나 회중기도나 대표기도나 윤번기도가 다른 사람이나 기관, 단체, 교회를 위한 기도 내용이 포함될 때는 중보기도에 속한다고 할 수 있다.

2. 기도의 형식

1) 묵상기도(침묵기도)

밖으로 소리를 내지 않고 침묵 속에서 마음으로 하나님께 드리는 묵상의 기도이다.

사무엘의 어머니 한나가 기도하는 동안 "속으로 말하매 입술만 움직이고 음성은 들리지 않았다"(삼상 1:13)고 하였는데 이 같이 조용히 홀로 입술을 움직이되 소리가 나지 않는 경우도 묵도에 속한다.

이 묵도는 때와 장소를 가리지 않고 할 수 있는 장점이 있는 반면 간혹 주위의 소란으로 정신이 분산되기도 하여 기도의 초점이 산만해지므로 주의해야 한다.

고요히 묵상하는 가운데 사회자가 찬송가를 반주하게 하거나 성구를 읽어 주며 회중은 마음을 정리하고 주의 음성을 듣는 기도형식이 되어야 한다.

2) 발음기도

대개의 경우 기도한다고 할 때는 흔히 이 발음기도로 하게 되는데, 소리를 발하여 분명하고 똑바로 하나님께 아뢰는 경우가 이에 해당한다.

3) 통성기도

모든 기도자들이 일제히 소리내어 기도하는 것을 말한다.

수요기도회 설교 후나 부흥회와 사경회 때나 구역예배 또는 산기도 때 통성기도를 주로 하게 되는데 그 특징은 같은 시간에 모두가, 동일한 기도 제목으로, 제한된 시간 내에 끝맺는 것이다.

이 기도를 드릴 때는 너무 소리를 크게 내어 다른 사람에게 방해되지 않도록 유의하면 합심으로 전력 기도하는 데서 오는 담대함과 일치를 얻을 수 있다(행 1:14, 마 18:19).

- 렘 33:3, 행 12:5 참조

4) 찬송기도

찬송기도는 곡조에 따라 찬송을 불러서 드리는 기도이다.

시편은 거의 전부가 찬송기도 형식으로 되어 있으며 그 밖에도 드보라 (삿 4:5~23)와 모세의 누이 미리암(출 15:20)이 부르는 찬송 형식의 기도가 있다.

- 시 40:3, 시146:2, 시 34:1~3, 시 103:1, 시 150:2, 엡 5:19, 골 3:16, 계 5:13 참조

"이 땅 위에서 찬송하기를 배우지 못한 사람은 아무도 하늘의 성가대원이 될 수 없다." - 오헬스비

5) 방언기도

방언기도는 방언으로 하는 기도를 뜻한다. 방언이 성령의 은사임에는 분명하나 감정적인 은사로서 이성 활동이 동반하고 있지 못한 데서 위험이 따르기 때문에, 바울 사도는 교회의 덕과 질서를 세우기 위해 특별히 주의할 것을 환기시키고 있다(행 10:46, 고전 14:18, 19, 23~25).

"내가 만일 방언으로 기도하면 나의 영이 기도하거니와"(고전 14:14)

6) 예언기도

예언기도는 예언의 기도를 일컫는다. 즉 기도를 통하여 받은 예언을 전해 주는 기도이므로(눅 1:67, 행 2:17, 행 21:9), 이 예언을 통하여 하나님의 뜻을 분별할 수 있다. 그러나 자칫 '예언기도'라는 이름으로 신자들을 우롱하고 속이는 자도 있으므로 함부로 빠져들지 말고 성경 말씀에 굳게

선 경건한 신앙인이 되도록 해야 한다.

- 사 41:22~23, 눅 24:44, 고전 14:3 참조

7) 신유기도

- 사 53:5, 마 8:16~17 참조

8) 축복기도

- 이삭이 야곱에게 축복(창 27:27~29)
- 야곱이 요셉과 그 두 아들에게 축복(창 48:15~16)
- 베드로의 축복(벧후 3:18)
- 요한의 축복(요이 1:3)
- 아론이 이스라엘 민족 축복(레 9:22)
- 너희에게 평강이 있을찌어다(눅 24:36)
- 바울의 축복기도(롬 15:13, 엡 6:23, 갈 6:18)

3. 성경에 나오는 기도자의 모습

(1) 서서 기도(막 11:25, 합 2:1, 대하 20:9, 욥 30:28)

(2) 손을 들고 기도(딤전 2:8, 레 9:22, 눅 24:50)

(3) 손을 들고 하늘을 우러러보며 기도(요 11:41)

(4) 발에서 신을 벗고 기도(출 3:5)

(5) 앉아서 기도(삼하 7:18, 대상 17:16)

(6) 무릎을 꿇고 기도(눅 22:41-42, 행 9:40, 행 20:36)

(7) 무릎을 꿇고, 손을 들고 기도(역하 6:12-13, 스 9:5-6)

(8) 무릎을 꿇고, 큰 소리로 기도(행 7:60)

(9) 땅에 엎드려 기도(출 34:8-9, 스 10:1, 막 14:35)

(10) 땅에 꿇어 엎드려 얼굴을 무릎 사이에 넣고 기도(왕상 18:42)

(11) 베옷을 입고 재에 앉아 기도(단 9:3, 마 11:21, 눅 10:13)

(12) 옷을 찢고 기도(삼하 13:19, 스 9:5, 욜 2:13)

(13) 심한 통곡과 눈물로 기도(겔 27:30-31, 히 5:7)

(14) 낯을 벽으로 향하고 기도(왕하 20:2)

(15) 가슴을 치며 기도(눅 18:13)

(16) 밤마다 눈물로 기도(시 6:6)

(17) 속으로 말하며 기도(삼상 1:13)

(18) 심중에 기도(시 4:4-5)

(19) 내 곡성을 들으셨도다(시 6:8)

4. 「리차드 포스터」의 기도의 모형

1) 우리에게 필요한 변화를 구하는 안으로 향하는 기도

기도하는 것은 변화하는 것이다. 이것은 큰 은혜이다. 우리의 삶이 사랑과 희락과 화평과 오래 참음과 자비와 양선과 충성과 온유와 절제에 의해 인도함 받도록 길을 제공해 주시는 하나님은 얼마나 선하신가!

안으로 향하는 기도가 선행되어야 하는 것은 자신의 내면이 먼저 변화되지 않고서는 하나님의 영광에 이르려는 위로 향하는 기도가 오히려 우리를 짓누르고 또 밖으로 향하는 사역이 우리를 파멸시키기 때문이다.

한번은 어떤 제자가 아바 요셉(Abba Joseph)에게 와서 다음과 같이 말했다. "나는 가능한 한 계율도 지키고, 금식도 하고, 기도도 했다. 그리고 할 수 있는 데까지 마음속에서 모든 악한 생각을 제하고 모든 나쁜 의도들도 없애 버리려고 애쓰고 있다. 이제 더 이상 무엇을 해야 할까?" 그러자 아바 요셉은 일어서서 두 손을 하늘로 향하여 뻗었다. 그의 손가락은 마치 열 개의 등불처럼 보였다. 그러면서 그는 이렇게 대답했다. "왜 자신을 불 속에 넣어 완전히 변화받지 않는가?"

(1) 단순한 기도

"할 수 없을 만큼이 아니라 할 수 있는 만큼 기도하라." - 돔 채프만(Dom Chapman)

(2) 버림받은 자의 기도

"그대가 갖고 있지 않은 기쁨을 얻으려면 즐겁지 않은 길도 기꺼이 걸어가야 한다." - 성 요한(St. John of the Cross)

(3) 성찰의 기도

"기도는 영혼을 던져 넣는 내적인 사랑의 욕실이다." - 존 비엔니(St. John Vianney)

4) 눈물의 기도

"눈물은 영혼의 상처에서 나오는 피와 같다." - 닛사의 그레고리(Gregory of Nyssa)

(5) 포기의 기도

"성령께서 나에게 아버지의 뜻에 나의 뜻을 전적으로 굴복시키도록 가르쳐 주신다. 그분은 내 귀를 열어 아버지께서 날마다 말씀하시고 가르쳐 주시는 것들을 귀담아 듣고, 잘 배우려는 태도로 기다리게 하신다. 또한 하나님의 뜻과 일치하는 것이 어떤 것인지 깨닫게 하신다. 그리고 하나님의 뜻에 전적으로 굴복하는 것이 어떻게 아버지의 요구하시는 것이 되고 아들이 보인 모범이 되며, 영혼의 참된 복이 되는지를 알게 해 주신다."-엔드류 머레이(Andrew Murray)

(6) 성숙의 기도

"은밀하고 열심 있는 믿음의 기도는 개인적인 모든 경건의 뿌리가 된다." - 윌리엄 캐리(William Cary)

2) 하나님과의 친밀한 교제를 구하는 위를 향한 기도

진정한 마음의 본향인 하나님께 나아올 때까지 우리는 추방자요, 타국인이다. 교만과 두려움으로 인해 우리는 하나님과의 관계가 소원해졌다. 그러나 우리 안에 있는 저항감이 믿음과 소망과 사랑의 역사로 극복되기 때문에 우리는 하나님과의 친밀한 교제를 갖기 위해 위를 향하게 된다. 그러면 우리가 다른 사람들을 향해 사역할 힘을 얻게 된다.

레오 톨스토이가 어떤 섬에 살았던 세 명의 은둔자 이야기를 한 적이 있다. 하나님과의 깊은 교제와 사랑에 대한 그들의 기도는 그들의 단순함만큼이나 단순했다. "우리도 셋이요, 주님도 셋이오니 우리에게 자비를 베푸소서. 아멘." 그들이 이런 방법으로 기도했을 때 종종 기적이 일어났다.

은둔자들의 이야기를 들은 당시의 주교는 그들에게 바르게 기도하는 법을 가르쳐 줄 필요가 있음을 깨달았다. 그래서 주교는 그들이 있는 작은 섬으로 가서 기도를 가르친 후 그 단순한 사람들의 영혼을 깨우쳐 주었다는 사실에 기뻐하면서 본토를 향해 배를 타고 떠났다. 그런데 갑자기 그는 배 뒤편에서 큰 공처럼 생긴 불빛이 바다를 가로질러 미끄러지듯이 다가오는 것을 보았다. 점점 가까이 다가오는 것을 보니 그것은 다름 아닌 그 세 명의 은둔자가 물 위로 달려오고 있는 것이었다. 그들은 주교에게 이렇게 말했다. "죄송합니다만 주교님께서 가르쳐 주신 것을 그만 잊어버렸습니다. 다시 한번 가르쳐 주시겠습니까?" 주교는 손을 내저으며 부드럽게 대답했다. "내가 당신들에게 가르쳐 준 것들을 다 잊어버리시오. 그리고 늘 하던 대로 계속 기도하시오."

(1) 언약의 기도

"우리에게 필요한 것은 하나님의 모든 뜻을 알고자 하는 소망과 또 그것을 행하고자 하는 굳은 의지이다." - 요한 웨슬리(John Wesley)

(2) 찬양의 기도

"찬양의 학교에서 우리는 찬양이 아닌 다른 목표에 접근하는 것이 왜 우리의 영혼을 쉼 없이 만들고 말았는가를 배운다." - 더글라스 스티어(Douglas Steere)

(3) 안식의 기도

"안식하라. 안식하라. 하나님의 사랑 안에 안식하라. 당신이 지금 해야 할 일은 마음속에서 들려오는 조용하고 세미한 하나님의 음성에 정신을 집중하는 것뿐이다." - 잔느 귀용 부인

(4) 성례의 기도

"참된 성례는 거룩한 인격이다." - 포어시드(P. T Forsyth)

(5) 쉬지 않는 기도

"어떤 사람의 마음속에 성령이 거하시면 그 사람은 기도를 멈출 수 없다. 성령이 그 안에서 쉬지 않고 기도하시기 때문이다. 잠을 자든, 깨어 있든 그 사람은 마음속으로 계속해서 기도하게 된다. 먹을 때나, 마실 때나, 일할 때나, 쉴 때나 기도의 향기가 그의 마음속에서 자발적으로 피어오르게 된다. 마음속에서 생기는 아무리 작은 자극도 보이지 않는 하나님을 향해 은밀하게 부르는 말없는 노래와 같다." - 시리아의 아이작(Isaac the Syrian)

(6) 마음의 기도

"마음과 마음이 말한다." - 존 헨리 뉴먼(John Henry Newman)

(7) 묵상기도

"묵상이란 영혼의 언어이며 영의 말이다." - 제레미 테일러(Jeremy Taylor)

(9) 무언의 기도

"오 주님, 제게 많은 내용을 담고 있는 무언의 언어를 가르쳐 주십시오." - 장 니콜라 그로우(John-Nicholas Grou)

3) 필요한 사역을 구하는 밖으로 향하는 기도

내적인 변화와 하나님과의 친밀함은 둘 다 사역을 지향한다. 우리가 하나님의 용광로를 통해 불순물을 걸러내는 것은 우리 자신만을 위한 것이 아니라 다른 사람들도 위한 것이다. 우리가 하나님의 사랑의 품에 안기는 것은 하나님의 용납을 체험하기 위함일 뿐만 아니라 다른 사람들에게도 하나님의 사랑을 주기 위해서이다.

세계는 지금 교만과 과신의 고통으로 몸부림치고 있다. 우리가 원하기만 하면 무언가 달라질 수 있다.

일찍이 우리는 영적 파산상태에서 봉사하려고 애써보았다. 그런데 실패했다. 이제 우리는 사역이 영적인 풍성함에서 비롯되어야 한다는 사실을 알고 있다.

끌레르보의 버나드(Berrnard of Claivaux)는 이렇게 말한다. "당신이 만일 현명하다면 운하가 아닌 저수지로서의 면모를 보여 주어야 한다. 왜냐하면 운하는 물을 받아들이면서 사방으로 물을 다시 보내지만 저수지는 기다렸다가 가득 찰 때까지 자체적인 손실 없이 흘러넘치는 물을 전달하기 때문이다. 오늘날 교회 안에는 저수지와 같은 사람은 거의 없고 운하와 같은 사람이 많다. 이제 우리는 저수지와 같은 사람이 되기로 결심하자."

(1) 일상적인 기도

"인생의 가치와 흥미는 눈에 잘 띄는 일을 하는 것이 아니라 일상적인 일의 그 엄청난 가치를 인식하며 그것을 해나가는 것이다." - 떼이야르 드 샤르댕(Teilhard de Chardin)

(2) 간구기도

"우리가 원하든 원하지 않든, 간구하는 것은 하나님 나라의 법칙이다." - 찰스 스펄전(C. H. Spurgeon)

(3) 중보기도

"중보기도는 우리를 깨끗하게 하는 욕조와 같아서 개개인이 날마다 들어가야 하는 곳이며 교제가 날마다 이루어져야 할 곳이다." - 디트리히트 본회퍼

(4) 치유의 기도

"그 당시에는 하늘의 권능에 의해서 많은 위대하고 놀라운 일들이 일어났다.

그것은 주님께서 전능하신 팔을 드러내셨고, 그의 권능을 나타내셨기 때문이다. 놀랍게도 그 치유의 힘으로 말미암아 커다란 질병에서 구원받은 사람이 많이 있다." - 조지 폭스(George Fox)

(5) 고난의 기도

"세상을 구원하는 것은 다름 아닌 고난의 기도이다." - 성 마리아(St. Mary of Jescal)

(6) 권세 있는 기도

"하나님께서 기도를 제정하신 것은 피조물들에게 존재 목적의 존엄성을 부여하시기 위함이다." - 블레즈 파스칼(Blaise Pascal)

(7) 철저한 기도

"기도를 위해 두 손을 모으는 것은 이 세상의 혼란에 대항하여 일어서는 행동의 시작이다." - 칼 바르트(Karl Barth)

VII. 철야기도의 실제와 자료

1. 철야기도의 정의

철야기도란 잠을 자지 않고 밤을 새워 하는 기도를 말한다. 사람은 생리적으로 잠을 자야 하는데 잠을 안 자는 것은 매우 어려운 일이다. 그러면 이렇게 어려운 철야기도를 왜 하는가? 철야기도는 특별한 문제가 있을 때 하는 기도이다. 기도의 응답은 하나님과의 만남에서 이루어지는데 만물이 잠든 고요한 밤에 주님과의 신령한 교제를 통하여 성취되는 그 극치의 맛은 기도자 외에는 모를 것이다. 예수님의 공생애는 몹시 분망하여 식사할 겨를도 없었으나 이런 와중에도 철야기도를 하신 예수님을 성경에서 엿볼 수 있다.

철야기도는 그리스도인에게 꼭 필요하다. 예수님께서도 중대한 일을 결정하실 때 철야기도하신 후 결정하셨으며 사도바울도 어렵고 힘든 일이 있을 때마다 철야기도하므로 모든 문제를 해결받고 중대한 복음사역을 잘 감당하였다.

우리도 중대한 일과 어려운 문제가 있을 때 걱정하지 말고 기도하므로 해결을 받으며 하나님께 영광 돌리는 신앙생활이 되어야 한다.

밤은 기도하기에 알맞은 때이다. 만물이 잠들고 만상이 정적에 잠겨 있을 때 혼자서 하나님과 대화를 나누는 철야기도는 바람직한 일이다.

때로는 기도원을 찾아가 하룻밤을 기도하면서 주님과 동산에서 지내는 것은 신앙생활에 필요한 부분이다. 욥기서에 보면 하나님께서는 "사람이 침상에서 졸며 깊이 잠들 때에나 꿈에나 밤의 이상 중에 사람의 귀를 여시고 인치듯 교훈하신다."(욥 33:15-16)고 하였다.

하나님께서 밤을 이용해서 우리를 교훈하시며 밤에 시상을 보여 주시거나 꿈에 계시를 보여 주신 일들이 성경에는 흔히 있는 일이다.

밤은 우리를 자신으로 돌아오게 하고 하나님과 친밀하게 한다. 그러나 밤은 피곤한 시간이요, 죄악이 가득한 시간이면서도(욥 24:15), 밤은 하나님의 계시활동이 많은 시간이다(삼상 3:1, 왕하 19:35, 대하 1:7, 행 16:9, 12:5). 밤은 하나님을 만나기에 유리한 시간이다(시 17:3, 애 2:19). 그리고 밤은 자신을 깊이 반성할 수 있는 시간이다(시 16:7).

그러므로 철야기도는 자신의 피곤과 육신의 연약함을 이기고 하나님께 간청한다는 의미를 갖는다. 철야기도 역시 덕스럽게 해야 하며 가족들에게 사전에 양해를 구하는 것이 좋다. 특별한 기도가 있을 경우에 밤낮 눈물로 기도하면 하나님께서 들어 주신다고 하셨다(렘 2:18). 특별한 목적을 가지고 밤을 새워가며 간청하는 기도를 철야기도라고 한다.

2. 철야기도의 성경적 배경

1) 예수님의 철야기도

예수님의 중대한 사역 중에 제자를 선택하는 일이 있었다. 누가복음 6장 12절에 보면 예수님은 기도하시러 산으로 가셔서 "밤이 맞도록 하나님께 기도"하셨다고 기록되었다.

예수님은 철야기도의 본을 보여 주셨다. 예수님께서 중대한 일을 결정하는 데 앞서서 철야기도를 드렸음을 우리는 배워야 한다. 예수님은 십자가의 고난을 앞에 두시고 철야기도를 하셨다. 누가복음 21장에 예수님은 "밤이면 산에서 쉬시니… 아침에 성전에 나아가더라"고 하였다.

또 예수님은 겟세마네 동산에서 기도하실 때 제자들에게 철야기도를 요구하였다. 닭이 울기 전 네가 나를 세 번 부인할 것이라고 예언하면서 깨어 기도하라고 하셨다(마 26:34,38). 예수님은 끝까지 기도하셨지만 베드로, 요한, 야고보는 잠들어 버렸다.

2) 다윗의 철야기도

다윗은 철야기도로 회개하였다. 그는 유달리 고통을 많이 당한 사람이었다. 시편 6편은 그의 철야기도의 모습을 시로 쓴 것이다. 다윗은 밤마다 눈물로 침상을 적시었다(6절), 그 외 철야기도는 계속적인 것이었기에 "밤마다"라고 기술하였을 것이다.

3) 바울의 철야기도

바울은 예수님의 본을 받아 철저하게 철야기도를 실천한 사람이다. 바울의 철야기도는 하나님의 지시를 받기 위한 것으로 유명했다. 바울은 가볍게 주의 뜻을 결정하는 일을 절대로 하지 않았다. 바울이 철야기도를 한 장면을 성경에서 찾아보면 다음과 같다.

빌립보 감옥에서(행 16:25), 고린도에서(행 18:9), 로마 영문에서(행 23:11), 파선하는 중에서(행 27:23) 등 그는 핍박을 받을 때, 복음을 반대할 때, 갈 길이 막힐 때, 위험이 닥쳐올 때 밤새워 기도했다. 그리하여 하나님의 인도하심과 보호를 받았다.

바울은 전도여행(제 2차)을 앞두고 기도하다가 "밤에 환상을 보았고 (행 16:9-10), 빌립보 옥중에서도 밤중쯤 되어 기도하고 하나님을 찬미 (행 16:25)하며" 지냈다.

4) 기타 철야기도

그 외에도 여러 가지 철야기도가 있다.

(1) 야곱은 밤새 하나님의 사자와 씨름하여 승리하였다(창 32:24-32).

(2) 사무엘은 하나님의 전에 누워서 밤을 지냈으며 하나님의 음성을 들었다(삼상 3:3-14).

(3) 나단 선지자가 여호와의 말씀을 듣고 계시를 받았다(삼하 7:4).

(4) 하나님이 솔로몬에게 밤에 나타나셔서 "네게 무엇을 줄꼬, 너는 구하라"(대하 1:7) 했을 때 솔로몬은 철야기도 했다.

(5) 예수님이 탄생하실 즈음에 안나는 "성전을 떠나지 아니하고 주야에 금식하며 기도"(눅 2:37)하였다.

3. 철야기도의 온영방법

철야기도의 운영방법은 교회의 형편과 사정에 따라 적절하게 해야 한다.

1) 기도의 형식

(1) 묵상기도

"한나가 속으로 말하여 입술만 동하고 음성은 들리지 아니하므로 엘리는 그가 취한 줄로 생각한지라"(삼상 1:13).

기도는 그 형식이나 방법을 생각하기 이전에 마음이 중요하다. 기도자의 마음가짐, 즉 기도자의 마음과 하나님과 교훈이 있어야 한다.

소리 없이 하나님께 기도하는 것을 묵상기도라고 한다. 묵상기도는 하나님만이 들으시고 아무도 들을 수 없는 기도이다. 묵상기도는 은밀한 기도이다. 하나님의 영의 인도를 받아 내 영이 하나님과 일치, 연결되어 있는 상태에서 드려지는 기도가 바로 묵상기도이다(렘 18:19).

(2) 개인기도

개인기도는 이름 그대로 개인이 하나님께 드리는 기도이다. 개인기도는 나와 하나님과의 속삭임이다. 개인기도는 옆의 사람에게 들리기는 하지만 완전히 들리지 않을 정도의 소리로 드리는 기도이다. 구체적으로 말하면 개인기도는 입술의 기도라고 할 수 있다.

기도 소리가 발성되지 않고 입술에서만 이루어지는 기도이다. 즉 입술은 완전히 움직여서 발음이 될 완전한 입술과 혀의 구조는 이루지만 소리는 들리지 않는다. 사실 개인기도는 다른 사람에게 들리지 않는 것이 윤리적으로 덕스러운 것이다. 제목에 따라 개인이 소리 내어 기도하는 기도이다.

(3) 공중기도

공중기도란 많은 사람들 앞에서 하는 기도이다. 공중기도는 많은 사람을 대표하여 드리는 기도이다. 그래서 공중기도를 대표기도라고도 한다. 철야기도 때 제목에 따라 대표로 공중기도를 하게 할 수도 있다.

(4) 윤번기도

윤번기도란 개인기도의 형식과 공중기도의 형식을 혼합한 것이다. 기도 제목에 따라 한 사람이 대표기도 하는 것을 몇 사람이 분담하여 드리는 기도이다. 한 사람이 하는 공중기도와 달리 2-5명이 기도하므로 기도자의 수가 많아진다는 차이가 있다. 철야기도 때 한 제목을 가지고 윤번기도를 하는 것도 효과가 있다.

2) 운영방법

(1) 부서별로 주관하게 한다.

자치기관인 여전도회, 남전도회, 교회학교, 성가대 등의 주관으로 1부 예배를 드리고 제목에 따라 인도자가 철야기도를 인도하게 한다. 1부 예배 전에 찬양인도팀들이 은혜로운 찬양을 인도하므로 영적 분위기를 조성하는 것도 중요하다.

(2) 특별강사나 간증집회로 한다.

자치기관에서나 교회가 특별강사를 초청하여 말씀을 듣거나 은혜로운 간증을 외부강사나 본 교회 교우들 가운데서 강사로 선정하여 말씀을 전하도록 한다. 특별한 기도제목에 따라 집중적으로 기도하게 한다.

(3) 철야기도 운영순서를 다음과 같이 할 수 있다.

1부는 찬양순서로 30분 정도 찬양을 한다.

2부는 본 교회 목사나 교역자들이 윤번으로 설교하도록 하고 시간은 30분 정도로 한다.

3부는 기도시간으로 제목기도와 개인기도 시간을 1-2시간 정도로 진행한다.

(4) 간식을 제공할 수 있다.

1부 찬양순서와 2부 설교시간이 끝난 후 3부 기도시간이 되기 전 중간에 커피타임을 갖거나 아니면 기도시간이 끝난 후 간식을 제공하면 친교적 의미에서 좋은 효과가 있다.

(5) 기도제목을 나누고 기도한다.

기도 내용은 제목을 제시하여 개인기도, 묵상기도, 통성기도, 윤번기도 등으로 형편에 맞추어 하지만 대개 통성기도로 하는 경우가 많다. 기도제목으로 대통령과 나라의 지도자들을 위한 기도, 교회 목회자들을 위한 기도, 병자와 환자들을 위한 기도, 각 기관들을 위한 기도, 교회 중직자들을 위한 기도, 교회 중대사를 위한 기도(건축을 위해서, 화해와 일치를 위해서, 교회부흥을 위해서, 부흥회를 앞두고 등등), 개인의 기도제목따라 기도할 수 있는 시간을 충분히 배려해야 한다.

3) 철야기도의 주의할 점

(1) 철야기도나 철야기도회의 참석은 그 목적이 뚜렷해야 한다.

기도의 목적이 있어야 하며 반드시 철야 즉 밤을 새는 타당한 이유가 있어야 한다. 철야기도는 특별한 기도여야 한다. 중요한 문제가 있다거나 교회에서 주도하는 철야기도회라든가 부흥사경회 때 교회가 특별히 갖는 기도회 등등의 이유와 목적이 있어야 한다.

(2) 자신의 건강과 다음 날의 할 일을 항상 고려해야 한다.

자기 건강에 해를 가져오거나 절제생활의 태도에서 벗어나서는 안 된다. 특히 직장생활을 하는 사람들은 철야기도 하고 사무실에서 잠을 잔다거나 하여 직장의 임무수행에 지장을 초래해서는 안 된다. 그것은 절제하지 못하는 잘못과 직장에서 덕을 세우지 못하는 결과가 된다.

(3) 가정의 화평과 일치에 유의해야 한다.

신자들은 자기 맡은 일에 충실해야 하며 가정의 화목에 유의해야 한다. 혹 철야기도로 부부관계나 가정생활에 누를 끼쳐서는 안 된다. 물론 바울은 기도할 틈을 얻기 위하여 분방하는 것을 허락하였으나 그것도 합의하고 하라고 권면했다(고전 7:5).

(4) 철야기도를 드리는 주변 사항을 특별히 고려해야 한다.

첫째는 함께 철야기도하는 분들에게 지장을 주지 말아야 하고, **둘째는** 그 장소 주변의 불신자들이나 이웃에게 부도덕하고 무례한 일을 해서는 안 된다. 종종 철야기도의 깊은 뜻, 간절하고 애통하는 기도가 타인에게 좋지 못한 영향을 준다면 오히려 시험에 드는 일이 된다.

4. 철야기도의 시간문제

철야기도 시간을 언제 할 것인가는 심야기도 형식으로 할 것인가 아니면 철야기도 형식으로 할 것인가에 따라 조정이 되어야 한다.

직장인을 고려할 때 심야기도 시간은 9시부터 12시까지 적당하며, 철야기도 시간으로 한다면 11시부터 02시까지 인도하고 나머지 시간은 자유롭게 기도하다가 돌아가는 것이 바람직할 것이다. 철야기도 시간문제는 개교회 형편에 따라 적절하게 조정하도록 한다.

5. 철야기도의 장소 및 인도자 문제

기도 장소에 관해서 교인 전체를 대상으로 하는 모임이면 본당이 적당하고 소그룹 중심으로 하면 교육관이나 기도실로 지정된 장소에서 정규적으로 기도하도록 한다.

특별한 경우에 인근에 있는 기도원이나 산에 가서 할 수 있다. 기도원의 경우에는 기도원 전체 분위기에 따라 할 수도 있고 일정한 장소를 대여하여 특별한 목적을 갖고 합심하여 기도할 때 좋은 분위기 속에 좋은 결과를 가져올 수 있다. 산에서 기도할 때는 장소 선택을 잘 해야 하고 민가에 폐가 되지 않도록 하며 안전사고에 유의해야 한다.

철야기도의 인도자는 교회 담임목사가 적당하고 부교역자들이 윤번제로 인도할 수 있다. 사회는 부서별로 할 때는 그 부서의 회장단이 인도하고 예배순서 중에 설교만 교역자들이 담당한다.

찬양인도는 전문인들이나 교회 청년들 중에 음악적 은사가 있는 사람들을 훈련하여 헌신하게 하는 것이 바람직하다. 특별한 경우에는 찬양 인도팀이나 찬양선교단을 초청하는 것도 분위기가 새롭고 효과적일 수 있다.

대형교회에서는 초청강사들을 모시고 인도하면 은혜롭다. 소형교회들은 외부강사를 모시게 되면 재정적인 후원이 따라야 하기 때문에 어려움이 있게 된다. 본 교회 담임목사의 목회정책에 따라 착실하고 계획성 있게 인도하는 것이 효과적이며, 그것이 교회 부흥과 발전에 도움이 된다.

6. 철야기도로 성장한 「서울중앙성결교회」

서울중앙성결교회는 전도하는 교회(고전 1:23-24), 가르치는 교회(행 2:42), 치료하는 교회(마 4:23), 풍요를 창조하는 교회(요 10:10)의 모습이 되려고 힘쓰고 있다. 서울중앙성결교회는 역사도 짧고 한국 교회에 특별히 내놓을 것도 별로 없지만 그 동안 살아 계셔서 역사하신 하나님의 크신 은혜와 축복을 상기하면서 목양지에 베풀어 주신 교회 성장에 관한 몇 가지 사항을 생각하면서 서울중앙성결교회의 성장 원인을 분석하여 살펴보고자 한다.

1) 교회 소개

(1) 창립일

서울중앙성결교회의 창립 배경을 소개하면 다음과 같다.

어려웠던 신학교 시절 독립문 영천에 교회를 개척하여 전도사로서 목회를 하다가 1983년에 교회 이전을 기도하며 장소를 새롭게 물색하던 중 방배동에 있는 시장 건물 2층을 계약하였다.

계약이 잘못되어서 얼마 안 되는 헌금이었지만 설상가상으로 계약금마저 잃어버리고 이곳저곳을 찾아다니다가 사당동 89번지 버스종점 맞은편 사당3동 323-16호의 40여 평 되는 건물을 가난한 어느 무명의 한 여성도가 100만원을 헌금한 것으로 임대해서 개척을 하게 되었다. 막상 예배 처소를 꾸미고 첫 예배를 드리려고 강단에 올라 서서 예배당을 바라보니 막막하고 언제나 예배당을 가득 채울까 상상만 해도 꿈만 같았던 그때 상황을 생각하곤 한다. 그 당시는 40여 평 남짓한 예배당이 얼마나 넓고 크게 보였는지 …. 교회 명칭도 서울중앙교회라고 명명하고 순수하고 새로운 마음으로 몇 명 안 되는 여자 성도들과 개척의 길에 들어섰다.

그 당시 교회 주변 환경은 서울중앙성결교회가 성장을 꿈꿀 만한 여지가 그렇게 충분치 않았다. 왜냐하면 주변 상황은 너무나 초라하기 이를 데 없었고 동네의 각 가정들의 경제사정과 형편이 대단히 어려운 가운데 하루하루의 삶을 살아가는 그야말로 한국 달동네의 현주소가 바로 그 곳이었다.

기존에 있던 주변 교회들은 나름대로 자립하여 건축되어 있는 상태였으며, 장로교단의 총신대학이 우뚝 서 있었다. 교단적인 문제나 주변의 정황들은 당시 전도사였던 목회자로서는 힘에 벅차지 않을 수 없었다.

그러나 나름대로 꿈과 비전과 소망이 있었기에 소수의 성도였지만 열악한 환경 속에서 온 교인이 최선을 다하면서 하나님 말씀에 의지하여 닻을 올려 항해를 시작하였다.

"여호와의 열심이 이 일을 이루리라"(왕하 19:31, 사 9:7, 37:32)

(2) 현재의 교세

- 교인: 담임목사 1명, 부목사 1명, 전도사 2명, 장로 5명, 권사 37명, 집사 155명 정도이며, 장년부 등록교인은 1,500여 명, 주일학교의 각 교육부서 인원은 50여명에 이른다.
- 예배공간: 지하 1층, 지상 5층, 연건평 400여평의 공간을 확보하여 대예배실, 주일학교 예배실, 학생회 예배실, 청년 대학부 예배실 및

도서관, 교사 휴게실, 당회실, 남녀 집사 휴게실, 교역자 휴게실 외 예성어린이집 등으로 활용하고 있다.

(3) 교회의 조직

서울중앙성결교회는 사무연회, 교역자회, 교회성장위원회 아래 직원회 20개 부처와 6개의 특별위원회(재정위원회, 건축위원회, 상조회, 수양관 및 공원지 추진위원회, 천사의 집 추진위원회, 장학위원회)를 두고 있으며, 4개의 성가대, 5개의 교육기관, 3개의 남전도회, 7개의 여전도회, 3개의 선교회(생명줄 선교회, 니느웨 세계선교회, 문서 선교회)와 마라나타 찬양선교단 그리고 부설기관으로 청지기 교육훈련원, 제자훈련원, 영상홍보자료부, 영어성경반 및 지역사회개발부와 5개 교구 60여개 구역 등으로 구성되어 있다.

2) 교회성장의 역사

서울중앙성결교회의 성장의 역사는 태동기(개척에서 성전확장 이전까지), 성장기(성전확장에서 교회 건축까지), 부흥기(교회 건축에서 현재까지)로 나눌 수 있다.

(1) 태동기(개척에서 성전확장 이전까지)

하나님의 은혜와 섭리 속에서 1983년 12월 첫 주에 창립예배를 드리게 되었다. 일단 교회 문은 열었지만 부흥은 곧바로 일어나지 않았다. 6개월이 지나도록 어느 누구 하나 오질 않았다. 담임목사는 심적으로 정신적으로 많은 고충이 쌓여만 갔다. 담임목사가 설교하거나 틈이 나면 가끔 노파심에서 하는 이야기지만 당시 어렵고 힘들었을 때는 가고 싶거나 가야할 곳이 너무나 많았다. 그러나 오라고 환영하는 곳은 한 군데도 없었다.

그래서 가방을 들고 양복을 입은 채로 삼각산에 소나무 밑에서 기도하며 성경도 보고 하면서 많은 날들을 보내기도 했다.

그러나 시련과 연단의 기간이 어느 정도 지나자 교회는 서서히 성장하기 시작하였다. 1호 등록교인은 젊은 고등학생이었다(지금은 대전에서 목회를 하고 있다). 이어서 하나님께서는 40여 평 남짓 되는 예배당을 가득 채워 주셨다. 어느 주일 예배 때에는 70-80여 명의 영혼들이 몰려들어 등록을 하기도 해서 놀라기도 하고 당황하기도 했다. 주님의 역사에 온 성도가 얼마나 감사했는지 모른다.

1987년이 되면서 교회 부지를 위해 기도하며 장소를 물색하고 1988년에 매매계약을 체결하였다. 그러나 방배동에 개척하려 했을 때처럼 또 한 번의 쓴잔을 마셔야 했다. 중도금을 못 내고 중지되고 말았던 것이다. 교회로서는 그 일로 인해 큰 타격을 받았다. 전 교인이 꿈에 부풀었는데 그 꿈이 허물어졌으니 얼마나 낙심이 되겠는가? 1년 여 동안 교회가 침체기에 빠진 듯 성장이 다소 둔화되었으며 교인들 또한 의욕이 없었다. 그래서 새로운 활력을 심어 주어야겠다는 생각에 1989년 12월 3일 창립 5주년 기념 1,000명 초청 감사예배를 기획하여 전도의 사명을 일깨웠고, 이로써 다시금 새로운 변화가 일어났다.

교회는 계속 부흥을 경험했으며, 1990년 12월 3일에는 창립 6주년을 맞이하여 10명의 권사(남 4명, 여 6명, 성결교단은 남자 권사의 임명이 있다) 취임이 있었다. 교회는 더욱 교회답고 은혜롭게 자리잡아 갔다. 또한 예배 시간마다 여지없이 사람들로 가득가득 메워졌다. 마치 콩나물시루같이 움직일 틈도 없이 남녀성도가 가득히 앉아 예배를 드려야만 했다. 찜통더위 속에서 짜증낼 만도 한데 모든 성도들이 서로 이해하며 은혜롭게 잘 적응해 나가므로 이 또한 주님의 은혜임을 고백한다. 예배당은 자리가 한정되어 있어서 많은 분들이 계단에서 쭈그리고 앉아 예배드리는 경우가 많았다. 그분들에게 너무나 미안하고 죄송스러웠다. 그래서 교회 확장을 생각하지 않을 수 없게 되었다.

(2) 성장기(성전 확장에서 교회 건축까지)

교회는 전도해도 더 이상 자리가 없을 정도였지만 그래도 전도는 쉬지 않고 계속되었다. 자리는 비좁고 환경은 불편하니 교인들 또한 교회 건축과 확장에 대한 소리가 높아지기 시작했다. 처음에는 개척지였던 예배 장소를 폐쇄하고 확장될 장소에서 새롭게 하려고 변화를 시도하려 했지만 교육기관을 위해 예배당을 존속시키기로 결정하고 공예배 등을 위해 성전 확장을 서둘렀다. 하나님께서는 개척한 교회 바로 50미터 옆에 있는 곳을 예배당으로 허락해 주셔서 1992년 7월 14일 80여 평의 건물을 대성전 예배 장소로 계약하고, 1992년 9월 6일 대성전 이전 감사 예배를 드리게 되었으며 그동안 개척하여 드려오던 예배당은 교육관으로 명칭을 변경하였다. 교회의 제 2의 도약이 시작된 셈이다. 당시 교회의 출석 성도 중에 경제적으로 크게 헌신할 사람은 찾아볼 수 없었고 거의 대부분이 전세나 월세의 어려운 형편이었다. 가정마다 경제적인 어려움이 많았지만 교회의 일이라면 없는 가운데서도 최선을 다했다. 얼마나 감사한 일인지 잊지 못할 기쁨이요, 또한 면류관인 귀한 성도들이다.

주님께서는 구원받을 무리들을 계속해서 보내 주셨고, 급기야 1993년 6월 6일을 기하여 장년부 등록교인 1,000명을 돌파하는 기쁨도 맛보았다.

또한 1993년 10월 31일은 예수초청 큰잔치를 열어 6부 예배를 드리면서 지역 주민 복음화에 기여하고자 행사를 마련하였다. 교회의 역량을 총동원하여 심혈을 다 기울였고 성도들이 매주일 예배 후 북을 치며 피켓을 들고 어깨띠를 매고 두 줄로 서서 200미터나 되는 긴 행렬을 지으며 지역 곳곳을 순찰차의 도움을 받으며 돌아다니면서 전도에 열심을 내었다. 그 결과 3,113명이 초청되어 547명이 믿기로 결신하였다. 우리 교회가 성령 안에서 믿음으로 하나가 되는 좋은 계기가 되었고, 믿음으로 하면 된다는 의식이 고취되었으며, 교회의 홍보와 이미지 개선에 많은 효과를 보았다.

교회를 확장 이전하였지만 장소가 부족하여 또 다른 계획을 세우지 않으면 안 되었다. 때마침 1993년에 성전건축의 붐이 다시금 성도들 사이에 타오르기 시작하였으며, 입에서 입으로 건축에 대한 열기가 고조되었다. 그래서 성전 건축에 대한 특별기도회를 계획하고 시행하기에 이르렀다.

(3) 부흥기(교회 건축에서 현재까지)

성전 건축에 대한 쓰라린 경험이 있었기에 만반의 준비가 필요했다. 무엇보다도 기도가 우선이어야 했기에 특별기도회를 선포하였다. 1994년 6월부터 11월 말 새벽까지 삼각산 산상기도회를 실시했다. 평균 30명에서 50명 이상 택시를 타고 자가용을 타고 혹은 교회의 차량을 이용하여 기도회에 참여하였다. 비나 폭풍우가 시작되면 비닐조각을 뒤집어쓰고 눈물과 빗물이 섞여서 무엇인가 모를 정도로 간절한 부르짖음의 소리들은 그칠 줄 몰랐다. 1부는 찬양과 설교에 이어서 휴식과 간식을, 2부는 10여 명씩 한 조가 되어 정해진 시간까지 담당 부교역자들의 인도로 어둠과 싸우며 새벽을 기다리는 기도의 역사로 한 페이지, 한 페이지를 기록해 나갔다. 참으로 감격스러운 기도회였다. 시간 가는 줄도 모르고 울부짖었던 그 기도의 순간들! 서로가 얼싸안고 끌어안으며 기도했던 사랑의 현장! 하나님께서는 얍복강의 야곱의 기도를 응답해 주셨듯이 우리 교회에도 기쁨을 맛보게 하셨다. 114평의 새 성전 건축 부지를 계약하고 잔금을 지불하며 1995년 3월 6일 대망의 성전 건축의 첫 삽을 뜨게 되었다.

지하 1층, 지상 5층, 총 연건평 400여 평의 붉은 벽돌로 성전 건물을 설계하고 오전 11시에 성전 건축 기공예배 및 기공식이 있었다. 1996년

1월 29일에 새 성전으로 이사를 시작하였고, 2월 26일 성전 입당 감사예배를 드렸다.

오늘이 있기까지 하나님의 은혜와 담임목사를 중심으로 전 성도들의 헌신과 봉사로 교단의 대교회로 성장하고 세계선교의 꿈을 가지고 지역복음화의 선두주자로 우뚝 서게 되었다.

개척 10주년에 성전 건축 착공(1995. 2. 25)후 11주년에 입당(1996. 2. 30)했다. 어려운 생활 속에서 간절한 소원이었던 하나님의 성전을 "주여! 믿습니다!"하며 빈손으로 눈물과 기도를 바치며 마리아의 옥합처럼 마음을 깨뜨려 헌신하고 수고한 정성어린 믿음의 손길들이 오늘의 성장과 부흥을 이루게 되었다.

이 모든 것이 하나님 아버지의 은혜요, 서울중앙성결교회의 자랑거리인 "큰 아들과 큰 딸들 같은 성숙하고 믿음직스러운 잊지 못할 성도들의 헌신과 믿음과 사랑과 수고"라고 하지 않을 수 없다.

서울중앙성결교회는 교회적 사역에서 교단적 사역으로, 한국 교계적 사역으로, 더 나아가서 세계적 사역으로 벽을 뛰어넘어 일을 해야 할 때라고 생각한다. 믿음과 정직과 성실, 사랑과 협력과 검소함으로 협력해서 교회가 일치단결하여 마치 촛불 하나가 온 주변을 밝히듯이 서울중앙성결교회가 촛불처럼 지역사회를 밝히면서 빛의 역할을 감당해야 할 사명이 있음을 자각한다. 장년부 등록 1,500여 명과 교육기관이 힘을 합쳐 더욱 정진하여 담임목사를 중심으로 전 성도가 아론과 훌이 되어 진보를 나타내야 할 것이다.

3) 교회성장의 주요 원인

성장은 생명에 의존한다. 생명 없이 성장이 있을 수 없고 성장이 없는 생명이라면 그 자체는 이미 죽은 것이다. 병든 나무는 성장이 없다. 건강한 나무라야 성장한다. 다시 말해서 건강한 교회, 생명 있는 교회는 성장하게 마련이다. 교회성장을 원치 않는 목회자는 한 사람도 없을 것이다. 서울중앙성결교회는 역사도 짧다. 또한 독특하게 개발된 목회 프로그램도 없을 뿐 아니라 한국에 대형교회도 많이 있지만 이제 중형교회에서 대형교회로 발돋움하는 상태에서 교회성장에 관해 나눌만한 것이 얼마나 되겠는가? 하지만 여기까지 성장한 서울중앙성결교회의 성장 원인을 간접적 요인과 직접적 요인으로 나누어 분석하면서 구체적인 내용을 간략히 소개하고자 한다.

(1) 간접적인 성장요건

① 담임목사의 대내외적인 부흥강사로서의 활동 영향 때문이다.

담임목사는 전도사 시절부터 전국적으로 또한 목사 안수를 받은 이 후부터는 세계적으로 복음을 들고 다니며 부흥사로서 활동하고 있다. 서울중앙성결교회의 성장에 있어서 담임목사의 부흥강사로서의 역할과 활동 영향을 부인할 수 없다. 예를 들면 부흥회를 참석한 성도 중에서 은혜를 받은 사람들이 부득불 이사를 해서 교회를 정하려 할 때 정착하게 되는 계기가 있는가 하면 또한 이사는 오지 않았어도 친인척이나 연관되어 아는 사람들에게 교회와 담임목사를 소개받고 연결되어서 교회를 찾아오는 경우를 들 수 있다.

② 부교역자들과 성도들의 절대 순종과 협력 때문이다.

사도바울은 자신의 역할을 통한 영향력도 지대하였지만 바울의 훌륭한 동역자들 즉, 디모데, 누가, 브리스가와 아굴라, 뵈뵈, 루디아, 에바브로디도, 빌레몬, 오네시모 등과 같은 협력자들이 있었기에 더욱 힘있게 사역할 수 있었다. 서울중앙성결교회 또한 담임목사 혼자 힘으로 모든 사역을 감당할 수 없었다. 생각해 보면 좋은 동역자를 많이 만난 것이 큰 힘이 된 것이다. 부교역자들과 전 성도들이 담임목사의 목회 계획에 대해 전폭적으로 믿고, 절대 순종으로 협력하여 사역을 하였기 때문이다. 교회에서 행사를 계획하면 담임목사를 중심으로 협력하여 사역한다.

③ 특별행사와 세미나 때문이다.

서울중앙성결교회는 부흥회를 연 3-4회, 간증집회를 5-6회, 세미나를 2-3회 정도 기관별로 주최하여 해마다 시행하고 있다. 그러므로 다른 사람들로부터 일하는 교회, 부지런한 교회, 사역과 섬김을 통해 유익을 주려는 교회라는 말을 듣곤 한다. 교회의 각종 특별행사와 세미나를 계획하고 시행함으로 전도의 열매가 풍성한 경우가 있다. 다양한 행사를 통해 지역과 이웃의 참여를 유도하고 있기 때문이다.

④ 지역사회 봉사를 통한 효과 때문이다.

서울중앙성결교회는 동사무소의 추천을 받아 소년 소녀 가장에게 도움을 주고 있으며 지역사회 발전을 위해 구제와 장학사업을 연 2회씩 해왔고, 지역주민을 초청하여 사랑의 효도 경로잔치 등을 통한 홍보와 복음 전도의 사역을 해왔다.

(2) 직접적인 성장요인

교회성장학 교수 피터 와그너(Peter Wagner)는 교회의 성장에 대해 말하기를 교회의 성장 90%는 목회자의 역할에 달려 있다고 한다. 그는 한국의 대형교회들에 있어서 주목할 만한 공통적인 경향이 목회자들의 역할에 있다는 것을 강조하였다. 피터 와그너의 주장처럼 서울중앙성결교회 역시 담임목사의 영향이 절대적이었다. 그러면 좀 더 구체적으로 직접적인 성장요인은 무엇인가?

① 담임목사의 일사각오의 헌신목회에 성장의 비결이 있다.

서울중앙성결교회의 영구 표어는 "여호와의 열심이 이 일을 이루리라"이다. 담임목사는 태양이 떠오르면 더 이상 잠을 청할 수 없다. 무엇보다도 성실과 열심으로 목회해야겠다는 일념으로 최선을 다한다. 모든 목회자는 양을 사랑한다. 하지만 서울중앙성결교회 담임목사의 양에 대한 사랑은 참으로 지극하고 대단하다. 담임목사가 목회사역에 온 정열을 다 쏟으며 한 영혼이라도 더 찾아 구원을 얻게 하기 위해 부르짖어 외치다 보니 성대수술을 3번씩이나 하게 되었으며, 폐가 동전크기만큼 구멍이 뚫려서 더 이상 목회할 수 없다는 진단과 함께 성대수술을 받으면서 성대를 조금이라도 유지하고 싶거든 목회를 버리고 직업을 전환하라고 하는 강남성모병원의 담당의사의 권유도 있었지만 한라산 백록담에 가서 죽으면 죽으리라 기도하다 모두 고침을 받고 더 강력한 성대와 건강으로 영혼 사랑과 구원에 더욱 열정을 쏟고 있다.

부교역자들과의 회의 때마다 강조하는 사항 하나가 있다. 그것은 바로 미친 사람이 교회에 오면 내쫓지 말고 사랑으로 대하며 기도해서 어떻게 해서라도 예수사람 만들라고 하는 말씀이다. 또한 사탄은 24시간 삼킬 자를 찾으러 쉬지 않고 활동하고 있는데 목회하며 최전선 방어에 부름받은 사명자들이 나태하며 쉬면 되겠느냐면서 영혼사랑과 사명감 고취를 거듭 강조한다.

담임목사는 자신의 건강은 돌보지 않고 오직 목양일념에만 빠져 있다. 서울중앙성결교회의 성장을 한 마디로 결론지으면 바로 담임목사의 헌신의 결과이다. 그 동안 흘린 수고의 땀과 눈물의 기도와 피를 바친 대가이다.

선한 목자는 양을 위해 생명을 바친다고 하지 않았는가? 사도바울도 사명을 위해서라면 생명을 조금도 귀한 것으로 여기지 않는다고 했다(행 20:24). 서울중앙성결교회는 담임목사의 밀알정신과 삶의 열매(요 12:2

4)라고 할 수 있다.

② 담임목사의 성령 중심의 은사목회에 성장의 비결이 있다.

성장하는 교회의 특징을 공통적으로 살펴보면, 이른바 민주화된 교회는 거의 없다. 목사가 카리스마적이든 아니면 독재를 하든 온 교회가 하나가 된 교회이다. 서울중앙성결교회의 담임목사는 카리스마적인 권위를 가지고 있으며 열심과 사랑을 통해 성도들을 사로잡는다. 그로 인해 온 교회 성도가 성령으로 하나가 되었다는 데 성장의 요인을 찾을 수 있다. 서울중앙성결교회는 성령의 불세례 체험을 강조하며 성결한 생활을 강조하고 있다.

③ 기도 중심의 목회가 성장의 비결이다.

초대교회는 기도하는 일에 전심전력을 다했다. 즉, 기도하는 일에 열심을 다했다. 서울중앙성결교회는 한 마디로 기도에 열심인 교회이다. 교회나 기관 및 부서의 활동을 살펴보면 즉시 알 수 있다. 기관 및 부서의 매달 1회 이상 철야기도회, 목요일 교구별 산상기도회, 기관별 산상기도회, 다니엘 21일 특별새벽기도회 2회, 엘리야 40일 특별새벽기도회, 고난주간 금식기도회 등 다양하다. 특히 매주 금요철야기도회는 유명하여 전국에서 은혜를 받기 위해 몰려온다.

서울중앙성결교회의 부흥의 요인 중 또 하나는 금요철야기도회다. 금요철야기도회는 1부 마라나타 찬양선교단 인도로 드리는 경배와 찬양, 2부 커피타임을 통한 친교(교제), 3부 뜨거운 찬양과 말씀 충만 그리고 통성기도와 안수기도회 등으로 진행된다. 금요철야기도회는 말씀과 성령의 은사가 나타나며 귀신에게서 자유와 해방을 누리는 체험적인 기도회이다. 서울중앙성결교회의 금요철야기도회는 교회성장의 밑거름이요 초석이며 주축이라고 말할 수 있다. 서울중앙성결교회의 금요철야기도회 여파로 주변의 많은 교회들도 깨어 기도하는 열기가 일어났다.

또 한 가지 소개한다면 평일 저녁에 철야기도회는 성도가 적게는 10여 명이, 많게는 30여 명이 매일 교회의 부흥과 담임목사의 영력 목회를 위해서 간절히 기도하고 있다는 것이다. 기도의 불씨는 서울중앙성결교회의 부흥의 역사를 중단시킬 수 없다는 교훈을 깨닫게 되었다. 서울중앙성결교회는 기도로 하루를 열고 기도로 하루를 닫는 기도의 열심꾼들로 구성되어 있다.

④ 무엇보다도 소문난 교회가 되었기 때문일 것이다.

서울중앙성결교회는 초창기부터 "우는 교회, 통곡하는 교회, 부르짖는 교회, 기적이 일어나는 교회이다. 그곳에서 문제가 해결된다. 그리고 담임목사의 영권이 강하다. 또한 말씀이 너무 은혜스럽다"는 등의 여러 가지 교회 소문이 입에서 입으로 전해지기 시작했다. 그래서 많은 주민들로부터 병들었으면, 실패했으면, 문제가 있으면 그 교회에 일단 한번 가보면 믿음의 역사가 나타난다는 소문이 급속도로 퍼지면서 수많은 사람들이 몰려왔다. 현재도 서울중앙성결교회는 지역 주민들로부터 칭송 듣는 교회가 되고자 프로그램을 개발하며 계속 연구하며 기도중이다. 민족복음화와 세계선교에 앞장서려고 부단히 노력 중이다.

서울중앙성결교회 성도들은 가는 곳마다 교회 자랑, 담임목사 자랑, 축복받고 해결받는 성도들의 간증들을 자랑하며 열심을 잃은 영혼들에게 복음을 전한다.

VIII. 기도의 내용

● 기도의 내용은 하나님을 찬양, 나의 죄를 자백, 하나님께 받은 바 은혜에 대한 감사, 나의 모든 간구 그리고 남을 위한 도고의 기도로 그 내용이 이루어질 수 있다.

● "그러므로 내가 첫째로 권하노니 모든 사람을 위하여 간구와 기도와 도고와 감사를 하되 임금들과 높은 지위에 있는 모든 사람을 위하여 하라. 이는 우리가 모든 경건과 단정한 중에 고요하고 평안한 생활을 하려 함이니라. 이것이 우리 구주 하나님 앞에 선하고 받으실 만한 것이니 하나님은 모든 사람이 구원을 받으며 진리를 아는 데 이르기를 원하시느니라"(딤전 2:1-4).

1. 찬양(Adoration)

● 찬양은 하나님의 선하심과 축복에 대한 감사와 예배의 표현이다. 창조주 하나님께서 베풀어 주신 여러 가지 은택에 대하여 피조물이 충심으로 "감사합니다"라고 말하는 것이다.

● 우리는 하나님의 은혜로 그리스도로 말미암아 값없이 구원받은 것이 감사해서 또한 우리를 하나님의 자녀(요 1:12)로 삼으시고 성령님을 통하여 항상 지켜 주시고 사랑해 주시며 생명의 길로 인도해 주심을 인하여 여호와의 이름을 계속해서 찬양해야 한다.

(1) 구약의 찬양

모세의 찬양(출 15:1-18)

미리암의 찬양(출 15:21)

여선지 드보라의 찬양(삿 5:1-31)

다윗의 찬양(시 1:1, 2:4, 8, 12, 13, 15, 16, 19, 23, 24, 27, 29, 32, 40, 42, 46, 51, 57, 65, 84, 91, 103, 104, 113, 118, 119, 139, 146, 147, 149)

(2) 신약의 찬양

제자들의 찬양

* 마 26:30-35

* "이에 저희가 체념하고 감람산으로 나가니라"(막 14:26).

미리아의 찬양

* "여섯째 달에 천사 가브리엘이 하나님의 보내심을 받들어 갈릴리 나사렛이란 동네에 가서"(눅 1:26).

바울과 실라의 찬미

* 행 16:19-34

일반적 찬미

* "그러면 어떻게 할꼬, 내가 영으로 기도하고 또 마음으로 기도하며 내가 영으로 찬미하고 또 마음으로 찬미하리라"(고전 14:15).

* "그 기쁘신 뜻대로 우리를 예정하사 예수 그리스도로 말미암아 자기의 아들들이 되게 하셨으니 이는 그의 사랑하시는 자 안에서 우리에게 거저 주시는 바 그의 은혜의 영광을 찬미하게 하려는 것이라"(엡 1:5-6).

- "시와 찬미와 신령한 노래들로 서로 화답하며 너희의 마음으로 주께 노래하며 찬송하며"(엡 5:19).

- "이러므로 우리가 예수로 말미암아 항상 찬미의 제사를 하나님께 드리자. 이는 그 이름을 증거하는 입술의 열매니라"(히 13:15).

- "너희 중에 고난당하는 자가 있느냐 저는 기도할 것이요. 즐거워하는 자가 있느냐 저는 증거하는 입술의 열매니라"(약 5:13).

- "보좌에서 음성이 나서 가로되 하나님의 종들 곧 그를 경외하는 너희들아 무론대소하고 다 우리 하나님께 찬송하라 하더라"(계 19:5).

1) 하나님을 향한 진정한 찬양은 완전한 최선을 요구한다.

(1) 할렐루(Hallelu)

찬양하는 일에 가장 빈번히 사용된 히브리어이다. 영어로는 Hallelujah로 번역되었다. 이 단어에는 "자기의 모든 것을 다하고 전심전력으로 찬양하라"는 의미가 있다.

- 시 111:1-10

(2) 바라카(Baracha)

찬양을 나타내는 또 하나의 중요한 히브리어로 "축복하다 또는 경배하다"의 뜻이 있다. 히브리인들은 모든 것은 하나님께 속해 있다고 하는 히브리인들의 사상에 따라 "생명을 주신 창조주에게 찬양과 경배와 감사를 드리지 않는 것은 하나님의 것을 약탈하는 것"이라고 믿는다. 따라서 저들은 완전한 최선으로 찬양을 드려야 한다고 생각하고 있다.

- "욥이 일어나 겉옷을 찢고 머리털을 밀고 땅에 엎드려 경배하며 가로되 내가 모태에서 적신이 나왔은즉 또한 적신이 그리로 돌아가올지라. 주신

자도 여호와시요 취하신 자도 여호와시오니 여호와의 이름이 찬송을 받으실 찌니이다 하고 이 모든 일에 욥이 범죄하지 아니하고 하나님을 향하여 어리석게 원망하지 아니하니라"(욥 1:20-22).

2) 찬양은 고난을 당할 때 큰 도움을 준다.

힘노스(Hymnos)

신약성경 가운데 찬양을 나타내는 헬라어 중의 하나로 "하나님을 찬양하는 노래를 부른다"라는 의미를 갖고 있다(행 16:25).

3) 찬양이 삶의 양식(Life-style)이 되게 하라.

찬송은 우리의 삶의 한 부분이 되어야 한다.

- "여호와를 경외함이 곧 지혜의 근본이라. 그 계명을 지키는 자는 다 좋은 지각이 있나니 여호와를 찬송함이 영원히 있으리로다"(시 111:10).
- "해 돋는 데서부터 해 지는 데까지 여호와의 이름이 찬양을 받으시리로다"(시 113:3).
- "할렐루야 내 영혼아 여호와를 찬양하라 나의 생전에 여호와를 찬양하며 나의 평생에 내 하나님을 찬송하리로다"(시 146:1-2).

4) 힘을 다하여 주님을 찬양하라.

성경은 소리 지르고 춤을 추며 모든 악기로 하나님을 찬송할 것을 적극적으로 말하고 있다. 성경의 찬송은 온 영혼과 몸으로 하나님께 경배하며 찬양하고 있다. 성경에 찬송하라, 찬양하라는 단어가 무려 301회나 나오고 있다. "감사함으로 여호와를 찬양하라", "자백함으로 여호와를 찬양하라", "축복함으로 여호와를 찬양하라", "나누어줌으로 여호와를 찬양하라", "손을 뻗쳐 여호와를 찬양하라", "여호와를 송축하라"

- "시와 찬미와 신령한 노래들로 서로 화답하며 너희의 마음으로 주께 노래하며 찬송하며"(엡 5:19).

- "이 백성은 내가 나를 위하여 지었나니 나의 찬송을 부르게 하려 함이니라"(사 43:21).

- "이러므로 우리가 예수로 말미암아 항상 찬미의 제사를 하나님께 드리자 이는 그 이름을 증거하는 입술의 열매니라"(히 13:15).

- "이는 만물이 주에게서 나오고 주로 말미암고 주에게로 돌아감이라 영광이 그에게 세세에 있으리로다"(롬 11:36).

- 여호와의 선하심에 대한 찬송시(시 135:1-4).

- 다윗이 하나님의 궤 앞에서 힘을 다해 춤을 춤(삼하 6:12-23).

- 느브갓네살 왕이 7년 징벌이 지난 후 하늘을 우러러 보며 하나님을 찬양(단 4:34-35).

- 모든 영광의 면류관을 하나님께 바치는 24장로들의 찬양(계 4:8-11).

2. 자백(Confession)

우리는 예수 그리스도의 은혜로 말미암아 믿음으로 구원을 받아(롬 10:9-13) 하나님의 자녀가 되었으므로 이미 회개한 과거의 죄를 되풀이해서 회개할 필요는 없지만 아버지 되신 하나님을 섭섭하게 하였거나, 노엽게 한 죄가 있을 때는 즉시 그 죄들을 하나님께 그리스도의 이름으로 회개하고 용서함을 받아야 한다.

자백(Confession)이란 단어에는 두 가지의 의미가 있다. 하나는 고백(Profession)이고 또 다른 하나는 죄를 인정(Admission)하고 용서를 구하는 것이다. 따라서 자백이라 함은 고백과 인정이 동시에 수반되는 것이다.

- "만일 우리가 우리 죄를 자백하면 저는 미쁘시고 의로우사 우리 죄를 사하시며 모든 불의에서 우리를 깨끗케 하실 것이요"(요일 1:9).

1) 자백은 시인으로부터 시작된다.

진정한 자백의 출발점은 예수님이 하나님이라는 사실을 시인하는 데 있다. 고백은 당신의 의지를 하나님의 뜻에 복종시키며 하나님께서 당신의 삶과 운명을 책임지시고 통제하시도록 허락하는 것을 의미한다.

2) 자백은 "내가 범죄하였다는 것"을 시인하는 것이다.

먼저 하나님께 용서를 구하고 자백하는 일이며 그 다음 나의 죄와 관련된 사람과의 관계 개선을 위해 기도하는 일이다.

3) 하나님은 용서하시고 잊어버리신다.

우리가 죄를 정직하게 자백했을 때 하나님께서는 용서하신다. 요한일서 1장 9절 말씀에 나오는 "우리 죄를 사하시며"하는 말은 헬라어 "아피에미"이다.

-예수님께서 가버나움 마을에 가셨을 때에 베드로의 장모가 열병으로 고생하는 것을 보시고 손을 대시니 곧 그 열병이 "떠났다"(마 8:15)라는 단어에 이 "아피에미"라는 단어를 썼다.

-마태복음 4장 20절에는 제자들이 그물을 "버려두고 예수를 좇았고"

라고 기록되었는데 이 "버려두고"라는 말에 이 "아피에미"라는 단어를 썼다.

이와 같이 죄를 용서받았다는 것은 죄가 우리로부터 완전히 "떠났다" 또는 "가버렸다"는 의미가 있는 것이다. 우리는 과거의 죄의식이나 정죄 속에 빠져 있을 필요가 없는 것이다.

- "그러므로 이제 나 만군의 여호와가 말하노니, 너희는 자기의 소위를 살펴 볼지니라"(학 1:5).
- "내가 이르기를 내 허물을 여호와께 자복하리라 하고 주께 내 죄를 아뢰고 내 죄악을 숨기지 아니하였더니 곧 주께서 내 죄의 악을 사하셨나이다(셀 라)"(시 32:5).
- "우리가 우리에게 죄 지은 자를 사하여 준 것 같이 우리 죄를 사하여 주옵시 고"(마 6:12)
- 다윗이 밧세바에게 지은 죄를 통회함(시 51:1-12).
- 탕자의 회개(눅 15:21).

3. 감사(Thanksgiving)

- 우리는 기쁜 마음으로 모든 일에 항상 감사해야 한다(갈 5:12-18, 골 2:7, 살전 1:2, 살후 1:3, 시 34:1, 63:7).
- 감사에는 세 가지 초점이 있다.

1) 자기 자신의 모든 삶의 여건 속에서 감사를 드린다(Ingoing Pow er).

- "아무 것도 염려하지 말고 오직 모든 일에 기도와 간구로 너희 구할 것을 감사함으로 하나님께 아뢰라 그리하면 모든 지각에 뛰어난 하나님의 평강 이 그리스도 예수 안에서 너희 마음과 생각을 지키시리라"(빌 4:6-7).
- "항상 기뻐하라 쉬지 말고 기도하라 범사에 감사하라 이는 그리스도 예수 안에서 너희를 향하신 하나님의 뜻이니라"(살전 5:16-18).
- 감사는 능력이다.
  아무 것도 염려하지 말고 모든 일에 감사하면 모든 지각에 뛰어나 신 하나님께서 우리의 마음과 생각을 지켜 주신다.
- 감사할 때 성령의 도우심을 받게 된다.

어떠한 경우에도 우리의 힘만으로 감사한다는 것은 불가능하다. 따라서 내가 감사할 수 없는 상황에서도 주님의 명령이므로 믿음으로 감사하고자 할 때 성령의 충만과 주님의 도우심으로 모든 상황에서 감사할 수 있는 것이다.

(2) 이웃에 대한 하나님의 은혜에 대하여 감사를 드린다(Outgoing Power).

- "내가 그리스도로 말미암아 너희 모든 사람을 인하여 내 하나님께 감사함 은 너희 믿음이 온 세상에 전파됨이로다. 내가 그의 아들의 복음 안에서 내 심령으로 섬기는 하나님이 나의 증인이 되시거니와 항상 내 기도에 쉬지 않고 너희를 말하며"(롬 1:8-10).
- 하나님께서 다른 사람에게 베풀어 주신 은혜에 대하여 진심으로 감사할 수 있어야 한다.

기도의 사람들은 다른 사람을 위해서 기도하고 다른 사람들이 받은바 은혜에 대하여 감사할 수 있어야 한다.

3) 하나님께 대하여 그리고 하나님께서 하신 모든 역사에 대하여 감사를 드린다(Upgoing Power).

- 하나님이 당신에게 원하시는 것은 진정한 감사다.

- "감사로 하나님께 제사를 드리며 지극히 높으신 자에게 네 서원을 갚으며 환난 날에 나를 부르라 내가 너를 건지리니 네가 나를 영화롭게 하리로다"(시 40:14-15).

- "내 영혼아 여호와를 송축하라 내 속에 있는 것들아 다 그 성호를 송축하라 내 영혼아 여호와를 송축하며 그 모든 은택을 잊지 말찌어다. 저가 네 모든 죄악을 사하시며 네 모든 병을 고치시며 네 생명을 파멸에서 구속하시고 인자와 긍휼로 관을 씌우시며 좋은 것으로 네 소원을 만족케 하사 네 청춘으로 독수리 같이 새롭게 하시는도다"(시 103:1-5).

(1) 우리는 묵상하는 가운데 하나님을 찬송하고 감사할 수 있다.

- "주의 모든 일을 묵상하며 주의 행사를 깊이 생각하리이다"(시 77:12).

- "내가 노래로 하나님의 이름을 찬송하며 감사함으로 하나님을 광대하시다 하리니"(시 69:30).

(2) 우리는 하나님께 드리는 찬양을 통해서 감사할 수 있다.

- "우리가 감사함으로 그 앞에 나아가며 시로 그를 향하여 즐거이 부르자. 대저 여호와는 크신 하나님이시요 모든 신 위에 크신 왕이시로다 땅의 깊은 곳이 그 위에 있으며 산들의 높은 것도 그의 것이로다. 바다가 그의 것이라. 그가 만드셨고 육지도 그의 손이 지으셨도다. 오라 우리가 굽혀 경배하며 우리를 지으신 여호와 앞에 무릎을 꿇자 대저 저는 우리 하나님이시요 우리는 그의 기르시는 백성이며 그 손의 양이라 너희가 오늘날

그 음성 듣기를 원하노라"(시 95:2-7).

(3) 우리의 소유와 우리 자신을 하나님께 기쁘게 드림으로 감사할 수 있다.

- "만군의 여호와가 이르노니 너희의 온전한 십일조를 창고에 들여 나의 집에 있게 하고 그것으로 나를 시험하여 내 하늘 문을 열고 너희에게 복을 쌓을 곳이 없도록 붓지 아니하나 보라"(말 3:10).

- "하나님의 모든 자비하심으로 너희를 권하노니 너희 몸을 하나님이 기뻐하시는 거룩한 산 제사로 드리라 이는 너희의 드릴 영적 예배니라"(롬 12:1).

감사는 단순히 헌금이나 봉사나 열심 정도만이 아니고 감사는 삶이며 생활이다. 진정한 감사는 하나님 앞에서 성숙한 믿음에 따른 구체적인 행동이며 인격이다. 따라서 감사는 우리의 삶 전체에 걸쳐 표현되고 있는 믿음의 생활인 것이다.

- 여호와께 감사하라(시 11:71).

- 범사에 감사하라(엡 5:20-21).

- 문둥병자 한 사람의 감사를 칭찬하심(눅 17:11-19).

- 물고기 뱃속에서의 요나의 감사기도(욘 2:8-9).

- 다윗이 하나님께서 주신 축복에 대한 감사기도(삼하 7:18).

- 손양원 목사의 감사 -

"내가 모태에서 적신이 나왔사온 즉 또한 적신이 그리로 돌아가올지라. 주신 자도 여호와시요 취하신 자도 여호와시오니 여호와의 이름이 찬송을 받으실지니이다"(욥 1:21).

여수 순천 반란 사건이 일어나서 손양원 목사님의 아들 형제가 공산당원에게 학살을 당했다. 그래서 두 아들의 장례식을 하게 되었다. 물론 여러 사람들이 목사님을 위로하기 위해서 정성을 다했다. 그러나 그때 손 목사님은 장례식에 나와서 여덟 가지로 감사를 했다. 한 집안에서 순교자 하나만 나도 감사한 일인데 우리 집안에 둘이 생겼으니 얼마나 감사한가. 구약에 보면 맏아들과 둘째 아들을 하나님께 온전히 드렸고 순교자의 피는 교회의 종자라고 했는데 이 어린 것들의 피가 앞으로 교회의 종자가 되게 되었으니 얼마나 감사한가 등의 진정한 감사를 드렸다. 감사는 믿음의 척도이다.

4. 간구(Supplication)

- "너희가 욕심을 내어도 얻지 못하고 살인하며 시기하여도 능히 취하지 못하나니 너희가 다투고 싸우는도다 너희가 얻지 못함은 구하지 아니함이요"(약 4:2).

- "구하라 그러면 너희에게 주실 것이요 찾으라 그러면 찾을 것이요 문을 두드리라 그러면 너희에게 열릴 것이니 구하는 이마다 얻을 것이요 찾는 이가 찾을 것이요 두드리는 이에게 열릴 것이니라. 너희 중에 누가 아들이 떡을 달라하면 돌을 주며 생선을 달라하면 뱀을 줄 사람이 있겠느냐. 너희가 악한 자라도 좋은 것으로 자식에게 줄줄 알거든 하물며 하늘에 계신 너희 아버지께서 구하는 자에게 좋은 것으로 주시지 않겠느냐. 그러므로 무엇이든지 남에게 대접을 받고자 하는 대로 너희도 남을 대접하라. 이것이 율법이요 선지자니라"(마 7:7-12).

- 사무엘상 1장 10-20절.

- 믿음으로 사는 어린 아이가 부모를 조금도 두려워하지 않고 사랑하는 부모님이 나의 모든 필요한 것을 채워 주실 줄 믿고 사랑스럽게 달라고 보채듯이 우리의 필요한 것을 사랑하는 하나님 아버지께 모든 것을 순수한 마음으로 간구해야 한다.

- 간구는 우리 자신이 어떤 특별한 간청과 관심을 주님께 기도하는 것이다.

1) 원하는 것을 솔직하게 구하라

하나님께서는 우리가 원하는 것을 들어 주시기를 오히려 원하고 계신다.

- 우리는 자신에게 관심을 갖고 있을 것이다. 하나님께서도 우리에게 관심을 갖고 있다.

- 우리는 각자 자신을 사랑하고 있을 것이다. 하나님께서도 우리를 사랑하고 계신다.

- 하나님을 믿는 자라면 하나님 없이는 못살 것이다. 하나님도 우리 없이는 못 사신다.

- 우리가 하나님을 더 사랑한다고 생각하는가? 하나님이 우리를 더 사랑한다고 생각하는가?

- 우리는 하루에도 수없이 하나님을 배반하지만 하나님께서는 한 번도 우리를 배반하지 않으셨고 오히려 죄인 되었을 때 우리를 위해 독생자 예수 그리스도를 십자가에 죽게 하심으로 나를 향한 하나님의 사랑을 확증하셨다.

- "우리가 아직 죄인 되었을 때에 그리스도께서 우리를 위하여 죽으심으로 하나님께서 우리에게 대한 자기의 사랑을 확증하셨느니라"(롬 5:8).

- 그런데 하나님께서 우리의 원하는 바를 들어 주시지 않을 이유가 있을까? 가장 귀중한 독생자를 내어 주셔서 아낌없이 나를 위해 십자가에서 죽게 하셨는데 우리의 간구를 왜 안 들어 주시겠는가?

2) 성급한 태도를 버려라

- 참고 기다리는 기도와 조급하고 자기중심적인 기도 사이에는 엄청 난 차이가 있다.

- 하나님은 자기 자신보다 우리를 더욱 사랑하고 계시기 때문에 꼭 필요한 하나님의 때에 응답해 주시기를 기뻐하신다. 때로는 느린 것 같고 때로는 응답이 없으므로 불안하고 초조하지만 하나님께서 는 가장 좋은 때에 가장 좋은 방법으로 응답해 주시기를 원하신다.

- 하나님의 맷돌(Millstone)은 더딘 것 같으나 가장 곱게 갈아지고 있다.

3) 100% 주님의 뜻과 0% 나의 뜻

- 우리는 항상 하나님의 뜻과 그분의 영광만을 위해서 간구해야 하는 가?

- 내가 원하는 것은 어떤 것이라도 구해서는 안 되는 것일까?

- 나의 뜻과 의지는 전혀 무시되어야 하는가?

- 사실 하나님의 영광과 뜻만을 100% 구한다는 것은 지루하고 강제 적인 일처럼 느껴질 수 있다. 그러나 바로 여기에 그리스도인의 삶

의 심오한 역설(Paradoxes)이 있다. 우리가 우리의 모든 권리를 포기하고 오직 그분의 뜻과 영광만을 절대적으로 구했을 때 그분은 우리의 뜻을 동시에 완전히 만족시켜 주신다.

- 우리가 우리 전부를 하나님께 드린다면 하나님께서는 전부를 다시 돌려줄 것이다. 또한 모든 것을 돌려줄 때에는 보다 향상되고 풍요한 삶으로 돌려줄 것이다.

- 모리아 산에서 하나님의 뜻에 절대 순종한 아브라함과 이삭(창 22:1-12).

- 겟세마네 동산에서 "아버지의 원대로 하옵소서" 하시는 예수님(마 26:36-46).

4) 주님의 뜻을 어떻게 알 수 있을까?

- 하나님은 성경을 통해서 자신의 뜻의 모든 부분을 말씀하신다.
- 하나님은 사람들을 통해서 그의 뜻을 깨닫게 하신다.
- 하나님은 성령의 "역사하심"과 "인도하심"을 통해서 그의 뜻을 나타내신다.

(1) 계속해서 하나님의 말씀을 경건하게 읽고 묵상할 때 하나님의 뜻을 깨달을 수 있다.

(2) 종종 하나님의 뜻은 다른 그리스도인들의 기도 응답이나 다른 사람들을 통해서 깨달을 수 있다.

(3) 하나님의 뜻은 때때로 "성령님의 인도하심"을 통해서 깨달을 수 있다. 그러나 "이것은 하나님의 뜻이다" 또는 "성령님의 인도하심

이다"라고 우리가 생각하는 것들 중에서 때때로 사탄으로부터 잘못 인도되는 경우도 있으므로 각별히 주의하여 모든 종류의 인도하심은 반드시 성경 말씀에 비추어 보아야 한다.

- "주라 그리하면 너희에게 줄 것이니 곧 후히 되어 누르고 흔들어 넘치도록 하여 너희에게 안겨 주리라. 너희의 헤아리는 그 헤아림으로 너희도 헤아림을 도로 받을 것이니라"(눅 6:38).
- 강청하는 기도와 기도에 대한 가르침(눅 11:5-13).
- "가라사대 아버지여 만일 아버지의 뜻이어든 이 잔을 내게서 옮기시옵소서. 그러나 내 원대로 마옵시고 아버지의 원대로 되기를 원하나이다"(눅 22:42).

– 나의 기도는 응답 되었네 –

나는 내가 성취할 수 있는 능력을 구했으나

주님은 내가 순종하도록 약함을 주셨네.

나는 내가 더 위대한 일을 할 수 있는 건강을 구했으나

주님은 내가 더 좋은 일을 할 수 있는 은혜를 주셨네.

나는 내가 행복해질 수 있는 부귀를 구했으나

주님은 내가 지혜로운 사람이 되도록 가난을 주셨네.

나는 내가 찬양의 사람이 되도록 능력을 구했으나

주님은 내가 하나님의 필요를 느끼도록 약함을 주셨네.

나는 내가 삶을 즐길 수 있는 모든 것을 구했으나

주님은 내가 모든 것을 즐길 수 있는 영생을 주셨네.

나는 내가 구하며 소망한 모든 것을 하나도 받지 못했지만

나의 기도는 응답되었네.

- "아무 것도 염려하지 말고 오직 모든 일에 기도와 간구로 너희 구할 것을 감사함으로 하나님께 아뢰라"(빌 4:6).

- "여호와께서 내게 말하는 천사에게 선한 말씀, 위로하는 말씀으로 대답하시더라"(슥 1:13).

- "너희 중에 누구든지 지혜가 부족하거든 모든 사람에게 후히 주시고 꾸짖지 아니하시는 하나님께 구하라 그리하면 주시리라"(약 1:5).

- "그는 육체에 계실 때에 자기를 죽음에서 능히 구원하실 이에게 심한 통곡과 눈물로 간구와 소원을 올렸고 그의 경외하심을 인하여 들으심을 얻었느니라"(히 5:7).

5. 도고(Intercession)

- 중보기도(도고)는 내가 나 이외의 남을 위해서 기도하는 것을 말한다.

- "이로써 우리도 듣던 날부터 너희를 위하여 기도하기를 그치지 아니하고 구하노니 너희로 하여금 모든 신령한 지혜와 총명에 하나님의 뜻을 아는 것으로 채우게 하시고"(골 1:9).

- "이것이 너희 간구와 예수 그리스도의 성령의 도우심으로 내 구원에 이르게 할 줄 아는고로"(빌 1:9).

- "이러므로 너희 죄를 서로 고하며 병 낫기를 위하여 서로 기도하라. 의인의 간구는 역사하는 힘이 많으니라"(약 5:16).

1) 중보기도는 어떤 일을 하는가?

중보기도는 어떤 사람의 삶 속에서 구체적으로 하나님의 역사가 일어나도록 간구하는 것으로 모든 신자들의 특권이다.

- 내가 할 수 없는 일을 하나님이 행하신다. 나는 기도(도고, 중보기도)하고 하나님은 일(역사)하시고 "나"는 응답받는다.

- 중보기도는 하나님으로 하여금 나 대신에 상대방을 위하여 일하시게 하는 기도이다.

- 개인적인 도고(약 5:13-14, 고후 1:11, 약 5:16-18, 몬 1:22, 렘 29:11-14, 행 12:5, 시 139편, 롬 15:30, 눅 11:9-13).

- 공적인 도고(에 4:16-17, 엡 1:1-2:22).

(2) 당신이 어떻게 기도해야 할지 모를 때 성령님의 중보기도에 맡겨라.

- 성령님의 중보기도 - "이와 같이 성령도 우리 연약함을 도우시나니 우리가 마땅히 빌 바를 알지 못하나 오직 성령이 말할 수 없는 탄식으로 우리를 위하여 친히 간구하시느니라. 마음을 감찰하시는 이가 성령의 생각을 아시나니 이는 성령이 하나님의 뜻대로 성도를 위하여 간구하심이니라"(롬 8:26-27).

- 예수님의 중보기도 - "내가 비옵는 것은 저희를 세상에서 데려가시기를 위함이 아니요 오직 악에 빠지지 않게 보전하시기를 위함이니이다"(요 17:15).

"내가 비옵는 것은 이 사람들만 위함이 아니요 또 저희 말을 인하여 나를 믿는 사람들도 위함이니 아버지께서 내 안에, 내가 아버지 안에 있는 것 같이 저희도 다 하나가 되어 우리 안에 있게 하사 세상으로 아버지께서 나를 보내신 것을 믿게 하옵소서"(요 17:20-21).

"너희 자녀들아 내가 이것을 너희에게 씀은 너희로 죄를 범치 않게 하려 함이라 만일 누가 죄를 범하면 아버지 앞에서 우리에게 대언자가 있으니 곧 의로우신 예수 그리스도시라"(요일 2:1).

- 상호간의 중보기도 - "너희를 인하여 감사하기를 마지아니하고 내가 기도할 때에 너희를 말하노라"(엡 1:16).
  "형제들아 우리를 위하여 기도하라"(살전 5:25).

3) 중보기도의 특별사역

- 아브라함의 중보기도 - 창 18:22-33
- 당신을 위해 간절히 기도해 주는 사람이 있는가?
- 당신의 이름을 불러가며 정말 성실히 기도해 주고 있는 사람이 있는가?
- 당신의 필요를 분명히 알고 기도하고 있는 사람이 있는가?
  그렇다면 분명히 앞으로 놀라운 응답의 역사가 있을 것이다.
- 하나님은 중보기도를 통하여 오늘도 치료하신다.

그러나 하나님은 우리의 모든 요구에 다 응답하시지는 않는다. 우리는 기도하고 응답은 하나님이 하신다. 우리는 병 낫기를 위해서 간절히 기도해야 한다. 그리고 모든 결과는 궁극적으로 하나님께 맡겨야 한다. 하나님께서 치료하셨을 때 감사해야 되겠지만 혹시 치료하시지 않을지라도 감사해야 한다. 우리는 하나님의 최선에 있지 우리의 최선에 있는 것은 아니다.

- 중보기도와 응답 - 하나님은 모든 명령을 수행하기 위해서 기다리고 서 있는 노예나 로봇이 아니며 수많은 사람들의 투표에 의해서 움직이는 분도 아니다. 하나님은 성경에 계시된 것처럼 그의 영원하신 뜻에 따라서 행동하신다. 우리는 몇 년 동안을 바라보고 우리의 삶을 설계하지만 하나님은 영원 전부터 후까지를 통찰하시면서 그의 뜻을 이루어 나가시고 계신다. 그러므로 우리는 '내 뜻대로 마옵시고 아버지의 뜻대로 하옵소서' 하고 항상 기도해야 한다. 하나님은 우리의 기도를 응답하시지만 그의 응답은 거룩하시고 온전하신 그분의 뜻에 따라 응답하신다.

- "모든 사람을 위하여 간구와 기도와 도고와 감사를 하되"(딤전 2:1).

- "나는 너희에게 이르노니 너희 원수를 사랑하며 너희를 핍박하는 자를 위하여 기도하라"(마 5:44).

- "모든 기도와 간구로 하되 무시로 성령 안에서 기도하고 이를 위하여 깨어 구하기를 항상 힘쓰며 여러 성도를 위하여 구하고"(엡 6:18)

- "그러므로 추수하는 주인에게 청하여 추수할 일군들을 보내어 주소서 하라 하시니라"(마 9:38).

- 아말렉과 싸움에서의 모세-아론과 훌의 중보기도(출 17:8-16).

- 소돔성을 위한 아브라함의 중보적 간구(창 18:20-33).

- 자신을 십자가에 못 박는 자들을 위한 기도(눅 23:34).

- 믿음이 부족한 데살로니가 성도들을 위한 바울의 기도(살전 3:10).

- 옥에 갇힌 베드로를 위한 예루살렘 교회의 기도(행 12:50).

6. 예수 그리스도의 이름으로 기도

- "지금까지는 너희가 내 이름으로 아무것도 구하지 아니하였으나 구하라 그리하면 너희 기쁨이 충만하리라"(요 16:24).

- "예수께서 가라사대 내가 곧 길이요 진리요 생명이니 나로 말미암지 않고는 아버지께로 올 자가 없느니라"(요 14:6).

- "범사에 우리 주 예수 그리스도의 이름으로 항상 아버지 하나님께 감사하며"(엡 5:20).

7. 아멘

1) "소망"의 표현이다.

"그렇게 되게 하옵소서."

- "교회 안에서와 그리스도 예수 안에서 영광이 대대로 영원무궁하길 원하노라. 아멘"(엡 3:21).

- "이것들을 증거하신 이가 가라사대 내가 진실로 속히 오리라 하시거늘 아멘 주 예수여 오시옵소서"(계 22:20).

2) "동의와 확신"의 표현이다.

"나도 그렇습니다." "믿습니다."

- "이 율법의 모든 말씀을 실행치 아니하는 자는 저주를 받을 것이라 할 것이

요 모든 백성은 아멘 할지니라"(신 27:26).

- "여호와를 영원히 찬송할지어다 아멘"(시 89:52).
- "하나님의 약속은 얼마든지 그리스도 안에서 예가 되니 그런즉 그로 말미암아 우리가 아멘하여 하나님께 영광을 돌리게 되느니라"(고후 1:20).
- "주 예수의 은혜가 모든 자들에게 있을찌어다 아멘"(계 22:21).

(3) "은혜에 대한 감사와 감격"의 표현이다.

- "택하심을 입은 네 자매의 자녀가 네게 문안하느니라"(요이 1:13).
- "이십 사 장로와 네 생물이 엎드려 보좌에 앉으신 하나님께 경배하여 가로되 아멘 할렐루야 하니"(계 19:4).

(4) "그리스도의 이름"이다

- "라오디게아 교회의 사자에게 편지하노니 아멘 이시요 충성된 증인이시요 하나님의 창조의 근본이신 이가 가라사대"(계 3:14).

- 다윗의기도 -

여호와여 내가 주를 불렀사오니 속히 내게 임하소서.

내가 주께 부르짖을 때에 내 음성에 귀를 기울이소서.

나의 기도가 주의 앞에 분향함과 같이 되며

나의 손드는 것이 저녁 제사 같이 되게 하소서.

여호와여 내 입 앞에 파수꾼을 세우시고

내 입술의 문을 지키소서.

내 마음이 악한 일에 기울어 죄악을 행하는 자와 함께

악을 행치 말게 하시며 저희 진수를 먹지 말게 하소서.

의인이 나를 칠지라도 은혜로 여기며 책망할지라도

머리의 기름같이 여겨서 내 머리가 이를 거절치 아니할찌라.

저희의 재난 중에라도 내가 항상 기도하리로다.

IX. 기도의 조건과 원칙

1. 기도를 방해하는 13가지 장애물

그리스도인의 삶에서 기도는 생명이다. 왜냐하면 기도는 곧 영혼의 호흡이기 때문이다. 그런데 문제는 그 기도를 하려는데 상당한 장애물이 가로막고 있다는 것이다. 그 장애물을 파악하여 잘 대처할 때 더 풍성한 그리스도인의 삶으로 나아갈 수 있다.

(1) 내 기도에 관심이 없다고 단정하는 것

기도를 못하게 하는 장애물 가운데 가장 핵심적인 첫 번째 장애물은 하나님이 나의 기도에 아무런 관심이 없다고 생각하는 것이다. 여기에 속한 사람들은 성경에서 기도로 응답받은 사람들을 특별한 존재로 인식하고 자신의 기도는 전혀 효과가 없는 것으로 포기하는 데 문제가 있다. 이러한 태도는 결국 기도에 대한 무관심한 태도를 낳게 한다. 이것은 하나님이 보실 때 심히 안타까운 일이다. 왜냐하면 하나님의 무수한 약속의 말씀을 그대로 신뢰하지 못하고 있기 때문이다.

하나님은 우리의 기도에 대해서 상당한 관심을 가지고 귀히 여기신다. 우리의 심중을 아시며 발걸음과 머리카락까지 다 헤아리시는 자상하신 분이다. 이제 다시 믿음을 가지고 기도의 제목들을 기록하여 계속 하나님께 나아가자. 사랑과 자비가 풍성하신 하나님께서 응답의 열매로 그 관심을 확증해 주실 날이 반드시 돌아올 것이다.

(2) 게으름

기도를 방해하는 두 번째 장애물이 있는데 그것은 바로 게으름이다. 게으름은 단순히 느린 행동을 의미하지 않는다. 기도를 좋은 것으로 생각하지만 기도하는 일이 무척 힘들어 피곤을 가져다준다는 것이다. 한 마디로 힘들고 귀찮은 것이다. 왜 이러한 현상이 일어나는가? 그것은 기도에 대한 책임을 이해하지 못했기 때문이다. 그리스도인의 기도는 선택이 아니다. 과연 기도가 하고 싶으면 하고, 하기 싫으면 하지 않아도 되는 것일까?

기도란 곧 하나님과의 관계를 의미하며, 하나님과의 대화를 의미하며 하나님과 동행하는 삶을 의미한다. 또한 기도란 하나님을 사랑한다는 표현이며 하나님을 믿고 의지한다는 고백이다.

이젠 기도에 대해 나태한 자리에서 속히 일어나라. 게으름을 계속 방치하는 것은 자신의 영혼을 죽이는 일이며 가족의 영적 성장을 방해하는 일이고, 나아가 예수 그리스도의 명령을 거역하는 일이 된다.

(3) 마음과 육체의 분주함

기도를 방해하는 세 번째 장애물은 마음의 분주함과 육체의 분주함이다. 마음이 분주하면 하나님과 대화할 수 있는 마음의 공간을 비워드릴 여유가 없기 때문이다. 육체가 분주하면 육체적인 일거리로 피곤에 지친 나머지 기도를 드릴 수 없게 된다. 이것이 현대인들의 공통된 문제이다. 누구든지 그 마음에 세상의 일과 세상의 사람, 그리고 세상의 재물 등으로 가득하면 기도의 시간을 잃어버리고 만다. 어쩌면 우리 자신이 그러한 분주함 때문에 잠시라도 주님의 발아래서 주의 말씀을 받을 수 있는 자세마저 상실한 것이 아닌가.

일과 돈이 중요하지만 우리에게는 더 소중한 것이 있다. 더 귀한 것을 위하여 덜 귀한 것을 적극적으로 양보하거나 희생할 수 있는 자세를 갖추는 일이 필요하다. 이제 내 영혼을 위해서 주님과 교제할 수 있는 고요한 시간과 작은 공간을 마련해 보자.

(4) 풍요롭고 안락한 생활

기도를 방해하는 네 번째 장애물은 풍요롭고 안락한 생활이다. 사람의 보편적인 심리는 어려움을 당할 때 하나님을 의지하고 기도하지만 건강하고 풍요로워지면 그때부터 기도의 내리막길로 달릴 가능성이 높아진다. 모든 사람이 다 그런 것은 아니지만 많은 사람들은 자신도 모르게 그렇게 되어가고 있다. 여기서 대처할 수 있는 방안이 한 가지 있다. 그것은 선교와 구제, 즉 하나님 나라와 그 의를 위해 기도하며 살아가는 것이다. 거기에 최상의 가치와 관심을 두고서 미래를 향한 분명한 계획을 세운다. 그 다음은 그 일을 위하여 매일 하나님의 말씀을 읽고 묵상하며 기도와 삶으로 실천해 나간다.

병들 때는 기도하기 쉬우나 건강할 때는 기도하기 어렵다. 가난할 때는 기도하기 쉬우나 부요할 때는 기도를 멀리하기 쉽다. 문제가 발생할 때는 기도하고 싶은 욕구가 일어나지만 문제가 없이 모든 일이 잘 되어갈 때는 기도에 무딘 사람으로 변하기 쉽다.

성경의 여러 곳에 경고의 메시지가 등장하고 있다. 과거에는 훌륭한 위인으로 환영받으며 살아온 사람일지라도 나중에는 안타깝게도 하나님을 등지는 인물이 있다. 자신의 위치가 올라가며 태평을 누릴 때는 쉽게 하나님을 멀리하고 나중에는 교만한 자리에 빠져 사울처럼 무서운 징계를 받기도 한다. 다윗이 궁궐에서 안락을 누릴 때 유혹을 받아 죄를 지었다. 솔로몬도 화려한 궁궐에서 이방 여인을 데리고 안락을 누리다가 이방 신을 섬기는 자리에 빠진 적이 있다. 이처럼 안락한 생활에 깊이 빠질 때 누구든 잘못된 길로 갈 수 있다. 자기 생활을 철저히 경계하며 깨어서 기도해야 한다.

(5) 세상적인 욕심

기도를 방해하는 다섯 번째 장애물은 세상적인 욕심이다. 사람의 마음 속에 한번 욕심이 들어와서 자리를 잡기 시작하면 기도생활을 멀리하게 되고 걷잡을 수 없는 욕심의 노예가 된다. 그러므로 그 욕심이 마음에 자리 잡지 못하도록 미리 말씀과 기도로 예방하는 일이 중요하다. 유혹이 올 때 과감하게 물리치라. 만일 그대로 방치했을 때는 그 욕심 앞에 무릎을 꿇게 될 뿐만 아니라 기도의 실패자가 되어버린다. 이런 불행한 결과를 맺지 않기 위하여 사전에 말씀과 기도로 무장한다.

이러한 삶의 자세와 기도는 이기적이지 않아 욕심에서 벗어날 수 있을 뿐만 아니라 하나님의 긍휼을 덧입을 수 있다.

올라갈 때 낮은 사람들을 생각하고 겸손히 기도해 주는 일, 부요할 때 가난한 이웃들을 생각하고 겸손히 기도해 주는 일, 몸이 건강할 때 병든 사람들을 생각하고 기도해 주는 일, 많이 배웠을 때 배우지 못한 사람들을 생각하고 기도해 주는 일, 자녀들이 형통할 때에 어려움을 당하는 이웃 가정의 자녀들을 생각하고 기도해 주는 일, 자유로울 때 자유를 누리지 못하는 사람들을 생각하고 기도해 주는 일, 나의 육체가 안전을 누리고 있을 때 불의의 사고로 고통을 당하는 사람들을 생각하고 위하여 기도해 주는 일, 내가 얻은 모든 것들이 다 하나님의 은총임을 기억하고 겸손히 기도하는 일 등은 대단히 중요하다. 이는 지속적으로 하나님 앞에서 겸손을 유지할 수 있는 비결이다. "만일 하늘에서 주신 바 아니면 사람이 아무것도 받을 수 없느니라"(요 3:27).

(6) 자신의 잘못된 감정들

기도를 방해하는 여섯 번째 장애물은 자신의 잘못된 감정들(분노, 미움, 시기, 원망, 짜증 등)인데 특히 혈기가 그러하다.

혈기가 자주 일어날수록 기도의 문은 그만큼 자주 막히게 된다. 특히 부부 사이에 더욱 그러하다. 베드로 사도가 이렇게 권유할 정도이다. "남편 된 자들아 이와 같이 지식을 따라 너희 아내와 동거하고 저는 더 연약한 그릇이요 또 생명의 은혜를 유업으로 함께 받을 자로 알아 귀히 여기라 이는 너희 기도가 막히지 아니하게 하려 함이라"(벧전 3:7). 그리스도인들이 가정과 교회, 그리고 직장에서 혈기를 조심하는 일은 상식 중의 상식이다.

자신의 감정을 다스리지 못하는 삶은 곧 육적인 삶이다. 그 육을 영으로 죽여야만 신앙생활에 승리할 수 있다. 승리의 비결은 바로 기도에 달려 있다. 육적인 혈기는 바로 이런 혈기이다. 곧 말씀 앞에 바람직하지 못한 혈기, 하나님께 영광이 되지 않는 혈기, 사람 앞에 덕이 될 수 없는 혈기, 형제관계 및 친구관계 등을 곤란하게 만드는 혈기이다. 그러한 혈기는 기도의 응답을 가로막는 중대한 장애물이다.

그러면 어떻게 혈기를 다스릴 수 있는가? 그것은 성령의 충만함을 받고 자신의 마음과 언어생활을 말씀으로 훈련시키는 일이 획기적인 도움을 줄 수 있다. 물론 단번의 기도로 완성된다는 의미는 아니다. 성령 안에서 꾸준히 기도하며 노력할 때 놀랍게도 절제의 열매를 얻을 수 있다. 결국 주님이 원하시는 아름다운 성품으로 점점 변화되어 간다.

(7) 대중매체와 오락

기도를 방해하는 일곱 번째 장애물은 대중매체이다. 특히 텔레비전이나 여러 오락이 그러하다. 인간의 생활에 정보를 주며 유익을 주기도 하지만 거기에 지나치게 신뢰하며 선호할 때 기도시간을 앗아가는 나쁜 요인으로 작용된다. 결국 영적으로 무기력해진다. 21세기를 내다보아야 할 우리이기에 여러 가지 새로운 정보 매체가 필요하겠지만 주의할 것은 영적인 생활에 손상을 주지 않는 범위 안에서 지혜롭게 분별해서 접근하며 또한 선하게 활용해야 한다는 점이다. 기도 시간을 따로 정해두면 대중매체의 방해를 어느 정도 줄일 수 있을 것이다.

(8) 잘못된 인간관계

기도를 방해하는 여덟 번째 장애물은 잘못된 인간관계이다. 특히 친구 관계, 직장동료, 사업상 만나는 사람, 만일 미혼의 사람이라면 내가 사귀는 이성 등 만나는 사람들과의 관계가 신앙적으로 올바르지 못할 때 기도의 장애물로 작용할 수 있다. 만일 실수로든 어떤 일로든 서로의 관계에 금이 가고 불화가 생겼을 경우 속히 화해를 하지 못하면 그 후유증 때문에 오랫동안 기도의 문이 열리지 않게 된다.

만일 내가 사귀는 사람이 하나님을 모르는 불신앙을 소유했거나 교회를 아주 싫어한다면 나의 영적 생활에 방해가 될 수 있다. 알게 모르게 그 사람의 어떤 특성들을 본받게 될 수도 있다. 이는 상대의 잘못된 모습을 바로 파악하기보다 오히려 그 삶의 모습을 흡수하려는 욕구가 인간 밑바탕에 자리 잡고 있기 때문이다. 이것이 곧 기도생활에 부정적인 영향을 미치게 된다.

반면에 주위에서 신앙의 동료를 얻게 되면 영적인 생활에 상당한 유익이 된다. 하지만 신앙의 친구가 부족하다고 낙심해서는 안 된다. 왜냐하면 우리에겐 참으로 소중한 분이 계시기 때문이다. 그분은 바로 하나님 보좌 우편에서 나를 위해 밤낮 기도해 주시는 분이다. 그 예수님을 가까이 하면 가까이 할수록 더욱 아름다운 관계가 형성될 뿐만 아니라 모든 일 가운데

도움을 얻을 수 있다. 특히 기도생활에 상당한 진전을 얻는다.

(9) 죄악의 요소

기도를 방해하는 아홉 번째 장애물은 "죄"라는 요소이다. 어떤 사람이 죄를 지었다고 가정하자. 그는 기본 양심상 하나님 앞에 나아갈 때 주저하거나 부끄러움을 느낄 것이다. 그 결과 점점 기도를 등한히 하게 되고 더 심하면 하나님과의 관계가 아주 멀어지는 경우도 있다.

이럴 때 우리는 어떻게 해야 하는가? 죄를 용서하시는 하나님의 사랑을 먼저 받아들이는 방법밖에 없다. 그리고 그 앞에 나아가 진정 용서를 구하는 일이다. 나의 죄를 위하여 십자가에 죽으신 그리스도만 전적으로 의지하고 하나님의 긍휼을 간절히 요청한다. 성경의 약속의 말씀을 철저히 신뢰하면서 나아가야 한다. "만일 우리가 우리 죄를 자백하면 저는 미쁘시고 의로우사 우리 죄를 사하시며 모든 불의에서 우리를 깨끗게 하실 것이요"(요일 1:9).

어떤 사람은 이렇게 생각한다. "나는 너무 큰 죄를 지었어요. 나는 죄를 너무 많이 지었어요. 어떻게 하나님 앞에 나아갈 수 있겠습니까?"하며 한탄만 하면서 홀로 괴로워한다. 그런데 하나님은 이러한 처지에 있는 사람들을 다 아시고 크신 긍휼을 가지고 이렇게 말씀하신다. "여호와께서 말씀하시되 오라 우리가 서로 변론하자 너희 죄가 주홍 같을 지라도 양털같이 되리라"(사 1:18).

우리에게는 두 가지 사실 때문에 희망이 있다. 한 가지는 고의적이고 계획적인 죄를 끝까지 범하는 죄가 아니고는 모든 죄에 대해서 일곱 번만 아니라 490번 이상, 그 이상이라도 용서받을 수 있다는 것이다. 또 한 가지는 하나님의 사랑이 인간의 죄보다 훨씬 크다는 것이다. 이 두 가지의 사실 앞에 우리는 분명히 소망을 가질 수 있다. 더욱이 예수님의 이름과 그분의 의 때문에 가능하다. 만일 죄를 지었거나 여러 가지 장애물이 발생하고 있다면 그 모든 것을 가지고 주님 앞에 나아가 내려놓기만 하면 능히 장애물을 극복할 수 있다. 아울러 기도의 문도 서서히 열리기 시작한다.

(10) 자만심과 교만

기도를 방해하는 열 번째 장애물은 자만심과 교만이다. 즉 나의 지식과 지혜, 그리고 재능을 하나님보다 앞세우는 것이다. 머리를 잘 굴려서 성공해 보려는 욕구, 재주를 과시하려는 욕구, 경험을 하나님의 말씀보다 더 높이 평가하고 드러내려는 욕구 등이다.

그리고 자만심에는 무엇보다도 "이만하면 됐다!"는 것이다. 지금까지 자신이 이룬 성과를 지나치게 높이 평가한다. 더 배울 것이 없다는 생각이다. 일이 너무 잘 되어 기도의 필요성을 느끼지 못하며 많이 헌신했다고 생각한다. 자신의 경험과 지식을 은연중에 자랑하며 과시한다. 하나님의 도우심을 갈급히 찾지 않고 자신의 완전성을 의지하며 자화자찬에 빠진다. 그러한 자만심이 방치되고 계속 된다면 결국 스스로가 무너지는 치명적인 요인으로 작용하여 결국 기도를 멀리하게 되고 더 이상 하나님을 찾지 않는 자리에까지 이를 수도 있다.

이 자만심과 교만을 철저히 방어하라. 가장 절망적인 상황에서나 가장 행복한 여건 속에서도 기도로 하나님께 나아가는 겸손한 자세가 필요하다. 기도와 말씀은 자만심과 교만의 덩어리를 파괴하는 가장 좋은 무기이다.

(11) 시간적 핑계

기도를 방해하는 열한 번째 장애물은 정신적인 분주함과 어느 정도 관련이 있었지만 특히 시간적인 핑계, 즉 "시간이 없다"는 것이다. "너무 바쁘다"는 말 자체는 결코 나쁜 말만은 아닐 것이다. 그 보다 안타까운 말은 "너무 바빠 기도할 시간이 없어!"하는 말이다. 하지만 그 바쁨 속에서도 영적인 기도 생활이 희생되지 않도록 하는 일이 중요하다. 하나님 앞에 기도하고 시작한 일은 기도하지 않고 시작한 일보다 훨씬 더 큰 효과를 볼 수 있다. 이것은 평범한 비밀이지만 이를 사용하지 않기 때문에 바쁨 속에서 기도를 간과하게 되는 것이다. 기도의 능력을 알고 기도의 효과를 경험하고 싶다면 기도하는 시간을 즐겁게 투자해야 한다. 그 효과는 생각하는 것보다 훨씬 크다.

기도는 여러 가지 일을 지혜롭게 처리하는 데도 상당한 도움을 준다. 기도를 통해서 지혜를 얻게 되고 기도를 통해서 더 좋은 사람을 만나게 된다. 기도를 통해서 더욱 가치 있는 것을 발견하게 되고, 기도를 통해서 좋은 계획이 설정되고, 기도를 통해서 일은 더욱 효과적으로 진행되고, 기도를 통해서 가장 좋은 결과를 기대할 수 있다.

요한 웨슬리는 이렇게 고백하였다. "나는 할 일이 너무 많기 때문에 그 일을 하기 전에 여러 시간을 기도하는 데 보내야 한다!"

루터는 종교개혁을 단행할 때 일이 너무 중하고 일이 더욱 많아질수록 그만큼 기도 시간에 더 헌신하므로써 엄청난 일을 훌륭하게 수행할 수 있었다고 한다.

(12) 편견

기도를 방해하는 열두 번째 장애물은 편견이다. 편견이란 "나는 과거에 이러한 기도를 했으나 소용이 없었다. 이번에도 마찬가지일거야!" 하는 것이다. 이것은 자신의 과거 신앙경험에 비추어 그러하다는 것이다. 그러나 아주 잘못된 생각이다. 과거에 하나님께서 나의 기도에 응답하는 일에 실패하신 것이 아니라 단지 나의 기도가 잘못되었거나 믿음이 없었거나 혹은 인내를 포기했기 때문이다. 주님은 이렇게 말씀하셨다. "지금까지는 너희가 내 이름으로 아무 것도 구하지 아니하였으나 구하라 그리하면 받으리니 너희 기쁨이 충만하리라"(요 16:24).

나의 기도부터 철저히 점검하고 정비하여 다시 시작하도록 하자. 지난 날의 기도 실패를 하나님의 사랑과 그 능력에 책임을 돌리는 일이 없도록 한다. 오늘 하나님은 능력의 하나님으로 나타나셔서 나의 기도에 응답하기를 기뻐하신다. 과거의 부정적인 기도의 편견에서 과감하게 탈출하기 위해서 적극적인 자세와 진지한 기도의 훈련이 필요하다.

(13) 불신앙

기도를 방해하는 열세 번째 장애물은 불신앙이다. 불신앙은 하나님을 향한 불순종과 동일하다. 불신앙은 기도생활을 방해하는 가장 근본적인 요소이며 신앙생활에 가장 무서운 암적 요소이다. 이것은 기도생활에서 커다란 장애물로 작용하는 큰 요인이다.

하나님께서는 분명히 기도에 관심을 기울이시고 응답하기를 기뻐하신다. 의심을 하나님의 말씀을 믿는 것으로 바꾸기 시작하면 기도의 문은 열리기 시작하고 하나님의 응답을 얻게 될 것이다.

그 불신앙을 척결하기 위하여 매일 말씀을 읽고 묵상하며 기도하는 시간을 가지라. 나의 부족했던 믿음을 여호수아와 갈렙처럼 온전한 믿음으로 끌어올리도록 힘껏 노력하라. 그 믿음은 충분히 하나님을 기쁘시게 할 것이며 풍성한 응답의 은총을 받게 될 것이다.

하나님은 각 시대마다 사람들에게 분명한 믿음을 요구하셨다. "믿음이 없이는 기쁘시게 못하나니 하나님께 나아가는 자는 반드시 그가 계신 것과 또한 그가 자기를 찾는 자들에게 상 주시는 이심을 믿어야할지니라"(히 11:6). 우리는 지금까지 기도를 방해하는 열세 가지의 장애물을 살펴보았다. 그 장애물들을 잘 점검하여 하나하나 제거해 나가면 기도생활에 상당한 진전을 가져올 것이다. 하나님의 놀라우신 응답의 체험은 물론이고 높은 단계의 영적 성장까지 기대할 수 있다.

2. 기도의 조건

1) 회개기도

기도는 거룩하신 하나님과의 대화이므로 우리에게 죄악이 있을 때에는 기도가 이루어지지 않는다.

- "여호와의 손이 짧아 구원치 못하심도 아니요 귀가 둔하여 듣지 못하심도 아니라 오직 너희 죄악이 너희와 너희 하나님 사이를 내었고 너희 죄가 그 얼굴을 가리워서 너희를 듣지 않으시게 함이니"(사 59:1-2).

- "너희 허물이 이러한 일들을 물리쳤고 너희 죄가 너희에게 오는 좋은 것을 막았느니라"(렘 5:25). 따라서 먼저 회개기도부터 하고 간구해야 한다.

- "너희가 선을 미워하고 악을 좋아하여 내 백성의 가죽을 벗기고 그 뼈에서 살을 뜯어"(미 3:2).

- "만일 우리가 우리 죄를 자백하면 저는 미쁘시고 의로우사 우리 죄를 사하시며 모든 불의에서 우리를 깨끗케 하실 것이요"(요일 1:9).

2) 아버지의 뜻대로

기도는 내 뜻대로 이루어지는 것이 아니요 하나님 아버지의 뜻대로 이루어 주시기 때문에 나의 욕망이 아닌 아버지의 뜻대로 해야 한다.

- "조금 나아가사 얼굴을 땅에 대시고 엎드려 기도하여 가라사대 내 아버지여 만일 할만 하시거든 이 잔을 내게서 지나가게 하옵소서. 그러나 나의 원대로 마옵시고 아버지의 원대로 하옵소서"(마 26:39).
- "다시 두 번째 나아가 기도하여 가라사대 내 아버지여 만일 내가 마시지 않고는 이 잔이 내게서 지나갈 수 없거든 아버지의 원대로 되기를 원하나이다"(마 26:42).
- "구하여도 받지 못함은 정욕으로 쓰려고 잘못 구함이니라"(약 4:3).

3. 기도의 원칙

1) "하나님 아버지께" 기도하라.

- "너희는 이렇게 기도하라 하늘에 계신 우리 아버지여"(마 6:9).
- "너희는 기도할 때에 네 골방에 들어가 은밀한 중에 계신 네 아버지께 기도하라"(마 6:6).
- "예수님께서 친히 아버지께 기도하시며"(요 17:1-26, 마 26: 39, 막 11:25, 눅 23:46). .
- 하나님이 기도하라고 친히 가르쳐 주시었고(요 1:12, 롬 8:15).
- "구하는 것을 아버지께서 주신다고 가르치셨다"(마 6:7, 7:11, 눅 8:7).

"우리 아버지여, 이 말은 아버지께서 나를 돕기 위해 모든 무한한 지혜와 인내와 사랑을 내게 쏟으신다는 것을 의미한다." - 앤드류 머피

"아버지를 아버지로 알고 구하는 사람의 기도는 응답이 없으면 안 된다."

2) "성령 안에서" 기도하라.

(1) 성령은 우리의 기도를 도우신다.

- "모든 기도와 간구로 하되 무시로 성령 안에서 기도하고 이를 위하여 깨어 구하기를 항상 힘쓰며 여러 성도를 위하여 구하고"(엡 6:18).

"성령님은 기도에 있어서 우리의 교사요, 감동을 주시는 분이요, 계시자일 뿐만 아니라 우리 기도의 능력의 척도이며 그 힘은 하나님의 기쁘신 뜻에 따라 우리 안에서 역사하시는 하나님의 뜻과 역사로서의 성령의 능력에 의해서 측정된다." - 이 엠 바운즈

(2) 성령은 우리를 위해서 친히 간구하신다.

- "이와 같이 성령도 우리 연약함을 도우시나니 우리가 마땅히 빌 바를 알지 못하나 오직 성령이 말할 수 없는 탄식으로 우리를 위하여 친히 간구하시느니라. 마음을 감찰하시는 이가 성령의 생각을 아시나니 이는 성령이 하나님의 뜻대로 성도를 위하여 간구하심이니라"(롬 8:26-27).

참된 기도란 성령 하나님께서 성부 하나님께 성자 하나님의 이름으로 간구하는 것이다. 그리고 성도의 마음은 성령의 기도실이다. - 사무엘즈 웨머

3) "예수 그리스도의 이름으로" 기도하라.

- "그 날에는 너희가 아무 것도 내게 묻지 아니하리라. 내가 진실로 진실로 너희에게 이르노니 너희가 무엇이든지 아버지께 구하는 것을 내 이름으로 주시리라. 지금까지는 너희가 내 이름으로 아무 것도 구하지 아니하였으나 구하라. 그리하면 받으리니 너희 기쁨이 충만하리라"(요 16: 23-24).

- "너희가 내 이름으로 무엇을 구하든지 내가 시행하리니 이는 아버지로 하여금 아들을 인하여 영광을 얻으시게 하려 함이라. 내 이름으로 무엇이든지 내게 구하면 내가 시행하리라"(요 14:13-14).

- "예수께서 가라사대 내가 곧 길이요 진리요 생명이니 나로 말미암지 않고는 아버지께로 올 자가 없느니라"(요 14:6).

- "범사에 우리 주 예수 그리스도의 이름으로 항상 아버지 하나님께 감사하며"(엡 5:20).

예수 그리스도의 이름으로 기도한다는 것은 우리가 예수 그리스도께서 무한한 예금을 해 놓으시고 전국 은행에 가는 것과 같다. - 로레이

예수 그리스도의 이름으로 드리는 기도는 그리스도와 하나 된 자의 마음이 그리스도의 마음이며 소원이 그리스도의 소원이며, 목적이 그리스도의 목적인 기도이다. - 사무엘 챠드워

예수 그리스도의 이름으로 기도할 때, 그것은 그리스도 자신이 기도하신 것과 같은 기도이다. - 딕 이스트 만

4) "듣고 계시는 줄 알고" 기도하라.

- "그를 향하여 우리의 가진바 담대한 것이 이것이니 그의 뜻대로 무엇을 구하면 들으심이라. 우리가 무엇이든지 구하는 바를 들으시는 줄을 안즉 우리가 그에게 구한 그것을 얻은 줄을 또한 아느니라"(요일 5:14-15).

- "네가 부를 때에는 여호와가 응답하겠고 네가 부르짖을 때에는 말하기를 내가 여기 있다 하리라"(사 58:9).

- "기도를 들으시는 주여 모든 육체가 주께 나아오리이다"(시 65:2).

기도를 들으시는 것은 하나님의 속성이요 그의 성품의 일부분이다. 하

나님은 사랑이니라. - 존 라이스

5) 받은 줄 믿고 기도하라.

- "그러므로 내가 너희에게 말하노니 무엇이든지 기도하고 구하는 것은 받은 줄로 믿으라 그리하면 너희에게 그대로 되리라"(막 11:24).

- "그를 향하여 우리의 가진 바 담대한 것이 이것이니 그의 뜻대로 무엇을 구하면 들으심이라. 우리가 무엇이든지 구하는 바를 들으시는 줄을 안 즉 우리가 그에게 구한 그것을 얻은 줄을 또한 아느니라"(요일 5:14-15).

- "그가 내게 이르되 다니엘아 두려워하지 말라 네가 깨달으려 하여 네 하나님 앞에 스스로 겸비케 하기로 결심하던 첫 날부터 네 말이 들으신바 되었으므로 내가 네 말로 인하여 왔느니라"(단 10: 12).

믿음은 기도의 생명이다. - 루비델 보우거

6) 그의 뜻대로 기도하라.

- "그를 향하여 우리의 가진 바 담대한 것이 이것이니 그의 뜻대로 무엇을 구하면 들으심이라 우리가 무엇이든지 구하는 바를 들으시는 줄을 안 즉 우리가 그에게 구한 그것을 얻은 줄을 또한 아느니라"(요일 5:14-15).

7) 약속의 말씀에 무릎 꿇고 기도하라.

- "너희가 내 이름으로 무엇을 구하든지 내가 시행하리니 이는 아버지로 하여금 아들을 인하여 영광을 얻으시게 하려 함이라 내 이름으로 무엇이든지 내게 구하면 내가 시행하리라"(요 14:13-14).

- "너희가 내 안에 거하고 내 말이 너희 안에 거하면 무엇이든지 원하는 대로 구하라 그리하면 이루리라"(요 15:7).

- 하나님의 말씀을 굳게 지키며 자기를 고난에서 구원해 주기를 기도하는 다윗(시 119:105-112).

- 말씀 공부 없이는 참된 기도가 있을 수 없고 기도 없이는 참된 말씀 공부를 기대할 수 없다 - 로레이

8) 회개하는 심령으로 기도하라.

- "여호와의 손이 짧아 구원치 못하심도 아니요 귀가 둔하여 듣지 못하심도 아니라. 오직 너희 죄악이 너희와 너희 하나님 사이를 내었고 너희 죄가 그 얼굴을 가리워서 너희를 듣지 않으시게 함이니 이는 너희 손이 피에, 너희 손가락이 죄악에 더러워졌으며 너희 입술은 거짓을 말하며 너희 혀는 악독을 발함이라"(사 59:1-3).

- "내가 내 마음에 죄악을 품으면 주께서 듣지 아니하시리라."(시 66:18).

- "너희가 손을 펼 때에 내가 눈을 가리우고 너희가 많이 기도할 찌라도 내가 듣지 아니하리니 이는 너희 손에 피가 가득함이니라."(사 1:15).

- "마음과 손을 아울러 하늘에 계신 하나님께 들자"(애 3:41).

- 탕자의 기도(눅 15:18-19).

- 세리의 기도(눅 18:13).

먼저 회개하고 기도하는 것이 유익하다. 여기 죄스럽고 번민하는 심령이 있사옵니다. 그것을 뒤엎고 주의 사랑으로 새롭게 하소서. 주님 계신 곳에 내 마음을 드립니다. - D. L. 무디

9) 상한 심령으로 기도하라.

- "하나님의 구하시는 제사는 상한 심령이라. 하나님이여 상하고 통회하는

마음을 주께서 멸시치 아니하시리이다"(시 51:17).

- "그는 육체에 계실 때에 자기를 죽음에서 능히 구원하실 이에게 심한 통곡과 눈물로 간구와 소원을 올렸고 그의 경외하심을 인하여 들으심을 얻었느니라"(히 5:7).

- "눈물을 흘리며 씨를 뿌리는 자는 기쁨으로 거두리로다"(시 126:5).

하나님의 마음을 아프게 하는 것들로 내 마음을 아프게 하소서. - 밥 피얼스

10) 감사함으로 기도하라.

- "아무 것도 염려하지 말고 오직 모든 일에 기도와 간구로 너희 구할 것을 감사함으로 하나님께 아뢰라"(빌 4:6).

- "말할 수 없는 그의 은사를 인하여 하나님께 감사하노라."(고후 9:15).

하나님께 요구하며 몸부림치는 것을 사막을 걷는 낙타의 네발에 비유한다면 감사와 찬송은 그 위를 높이 떠서 광활한 푸른 하늘을 마음껏 휘저어 쏜살같이 날아가는 독수리의 날개와 같다.

11) 용서한 후에 기도하라.

- "서서 기도할 때에 아무에게나 혐의가 있거든 용서하라 그리하여야 하늘에 계신 너희 아버지도 너희 허물을 사하여 주시리라"(막 11:25).

- "우리가 우리에게 죄 지은 자를 사하여 준 것 같이 우리 죄를 사하여 주옵시고"(마 6:12).

- 삼손의 기도(삿 16:28).

- 스데반의 기도(행 7:59-60).

- 예수님의 기도(눅 23:34).

코리텐붐 여사가 나치 수용소의 원수를 그리스도의 사랑으로 용서한 것처럼 우리도 용서하며 기도하는 그리스도인이 되어야 한다.

12) 전심으로 간절히 기도하라.

- "너희가 전심으로 나를 찾고 찾으면 나를 만나리라"(렘 29:13).
- "나를 사랑하는 자들이 나의 사랑을 입으며 나를 간절히 찾는 자가 나를 만날 것이니라"(잠 8:17).
- "여호와의 눈은 온 땅을 두루 감찰하사 전심으로 자기에게 향하는 자를 위하여 능력을 베푸시나니 이 일은 왕이 망령되이 행하였은즉 이후부터는 왕에게 전쟁이 있으리이다"(대하 16:9).
- 다윗의 기도(시 119:10, 58).
- 아사왕과 이스라엘의 기도(대하 15:15).

열망하는 마음을 뜨거운 물처럼 아버지의 보좌 앞에 쏟아 부으라. 겟세마네 동산에서 주님의 땀방울이 핏방울 같이 흘러 내렸던 것처럼, 전심으로 기도하는 열정에 사로잡힐 때만 생명을 주는 불은 내려온다.

13) 강청하는 기도를 하라.

- "내가 너희에게 말하노니 비록 벗됨을 인하여서는 일어나 주지 아니할 지라도 그 강청함을 인하여 일어나 그 소용대로 주리라."(눅 11:8).
- 귀신들린 딸을 위한 가나안 여인의 간청하는 기도(마 15:21- 28).

그리스도 왕국에 있어서 가장 강한 자는 잘 두드리는 자이다. - 바운즈

14) 끈질긴 기도를 하라.

- "하물며 하나님께서 그 밤낮 부르짖는 택하신 자들의 원한을 풀어주지 아니하시겠느냐. 저희에게 오래 참으시겠느냐."(눅 18:7).

- 다니엘의 21일 기도(단 10:1-14).

열심이 없는 기도는 죽은 개로 벼룩을 사냥하는 것과 같고 눈먼 매로 빈대를 잡으려는 것과 같다.

15) 낙심하지 말고 오래 참음으로 기도하라.

- "우리가 선을 행하되 낙심하지 말지니 피곤하지 아니하면 때가 이르매 거두리라"(갈 6:9).

- "항상 기도하고 낙망치 말아야 될 것을 저희에게 비유로 하여"(눅 18:1).

근심, 초조, 불안, 낙심 가운데 기도하고 기도한 후에도 계속해서 근심, 초조, 불안, 낙심 가운데 사는 자에게는 영원히 기도 응답의 기쁨은 없는 것이다.

16) 끝까지 기도하라.

- "그 사람이 가로되 날이 새려 하니 나로 가게 하라 야곱이 가로되 당신이 내게 축복하지 아니하면 가게 하지 아니하겠나이다"(창 32:26).

- 야곱과 하나님과의 씨름(창 32:24-32).

이루어질 때까지 쉬지 말고 기도하라. 하나님이여 나에게 스코틀랜드를 주옵소서. 아니면 죽음을 주옵소서. - 존 낙스

17) 쉬지 말고 기도하라.

- "쉬지 말고 기도하라"(살전 5:17).

- "나는 너희를 위하여 기도하기를 쉬는 죄를 여호와 앞에 결단코 범치 아니하고 선하고 의로운 도로 너희를 가르칠 것인 즉"(삼상 12:23).

우리는 일어나서도, 걸어가면서도, 누워서도 기도할 것 밖에 없다. - 몽테규 어거스터스

- 기도의 생활화, 생활의 기도화 -

18) 순간순간 기도하라.

- "그가 가로되 우리 주인 아브라함의 하나님 여호와여 원컨대 오늘날 나로 순적히 만나게 하사 나의 주인 아브라함에게 은혜를 베푸시옵소서 성중 사람의 딸들이 물 길러 나오겠사오니 내가 우물곁에 섰다가 한 소녀에게 이르기를 청컨대 너는 물 항아리를 기울여 나로 마시게 하라 하리니 그의 대답이 마시라 내가 당신의 약대에게도 마시우리라 하면 그는 주께서 주의 종 이삭을 위하여 정하신 자라 이로 인하여 주께서 나의 주인에게 은혜 베푸심을 알겠나이다"(창 24:12-14).

- "그 사람이 그를 묵묵히 주목하여 여호와께서 과연 평탄한 길을 주신 여부를 알고자 하더니"(창 24:21).

- "이에 그 사람이 머리를 숙여 여호와께 경배하고 가로되 나의 주인 아브라함의 하나님 여호와를 찬송하나이다. 나의 주인에게 주의 인자와 성실을 끊이지 아니 하셨사오며 여호와께서 길에서 나를 인도하사 내 주인의 동생 집에 이르게 하셨나이다 하니라"(창 24:26-27).

- "아브라함의 종이 그들의 말을 듣고 땅에 엎드리어 여호와께 절하고"(창

24:52).

- "이삭이 저물 때에 들에 나가 묵상하다가 눈을 들어보매 약대들이 오더라"
  (창 24:63).

항상 깨어서 기도하는 자에게는 사탄이 유혹하거나 시험할 겨를이 없
다.

19) 구체적으로 기도하라.

- "또 이르시되 너희 중에 누가 벗이 있는데 밤중에 그에게 가서 말하기를
  벗이여 떡 세 덩이를 내게 빌리라"(눅 11:5).
- "구하라 그러면 너희에게 주실 것이요 찾으라 그러면 찾을 것이요 문을
  두드리라 그러면 너희에게 열릴 것이니"(마 7:7).
- 아브라함의 종 엘리에셀의 기도(창 24:12-14).
- 기드온의 기도(삿 6:36-39).

육신의 부모님께 구체적으로 나의 필요를 요청하듯이 하나님 아버지께
도 구체적으로 기도하라.

20) 오직 믿음으로 기도하라.

- "오직 믿음으로 구하고 조금도 의심하지 말라. 의심하는 자는 마치 바람에
  밀려 요동하는 바다 물결 같으니 이런 사람은 무엇이든지 주께 얻기를
  생각하지 말라. 두 마음을 품어 모든 일에 정함이 없는 자로다"(약 1:6-
  8).
- "너희가 기도할 때에 무엇이든지 믿고 구하는 것은 다 받으리라 하시니라"
  (마 21:22).

- "믿음이 없이는 기쁘시게 못하나니 하나님께 나아가는 자는 반드시 그가 계신 것과 그가 자기를 찾는 자들에게 상주시는 이심을 믿어야 할지니라" (히 11:6).
- "그러므로 내가 너희에게 말하노니 무엇이든지 기도하고 구하는 것은 받은 줄로 믿으라 그리하면 너희에게 그대로 되리라"(막 11:24).
- "예수께서 이르시되 할 수 있거든이 무슨 말이냐 믿는 자에게는 능치 못할 일이 없느니라 하시니"(막 9:23).
- "믿음의 기도는 병든 자를 구원하리니 주께서 저를 일으키시리라 혹시 죄를 범하였을지라도 사하심을 얻으리라"(약 5:15).
- "의심하고 먹는 자는 정죄 되었나니 이는 믿음으로 좇아 하지 아니한 연고라. 믿음으로 좇아 하지 아니하는 모든 것이 죄니라"(롬 14:23).
- 예수 그리스도의 기도(요 11:14).

21) 진실하고 솔직하게 기도하라.

- "또 너희가 기도할 때에 외식하는 자와 같이 되지 말라. 저희는 사람에게 보이려고 회당과 큰 거리 어귀에 서서 기도하기를 좋아하느니라. 내가 진실로 너희에게 이르노니 저희는 자기 상을 이미 받았느니라"(마 6:5).
- "또 기도할 때에 이방인과 같이 중언부언하지 말라 저희는 말을 많이 하여야 들으실 줄 생각하느니라"(마 6:7).
- "저희는 과부의 가산을 삼키며 외식으로 길게 기도하는 자니 그 받는 판결이 더욱 중하리라 하시니라"(막 12:40).

하나님은 중언부언하는 기도가 아니라 진실되고 정직한 기도를 원하신다.

22) 골방에서 은밀하게 기도하라.

- "너는 기도할 때에 네 골방에 들어가 문을 닫고 은밀한 중에 계신 네 아버지 께 기도하라 은밀한 중에 보시는 네 아버지께서 갚으시리라"(마 6:6).

"골방기도는 깊이가 있는 기도이다."

"골방기도는 비밀을 속삭이는 기도이다."

"골방기도는 애정이 통하는 기도이다."

"기도의 골방은 죄와 싸우는 격전장이다."

"죄의 가장 두려운 적은 기도이다."

"사탄, 마귀가 가장 무서워하는 것은 기도이다."

은밀한 기도에는 내 마음의 골방에 하나님의 은밀한 역사가 따른다. - 딕 이스트만

언제나 주를 멀리 떠나려는 우리에게 당신은 가까이 찾아오셔서 우리를 조용히 기다리시며 우리가 당신의 얼굴을 뵙고 당신의 음성을 듣게 하소 서. - 제인 멀르

23) 무엇이든지 구하라

- "내 이름으로 무엇이든지 내게 구하면 내가 시행하리라"(요 14:14).
- "무엇이든지 구하는 바를 그에게 받나니 이는 우리가 그의 계명들을 지키 고 그 앞에서 기뻐하시는 것을 행함이라"(요일 3:22).

24) 합심하여 기도하라.

- "진실로 다시 너희에게 이르노니 너희 중에 두 사람이 땅에서 합심하여 무엇이든지 구하면 하늘에 계신 내 아버지께서 저희를 위하여 이루게 하시리라"(마 18:19).

- 예루살렘 교회에서 옥에 갇힌 베드로를 위한 합심 철야기도(행 12:5).

합심기도는 하나 된 마음의 역사다. 마음을 합하여 하나님께 간구한 하나의 기도는 하늘 보좌를 움직이는 힘이다.

25) 하나님이 기뻐하시는 기도를 하라.

- "구하여도 받지 못함은 정욕으로 쓰려고 잘못 구함이니라"(약 4:3).

- "너희는 먼저 그의 나라와 그의 의를 구하라 그리하면 이 모든 것을 너희에게 더하시리라"(마 6:33).

먼저 하나님을 기쁘시게 해드리자. 그리하면 전지전능하시고 모든 것을 소유하시고 다스리시는 하나님은 아버지를 기쁘시게 한 자녀에게 모든 것을 채워 주시기를 기뻐하신다.

26) 기도하기를 전혀 힘쓰니라.

- "여자들과 예수의 모친 마리아와 예수의 아우들로 더불어 마음을 같이하여 전혀 기도에 힘쓰니라"(행 1:14).

- "저희가 사도의 가르침을 받아 서로 교제하며 떡을 떼며 기도하기를 전혀 힘쓰니라"(행 2:42).

기도는 하나님을 추구하는 최선의 길이다.

기도는 하나님을 움직이는 최선의 힘이다.

기도는 하나님으로 하여금 일하시게 하는 인간의 유일한 방법이다. -
여호수아

27) 하나님의 뜻에 맡기는 기도를 하라.

- "아바 아버지여 아버지께는 모든 것이 가능하오니 이 잔을 내게서 옮기시
  옵소서. 그러나 나의 원대로 마옵시고 아버지의 원대로 하옵소서"(막 14:
  36).

- "그를 향하여 우리의 가진 바 담대한 것이 이것이니 그의 뜻대로 무엇을
  구하면 들으심이라"(요일 5:14).

- "그 때에 예수께서 대답하여 가라사대 천지의 주재이신 아버지여 이것을
  지혜롭고 슬기 있는 자들에게는 숨기시고 어린 아이들에게는 나타내심을
  감사하나이다. 옳소이다. 이렇게 된 것이 아버지의 뜻이니이다"(마 11:25
  -26).

누구나 하나님의 뜻을 알지 못하면 하나님의 뜻 안에서 기도할 수 없다.
- 존 라이스

'내 뜻대로 말고 주님의 뜻대로 되옵소서' 하는 기도는 나에게 더 좋은
것을 구한다는 뜻이다. - 여호수아

기도하지 않는 크리스천이 받은 축복은 화병에 꽂아 놓은 뿌리 없는
가지의 활짝 핀 꽃과 같다. - 여호수아

사랑하라!

네 원수를 친구처럼 사랑하라.

그러면 너는 하나님의 친구가 될 것이다.

네가 무관하고 낯선 사람일지라도 사랑하라.

그러면 하나님 가까이에 있게 될 것이다.

네 마음에 끌리지 않는 사람도 사랑하고 네 마음에 받아들이라.

하나님께서 영접하실 것이다.

너를 미워하는 사람에게 선을 행하라.

하나님께서 그의 사랑을 네게 넘치도록 부어주실 것이다.

너를 용납하지 않는 사람을 초청하라.

그러면 하나님께서 네게 하늘 영광 문을 넓게 여실 것이다.

- 바실레아 슐링크

사랑의 주님!

주님께서 우리에게 주신 선물이 다른 사람에게

당신의 사랑을 표현하는 데 쓰이게 하소서. - 파블리 파킨

X. 수사학적 기도와 역동적 기도

1. 기도와 교회성장

만약에 성장하는 교회에 시무하는 100명의 목사님들을 선발하여 그들에게 "목사님의 경험에 의하면 기도가 교회성장에 어떤 역할을 했다고 생각하는가?"라고 질문했다고 가정해 보라.

그러면 그들은 모두 '오, 기도는 교회성장에 아주 핵심적인 역할을 했습니다'라고 대답할 것이다. 그러나 그와 같은 대답을 한 목회자 중에서 95%는 단지 "수사적"인 응답에 불과하다. 그렇다고 해서 목사들이 기도를 믿지 않거나 혹은 그들이 허위로 대답을 했다는 뜻은 아니다. 내 말은 만약에 그들과 그들 주변에 있는 성장하지 못하는 교회들의 기도생활 사이에 아무런 차이점을 발견할 수 없을 것이라는 점이다.

나는 기도의 권능에 대해서 연구하면서 기도의 양과 질 및 교회의 성장 비율 사이에서 강력한 상관관계를 발견하기를 기대했다. 그러나 그와 같은 상관관계는 전혀 존재하지 않았다. 키르크 하다웨이(C. Kirk Hadaway)는 남부침례교회들 가운데서 기도는 성장을 수반한다고 주장했다. 그것이 바로 내가 100 교회 중에서 5 교회만이 그들의 기도생활과 교회성장 사이의 상관관계를 진정으로 보여 줄 수 있다고 인정한 이유다. 적당한 시기에 이에 대한 사례들을 제공하고자 한다. 전 세계적으로 나의 관찰이 정확한 것을 유감스럽게 생각한다.

1) 당위성과 현실 사이의 차이

나의 주장을 약간의 역설로써 보강하고자 한다. 이 문제에 대한 심각한 연구를 이끌어온 사람은 텍사스주 칼리지 스테이숀(College Station)에 있는 올더스게이트(Aldersgate) 연합감리교회의 목사인 테리 테이클(Terry Teykl)이다. 그의 저서 「기도와 성장」(Pray and Grow)은 기도와 교회성장의 관계를 다룬 유일한 책이라고 알고 있다. 이것은 단지 테이클의 연구의 시작일 뿐이며 앞에서 말한 통계학적 부분도 아직 완성되지 못하고 있다. 테이클도 어떤 상관관계를 "반드시" 발견해야만 한다는 나의 생각에 동의하고 있다. 그리고 바로 그런 전제 위에서 그의 책을 쓰고 있다.

그러나 조금 전에 가정한 목사들은 어떻게 되는가? 만약에 그들에게 기도가 그들의 교회성장에 어떤 역할을 했는지를 직접적으로 질문함으로써 어떤 계기를 만들어주지 않았다면, 그들은 그것에 대해서 언급하지 않았을 것이다. 이러한 사실은 에즈라 얼 존스(Ezra Jones)가 쓴 테리 테이클의 저서의 서문에서도 확인되어지고 있다. 존스는 연합감리교회 제자화 운동본부에 관여하고 있는데 그 기관은 전국의 감리교 목사들과 밀접하게 접촉하고 있다.

에즈라 얼 존스는 사실상 이미 완성된 연구 결과를 인용하고 있다. 그들은 성장하는 감리교회들을 선택하여 그 교회의 목사들에게 그들의 교회성장에 공헌한 요인들 10가지를 순서대로 열거하기를 요구했다. 여기에 그 순서가 있다. 즉 활기가 넘치는 예배, 친교, 목사, 목표가 분명한 사역들, 지역사회와 외부세계, 기독교 교육, 교회성장을 위한 계획, 물질적 시설과 위치, 평신도 사역과 복음전파의 순서다. 그 10가지 중에 기도는 들어 있지 않다.

물론 이 목사들은 기도를 언급하는 것이 적절하지 않다고 생각했을지도 모른다. 그러나 기도가 강력한 성장 요인이 '되어져야만 한다'는 사실에 대한 증거를 제공해 주고 있다.

적어도 성장하는 교회들의 목사들은 기도가 교회성장의 중요한 요인이라고 직접적으로 말로 표현하지 않고 있다.

2) 수사학적이란 무슨 뜻인가?

성장하는 교회의 목사들이 10가지 요인들 중에 기도를 포함시키지 않으면서도 기도가 성장의 열쇠라고 말하는 이유는 무엇인가?

나는 그들의 의도가 다음과 같은 것이라고 생각한다.

- 우리들의 성장 이면에는 하나님의 권능이 있다. 예수님께서도 "내가 … 내 교회를 세우리니"라고 말씀하셨다(마 16:18). 바울도 "나는 심었고 아볼로는 물을 주었으되 오직 하나님은 자라나게 하셨나니"라고 말했다(고전 3:6). 우리들의 교회는 인간적인 노력 때문이 아니라 하나님의 축복으로 성장한다.

- 나는 기도에 관해서 자주 설교한다. 그렇다고 해서 내가 기도를 주제로 한 완전한 설교를 많이 했다는 것은 아니다. 단지 기도에 관해서 자주 언급하고, 사람들에게 우리들의 개인생활과 교회생활에 있어서 기도가 지극히 중요하다는 사실을 가르쳤다는 것이다.

- 나는 정기적으로 교회와 교회생활과 교회성장에 관해서 기도한다. 다른 교회들도 자주 우리 교회를 위해 기도한다.

비록 이와 같은 말이 진실하고도 권장할 만한 이야기라고 할지라도 만약에 그와 같은 교회의 기도생활을 상기한 목록 1-10 사이에 포함시킨다면 그 서열은 꽤 낮을 것이다. 목사들 자신이 그 서열을 정한다 할지라도 마찬가지일 것이다.

나는 목사들이 "수요일 저녁 기도회는 우리 교회에서 가장 주요한 일이다."라고 말하는 것을 수없이 들었다. 그러나 예외 없이 사실은 그렇지가 않다. 가장 지루하고 가장 괴로운 시간이다. 대부분의 경우에 있어서 교회는 수요일 저녁 기도회와 관계없이 동일한 비율로 성장할 것이다.

정직한 결론을 내린다면 대부분의 교회성장은 적어도 미국에서는 의식적이든 무의식적이든 낮은 수준의 기도를 수반한 건전한 교회성장의 원리들을 적용했기 때문에 이루어지고 있다는 것이다. 나는 기도를 믿지 않으면서도 그것을 어느 정도 실행하는 교회를 아직까지 본 적이 없다. 그러나 나는 테리 테이클의 말에 동의한다. 나는 만약에 높은 수준의 기도가 수반되어진다면 교회성장은 훨씬 더 역동적이 될 것이라고 믿는다. 그러나 지금 미국 교회들은 8기통의 차가 4-5개의 실린더를 매달고 달리는 것과 같다.

이 책에서 나는 목사들이 "수사학적인 기도"에서 "역동적인 기도"로 옮겨가도록 격려하기를 원한다. 역동적인 기도는 다음과 같은 것이라고 생각한다.

- 성장하는 교회로 하여금 성장비율을 증가시키고 또 그 교회의 영적인 질을 더욱 깊어지게 만들어 주는 기도.
- 성장하지 못하는 교회를 변화시키는 기도.
- 사회정의와 복음전파를 위해 지역사회의 영적 분위기를 변화시키는 기도.

3) 수사학적인 기도에서 역동적인 기도로

나는 내 자신도 수사학적인 기도의 전문가라고 생각한다. 나는 안수목사로서 처음 25년 동안 끊임없이 수사학적인 기도를 했다. 수년간의 노력 끝에 이제는 역동적인 기도를 하려고 노력하고 있다. 지난 5년간의 나의 사역은 지금까지 중에서 가장 역동적이었고 지나간 모든 세월을 보상해 주었다.

역동적인 기도가 그 모든 변화를 이루어냈다. 수사학적인 기도에서 역동적인 기도로 옮겨가는 과정을 분석하는 가운데 나는 교회와 교회 지도자들이 집중해야 할 세 가지 분야를 지적하고자 한다. 물론 거기에는 세 가지 이상의 것들이 있을 것이다. 그러나 내가 보기에는 그것들이 가장 중요한 것 같다. 그 세 가지 분야들은 다음과 같다.

① 기도의 본질을 이해하는 것.

② 기도의 권능을 인식하는 것.

③ 기도의 법칙을 따르는 것.

2. 기도의 본질을 이해하는 것

일반적으로 사람들은 기도를 하나님께 무엇을 간구하는 것이라고 생각한다. 그러나 그것은 기도의 일부분에 지나지 않을 뿐이다. 그것은 기도의 본질을 정확하게 묘사해 주고 있지 않다. 역동적인 기도를 이해하는 데 있어서 가장 유익한 방법은 기도를 하나의 관계로 인식하는 것이다. 우리들은 기도를 통해서 하나님 안에 거하는 것이다. 기도는 우리로 하여금 하나님과 친밀한 관계를 유지하게 한다. 그리고 그것은 개인적인 관계이다.

예수께서 제자들에게 기도하는 방법을 가르쳐 주실 때 그들에게 "하늘

에 계신 우리 아버지여"라는 기도를 시작하라고 말씀하셨다(마 6:9). 이
것은 어떤 관계뿐만 아니라 가족적인 관계를 선언하는 것이다. 기도에 관
한 가장 놀라운 일은 기도가 우리를 하나님의 면전으로 인도해 준다는
것이다. 그것은 우리가 스타디움에 앉아서 저 아래 멀리 있는 플랫폼에
계시는 하나님의 모습을 내려다보는 것이 아니라 우리가 거실에서 하나님
과 함께 앉아 있는 것과 같은 것이다.

1) 기도는 하나님을 기쁘시게 한다.

요한계시록은 기도에 대해서 단 두 번만 말하고 있는데 두 번 다 기도를
향기로 묘사하고 있다. 요한계시록 5장에서 우리는 보좌가 있는 큰 방을
볼 수 있는데 그곳에서 예수님이 아버지로부터 받은 일곱 인이 찍힌 두루
마리 책을 가지고 계신다. 그리고 24장로들이 엎드려 경배하고 각각 "향이
가득한 금 대접을 가졌으니 이 향은 성도의 기도들이라"고 말하고 있다(계 5:
8). 요한계시록 8장에서도 한 천사가 제단에 나타나 모든 성도들의 기도와
더불어 향을 바치고 있다. "향연이 성도의 기도와 함께 천사의 손으로부터 하나
님 앞으로 올라가는지라"(계 8:4).

사도요한이 요한계시록에서 이 말을 쓸 때에 그는 분명히 시편 141편
2절의 "나의 기도가 주의 앞에 분향함과 같이 되며 나의 손드는 것이 저녁 제사
같이 되게 하소서"라는 말씀을 잘 알고 있었을 것이다. 이것은 성막 안에
있는 분향 제단을 가리키는 말이었다. 제사장 아론이 매일 아침, 저녁으로
거기서 향을 피웠는데 그것은 하나님과 그의 백성들 사이의 매일의 관계
를 상징하는 것이었다.

예수 그리스도와 그의 십자가상에서의 죽음 덕분에 우리는 하나님과의
관계를 상기시켜 주기 위해 향을 피워줄 아론과 같은 제사장에게 의존하

지 않게 되었다. 우리의 기도 그 자체가 바로 그런 관계이기 때문이다. 우리는 각자 하나님께로 직접 나아갈 수 있다.

하나님께서도 기도의 관계를 좋아하신다. 하나님께서는 향이 만들어낸 대기를 좋아하신다. 조금 지나친 표현인 것 같지만 하나님께서는 우리의 기도로 송축 받으신다. 예수님 때문에 우리는 온 우주의 창조주와 부자의 관계를 맺는 큰 특권을 누리게 되었다.

2) 역동적인 기도는 쌍방적이다.

비록 과거에는 기도를 아버지와 친밀하게 만들어 주는 것이라고 정의하고 싶은 생각이 없었을지라도 이 책을 읽고 나면 그 말에 동의하지 않을 사람이 거의 없을 것이다. 그러나 기도를 친밀하게 만들어 주는 수단으로 이해하는 일과 병행하는 또 다른 의미가 있는데 많은 사람들이 의식적으로 그것을 받아들이지 않고 있다. 만약에 기도가 어떤 관계라면 그 관계는 일방적인 것이 되어서는 안 되고 반드시 쌍방적인 것이 되어야만 한다.

신약은 우리에게 하나님을 아버지로 부르라고 가르친다. 그리고 우리는 인간적인 관계들을 통해서 그렇게 하는 방법을 배울 수 있을 것이다. 내가 수사학적인 기도를 하던 시기에는 하늘에 계신 나의 아버지께 일반적으로 이야기만 했다. 나는 하나님께 말만하고 결코 그에 대한 대답을 듣지 않았다.

나는 주로 재정리된 나 자신의 생활환경을 통해서 내 기도에 대한 응답을 찾으려 했다. 요한은 "우리가 보고 들은 바를 너희에게도 전함은 너희로 우리와 사귐이 있게 하려 함이니 우리의 사귐은 아버지와 그 아들 예수 그리스도와 함께 함이라"(요일 1:3). 라고 말했다. 그러나 나는 결코 하나님께서는 우리의 친교의 일부분으로서 쌍방적인 대화를 원하신다는 결론을 이끌어내지 못했다.

하나님의 음성을 듣는 것은 역동적인 기도에 있어서 대단히 중요하기 때문에 다음 장에서 좀 더 깊이 있게 다루고자 한다.

3. 기도의 권능을 인식하는 것

수사학적인 기도를 역동적인 기도로 바꾸기 위해서는 한 가지 단순한 진리를 인식하는 것이 반드시 필요하다. 그것은 곧 기도는 역사하는 힘이 있다는 사실이다.

그 말은 곧 우리가 올바르게 기도하면 반드시 응답을 받을 수 있다는 뜻이다. 응답이 항상 우리가 원하는 시기에 찾아오는 것은 아니지만 대개는 그렇다. 때때로 응답이 부분적으로만 이루어지는 수도 있지만 대개는 우리의 기대를 훨씬 넘는다.

하나님은 "우리의 온갖 구하는 것이나 생각하는 것에 더 넘치도록 능히 하실 이"시다(엡 3:20).

이 책을 읽는 많은 사람들이 이미 역동적인 기도를 하는 사람들이며, 따라서 기도는 역사하는 힘이 있다는 사실을 굳이 납득시킬 필요가 없을 것이다. 그러나 믿기 어려운 일이지만 오늘날 복음주의적 기독교계 내에서조차도 하나님께서 응답해 주실 것이라는 기대를 가지고 기도 가운데서 무엇을 하나님께 구하지 못하게 하는 사람들도 있다.

1) 응답 때문에 기도해야 하는가?

나는 항상 논쟁을 피한다. 그리고 여기에서도 인명과 지명을 변조함으로써 그렇게 하고자 한다. 그러나 나는 이 주제가 오늘날 위대한 기도운동에 참여하는 데 있어서 절대적으로 중요하다고 생각한다. 따라서 그 주제에 대해서 가능한 한 날카롭게 밝히고자 한다. 그것을 확인하기 위해서나는 뛰어나고도 보수적이며 그리고 또 복음주의적인 정기간행물의 공식적인 논술을 인용하고자 한다.

그 논설의 배경은 꽤 널리 알려진 실험이었는데 그 실험은 샌프란시스코 종합병원의 심장병 전문의사인 랜돌프 비어드(Randolph C. Byrd)가한 것이다. 랜돌프는 400명의 심장병 환자들을 무작위로 200명씩 두 그룹으로 나누었다. 환자들 자신이나 병원 직원들도 누가 어떤 그룹에 속해있는지를 알지 못했다. 한 그룹에 대해서는 중생한 크리스찬들이 열심히기도를 해 주었다. 기도를 해 준 그룹은 눈에 띄게 좋아져서 후유증도 적고 사망하는 경우도 적어졌다.

대부분의 크리스천들은 이런 사실을 발견하고는 기뻐할 것이다. 그러나이 특별한 편집자는 독자들에게 그와 같은 증거 위에 숨어 있는 위험에관해서 경고해야만 한다고 생각했다. 예를 들자면 그는 어린 아이들에게기도를 가르치기 위해서 이와 같은 종류의 예화를 사용해서는 안 된다고주장했다. 만약에 그렇게 한다면 어린 아이들은 더욱 중요한 교훈인 순종을 잊어버리게 될 수도 있다는 것이다. 그는 "우리는 어떤 유익을 얻기 위해서가 아니라 먼저 순종하기 위해서 기도해야 한다."고 주장했다. 만약에 그렇게한다면 나중에 어떤 기도가 응답을 받지 못했을 때 전반적으로 기도에대한 호소력이 떨어질 수도 있다는 것이다. 그는 응답받는 기도에 관한좋은 소식을 함께 나누는 것은 어린 아이들에게 달콤한 사탕을 주는 것과같다고 생각한다. 그것은 일시적으로는 맛이 좋을 것이다. "그러나 계속해서 사탕을 먹는다면 좋은 영양을 섭취할 수 없을 것이다."

그 편집자는 "기도를 자기만족을 위한 기술의 수준으로 끌어내리는 것은 우리의 신학을 병들게 할 것이다."라고 말함으로써 자기의 입장을 요약하고 있다.

2) 수사학적인 기도를 계속하게 만드는 것

우리가 기도의 응답을 기대하지 않는다면 신학적으로 더욱 건전해질 것이라는 생각은 여전히 살아 있다. 수사학적인 기도를 계속하게 만드는 데 있어서 이보다 더 크게 공헌하는 것은 없을 것이다. 나는 사역을 위해 훈련을 받는 가운데서 이와 같은 사고방식을 갖게 되었다. 그러나 교수님들 중에서 어떤 분이 그 정도로 솔직했는지 의심스럽다. 만약에 그의 아내가 기도를 받은 심장병 환자들 중의 한 사람이었다면 그 편집자의 반응은 어떠했을까 궁금하다.

마가렛 폴로마(Margaret Poloma)와 조지 갈럽(George Gallup, Jr.)의 연구는 미국인들 중 88%가 어떤 방식으로든 하나님께 기도하고 있으며 그들 중 반수 이하(42%)가 자기들이 필요로 하는 물질을 하나님께 구하고 있다는 사실을 밝혔다. 그리고 단지 15%만이 특정한 기도에 대해 응답을 받은 경험을 했다. 그토록 적은 숫자의 사람들만이 "간구하는 기도"를 한 이유들 중의 하나는 아마도 앞에서 말한 편집자와 같은 사람들의 신학이 복음주의자들을 포함한 이 시대를 잇기 때문일 것이다.

폴로마와 갈럽은 "간구한 많은 사람들이 그들이 기도한 것을 응답받고 있다."는 사실을 발견했다. 그들은 다음과 같이 말했다. "현대적이고 이성적인 세상의 눈으로 볼 때 간구의 기도는 마술처럼 보일 것이다. 그러나 그러한 형태의 기도에 대한 성경적인 사례들 중에서 제일은 예수님께서 우리들에게 기도를 가르쳐 주신 주기도문 자체이다. "오늘날 우리에게 일용할 양식을 주옵시고"(마 6:11).

3) 하나님의 주권과 기도의 법칙

나는 신학교에서 기도의 가장 중요한 기능은 나를 변화시키는 것이라고 배웠다. 하나님께서는 결코 변하지 않으신다. 하나님께서는 주권자이시다. 하나님께서는 내가 기도를 하든 안하든 자기가 원하시는 일을 하실 것이다. 지난 날 토레이(R. A. Torrey)의 거룩한 음성이 마치 지금 말하고 있는 것처럼 들린다. 그는 다음과 같이 말했다. 크리스천들은 "기도가 유익한 '반사적 영향력'을 가지고 있는 것으로 믿는다. 다시 말해서 기도를 하는 사람에게 유익을 가져다주는 것으로 믿는다. … 그러나 기도하지 않았더라면 생기지 않았을 어떤 것을 생기게 하는 기도에 대해서 말하자면 그들은 그것을 믿지 않는다. 그리고 그들 중 많은 사람들이 솔직하게 그렇게 말한다." 그 당시에도 역시 수사학적인 기도가 흔했었다.

다행히도 오늘날 기도에 대한 자세가 급격히 변화하고 있다. 만약에 기도가 그 효력을 발휘하지 않았다면 위대한 기도운동이 지구를 휩쓸지 못했을 것이다. 역동적인 기도를 지지하는 자들은 결코 하나님의 주권을 의심하지 않는다.

그들은 성경으로부터 하나님의 주권이 기도의 법칙을 세우셨다는 사실을 안다. 하나님께서는 많은 일을 하기를 원하신다. 그러나 크리스천들이 하나님께서 주신 자유를 사용하여 기도하고 하나님께 그것을 해달라고 간구하지 않는다면 하나님께서도 그 일을 하지 않으실 것이다(약 4:2). 그리고 그와 정반대로 하나님께 순종할 때 그와 같은 기도가 이루어진다 (마 6:8, 8:7-11, 눅 11:9-13).

아무도 하나님의 뜻을 바꾸어놓을 수는 없다. 그러나 우리들의 기도는 하나님이 그 뜻을 결정하시는 데 직접적인 영향력을 미칠 수 있다. '너는 내게 부르짖으라 내가 네게 응답하겠고 네가 알지 못하는 크고 비밀한 일을 네게 보이리라"(렘 33:3). 우리가 하나님께 간구하지 않는다면 어떻게 되겠는가? 그 대답은 너무나도 명백해서 말할 필요조차 없다.

기도할 때에 나는 하나님께 어떤 일을 해달라고 말하지 않는다. 하나님은 자신의 뜻에 거슬리는 일은 아무것도 하지 않으신다. 나는 단지 하나님께서 원하시는 것이면 무엇이든지 실제적으로 이루어지게 해달라고 기도한다. 만약에 내가 기도하지 않는다면 하나님께서 원하시는 어떤 것도 실제적으로 이루어지지 않을 것이라고 생각한다. 나는 잭 헤이포드(Jack Hayford)의 인기 있는 저서인 「기도는 불가능을 공략한다」(Prayer is Invading the Impossible)의 한 장의 제목을 좋아하는데 그것은 "우리가 하지 않으면 하나님도 하지 않으신다."는 것이다.

하나님의 주권을 칼빈주의자들보다 더 높게 평가하는 그룹은 없다. 그것이 바로 이 문제에 대한 알빈 반더 그린드(Alvin Vander Griend)의 견해가 그토록 중요한 이유이다. 알빈은 기독교 개혁교파 출신인데 신학교 이름은 존 칼빈(John Calvin)의 이름 따서 지었다. 칼빈은 다음과 같이 말했다.

"하나님께서는 간구의 기도를 기다리고 계시는데 그것은 그가 능력이 없기 때문이 아니라 자신의 뜻을 실현하기 위해서 그런 방식을 선택하셨기 때문이다. 우리들은 커다란 장기판 위에 놓여 있는 졸이 아니다. 우리도 참여하고 있다. 하나님의 주권과 예정에 관해 완고하고도 기계적인 견해를 가진 자들만이 하나님께서 우리의 기도를 도외시하고 미리 단번에 마련된 계획에 따라 행하신다고 생각한다. 이것은 하나님에 대한 성경적 견해가 아니다. 그것은 주권에 관한 회교도의 운명론적인 견해와 닮은 것이다. 성경은 그런 견해를 거부하고 있다."

4) 기도는 역사를 변화시킨다.

리차드 포스터(Richard Foster)는 그의 고전 "훈련을 축하함"(Celebration of Discipline)에서 다음과 같이 말했는데 그보다 더 잘 말한 사람은 아무도 없다. "우리들은 미래를 결정하기 위해서 하나님과 함께 일하고 있다. 만약에 우리가 올바르게 기도한다면 어떤 바람직한 일들이 역사 속에 나타나게 되는 것이다."

기도에 관한 책들 중에서 「그리고 하나님께서 그의 마음을 바꾸셨다」 (And God Changed His Mind)라는 약간 도발적인 제목을 가진 책은 브라더 앤드류(Brother Andrew)가 쓴 책인데 그는 "우리들을 위한 하나님의 계획은 견고하게 결정되어져 있는 것은 아니다. 단지 하나님의 성품과 본질만이 변하지 않을 뿐이다. 그러나 그의 결정 사항들은 그렇지 않다!"라고 말했다.

성경은 중보기도 때문에 하나님께서 그의 계획을 변경하신 몇 가지 사례들을 제공해 주고 있다. 그 중 한 가지는 모세가 시내산에서 율법을 새긴 돌판을 가지고 내려 왔을 때 하나님께서 이스라엘에게 진노하셔서 그들을 진멸하려고 하신 경우이다. 그러나 모세가 이스라엘을 위하여 중보기도를 했다. "여호와께서 뜻을 돌이키사 말씀하신 화를 그 백성에게 내리지 아니하시리라"(출 32:14).

이 세상에서 발생한 모든 일들이 다 하나님의 뜻이 아니라는 사실을 인식하는 것이 중요하다. 그러나 사단은 "이 세상 신"이라고 묘사되어져 있다(고전 4:4). 예를 들자면 아무도 멸망하지 않는 것이 하나님의 뜻이다 (벧후 3:9). 그러나 이 세상 신이 그들의 마음의 눈을 멀게 했기 때문에 멸망하고 있다(고후 4:3-4).

성경은 다니엘이 기도했고 그러자 하나님께서 당일로 응답하셨다고 말하고 있다. 그러나 그 응답이 도달하는데 21일이나 걸렸는데 그것은 하나님이 느리기 때문이 아니라 "바사 왕"이 그것을 지연시키는 데 성공했기 때문이다(단 10장). 월트 윙크는 이런 사실을 이야기하던 중에 "기도에 관한 이 새로운 요소(하나님의 뜻에 대한 공중 권세들의 저항)가 하나님이 발생한 모든 일들의 원인이라는 개념에 대하여 결정적인 타격을 주었다."라고 말했다. 만약에 다니엘이 금식기도를 계속하지 않았더라도 그 응답이 도달했을까? 아마 그렇지 않을 것이다. 이것이 바로 기도가 그토록 중요한 이유이며, 월트 윙크가 말했듯이 역사가 중보기도자들에게 속한 이유이다.

5) 크리스천 라이프 센타

웨이몬 로저스(Waymon Rodgers)목사는 1980년대 초에 켄터키주 루이스빌(Louisville)에 크리스천 라이프 센터를 창설했다. 그 센터는 500명이 되기까지 순조롭게 성장했다. 그러나 곧 급강하여 200명으로 줄어들었다. 로저스는 낙심하여 다른 교회를 찾기 시작했다. 그러자 하나님의 말씀이 찾아왔다. "나는 너를 루이스빌로 불렀다. 그리고 나는 너에게 그 도시의 열쇠를 줄 것이다."

그 열쇠는 기도로 판명되어졌다. 로저스는 이제 주님과 함께 하게 되었으며, 7명의 집사들을 선택하여 하루에 한 시간씩 그와 같이 기도하게 했다. 그는 교인들에게도 기도의 필요성을 역설했다. 그러자 200명 중에서 100명이 교회를 위해 정기적으로 기도하기로 동의했다. 그는 기도를 시작했으며 하루에 22시간씩 기도의 체인이 연결되어지도록 했다. 교회는 믿음으로 나아갔으며 346에이커의 땅을 구입하여 한국식 기도원을 세우고 기도실과 모텔 형태의 방들과 예배당을 마련했다. 그들은 매주 목요일을 금식기도의 날로 정했다.

크리스천 라이프 센타에 있어서 기도는 단순히 수사학적인 것이 아니었다. 그것은 살아 있고 역동적인 것이었다. 교회는 즉시 변했다. 2,000명으로 그리고 또, 6,000명으로 성장했다. 그 당시에 그 센타는 그 주에다가 55개의 새로운 교회들을 세웠다.

기도는 역사하는 힘이 강력하다!

4. 기도의 법칙을 따르는 것

지난 5년 동안 내가 기도에 관한 책들을 얼마나 많이 읽었는지 셀 수도 없을 정도이다. 그런데 놀라운 일은 그 어느 책도 동일하지 않다는 것이다. 기도는 아마 결코 소진되지 않는 주제인 것 같다. "기도의 법칙들"도 많이 있다. 그러나 그 중에서도 네 가지만 강조하고자 한다. 우리들 중에서 수사학적인 기도를 해오던 사람들이 역동적인 기도를 원한다면 여기에 대해서 특별히 주목해야 할 필요가 있을 것이다.

기도에 관한 법칙들 중에서 가장 중요한 네 가지는 다음과 같다.

- 믿음으로 기도하라.
- 순수한 마음으로 기도하라.
- 능력으로 기도하라.
- 끈질기게 기도하라.

법칙 1 : 믿음으로 기도하라.

야고보는 만약 우리에게 지혜가 부족하다면 그것을 위해 하나님에게 간구하라고 말한다(약 1:5). 또한 "오직 믿음으로 구하고 조금도 의심하지 말라 의심하는 자는 마치 바람에 밀려 요동하는 바다 물결 같으니"라고 덧붙이고 있다(약 1:6). 이것은 얼마나 중요한가? 야고보는 의심이 그 모든 차이를 가져왔다고 말하고 있다. 그리고 의심하는 자는 "무엇이든지 주께 얻기를 생각하지 말라"고 말한다(약 1:7). 믿음은 분명히 기도의 중요한 법칙이다.

예수님께서는 생생한 예화를 사용하심으로써 제자들에게 믿음에 관해서 가르치셨다. 즉 그들이 믿음으로 산이 바다에 던지라고 말하던 그대로 될 것이라는 것이었다(마 11:23). 그리고 예수님은 "무엇이든지 기도하고 구하는 것은 받은 줄 믿으라 그리하면 너희에게 그대로 되리라"고 말씀하셨다 (막 11:24).

그러면 믿음이란 무엇인가? "믿음은 바라는 것들의 실상이요, 보지 못하는 것들의 증거니"(히 11:1). 따라서 우리는 이미 가지고 있는 어떤 것을 하나님에게 요구하는 것이 아니라 우리가 아직까지 가지고 있지 않은 것을 요구하게 되는 것이다. 우리는 그것을 소망한다. 우리는 그것을 보지 못한다. 그러나 만약에 믿음을 가지고 있다면 우리가 바라며 보이지 않는 것들의 실체를 갖게 되는 것이다. 이 실체는 물질적인 것이 될 수 없다. 그것은 반드시 영적인 것이어야만 한다. 그럼에도 불구하고 그것은 실질적인 것이다. 만약에 우리가 기도하는 것들에 대해서 실체를 부여하지 못한다면 우리는 바다의 파도와 같이 의심하는 자들이 될 것이며 기도는 응답을 받지 못할 것이다. 그리고 우리는 기도의 법칙을 범하게 될 것이다.

많은 사람들이 이와 같은 가르침을 좋아하지 않는다. 그들은 그것이 위험하다고 생각한다. 왜냐하면 그것은 우리에게 너무나도 많은 책임을 부여하기 때문이다. 그들은 기도가 응답을 받지 못한 것은 우리 자신의 잘못이라는 사실을 인정하기를 좋아하지 않는다. 역동적인 기도는 믿음을 요구한다. 하나님께서 이 법칙에 예외를 인정하신 적이 있는가? 다행히도 하나님께서는 나를 포함한 우리들 대부분을 위해서 예외를 인정해 주신다. 그러나 이것 한 가지만은 분명히 해두자. 즉 그것은 단지 예외에 지나지 않을 뿐 법칙 그 자체는 아니다.

① 번영의 신학

최근 수년 동안 나는 "믿음의 말씀"이나 "번영의 신학" 진영에 대한 비평들을 들어왔다. 그러나 그것을 지지하는 자들은 단지, 하나님의 뜻이 이루어지는 것을 보는 데 있어서 믿음의 중요한 역할을 무시하는 경향이 있다는 성경적 진리를 강조함으로써, 교회에 균형을 가져다주려고 노력하고 있을 뿐이다.

나는 또한 "환상"에 대한 비평도 들어왔다. 조 다윗 목사나 로버트 슐러(Robert Schuller)목사와 같은 분들에게서 "환상"에 관해 들었을 때, 단지 내가 알지 못하는 것들을 이 사람들은 알고 있다고 생각했다. 그들은 내가 히브리서 11장 1절에 나오는 "실상"이 의미하는 바를 이해할 수 있도록 도와주었다. 그리고 그들에게 감사한다.

"믿음의 말씀"이나 "환상"을 주장하는 사람들이 너무 지나쳤는가? 의심할 여지도 없이 그런 것 같다. 그러나 그리스도의 몸된 교회에 중간궤도 수정을 가할 때 이것은 예상할 수 있는 일이었다. 장로교회가 예정론에 있어서 너무 지나친 적이 있는가? 나사렛 교회가 성결에 있어서 너무 지나친 적이 있는가? 하나님의 성회가 방언으로 말하는 데 있어서 너무 지나친 적이 있는가? 루터 교회가 율법과 복음에 있어서 너무 지나친 적이 있는가? 물론 그런 경우들이 있었다.

그러나 균형은 이루어질 것이다. 이미 번영의 신학 진영에 속한 어떤 사람들은, 자기들이 응답받는 기도에 있어서 믿음의 역할을 과장했다는 사실을 인정했다. 어떤 사람들은 자기들이 하나님을 조종하려는 생각을 갖게 될 위험이 있음을 깨달았다. 그들은 자기들이 그렇게 해서는 안 된다는 것도 알았다. 어떤 사람들은 하나님이 주신 번영과 노골적인 탐욕 사이의 경계선이 희미해졌음을 인식했다. 어떤 사람은 자기들이 구했으나 "정욕으로 쓰려고"(약 4:3) 잘못 구했기 때문에 받지 못했음을 고백했다.

위험이 있음에도 불구하고 우리는 믿음의 기도가 기도의 중요한 법칙이라는 사실에 동의해야만 한다. 응답은 그것에 근거하여 주어지든지 아니면 보류될 것이다.

어떻게 하면 우리가 더욱 큰 믿음을 가지고 기도할 수 있을까? 믿음으로 기도하는 데 있어서 주된 열쇠는 하나님의 뜻을 아는 것이다. 요한은 우리에게, "그의 뜻대로 무엇을 구하면 들으심이라"고 말했다(요일 5:14).

② "만약"이라는 말

어떤 사람들은 믿음으로 기도하는 문제를 어떻게 다루어야 할지를 몰랐다. 따라서 그들의 기도생활은 결과적으로 어려움을 겪게 되었다. 그들은 억측과 하나님을 조종하게 될 수도 있다는 위험에 관해서 지나치게 걱정한 나머지 안전장치를 부착한 기도방법을 개발했다. 그들은 기도의 중요한 요소에다가 "만약"이라는 단어를 슬기롭게 집어넣음으로써 기도가 응답을 받을 것이냐 아니냐에 대해서 염려할 필요가 없다는 사실을 발견했다.

존 비사그노(John Bisagno)는 「적극적인 기도의 능력」(The Power of Positive Praying)이란 그의 저서에서 한 장의 제목을 "만약 그것이 당신의 뜻이라면"이라고 붙였다. 그는 "많은 훌륭한 기도들이 중간에 '만약'이라는 단어를 넣어 능력이 없어지게 함으로써 응답을 받지 못한다."고 기록하고 있다. 그러면 왜 그렇게 하는가? 비사그노는 그 이면에 존재하는 진정한 이유는 다음과 같은 것이라고 주장한다. "우리는 하나님께서 어떤 일을 수행하실 것이라는 사실을 실제로는 믿지 않는다. 따라서 하나님께서 그 일을 이행하지 않으셨을 경우에 빠져나갈 길을 만들어 놓는다." 다시 말하자면 많은 사람들이 성경적인 믿음을 갖고 있지 않다는 것이다.

존 칼빈(John Calvin)도 비사그노의 말에 동의할 것이다. 칼빈은 그의 "기독교 강요"(Institutes of the Christian Religion)에서, 다음과 같은 기도는 어떻게 될 것인지를 묻고 있다.

"오, 주여, 나는 당신이 나의 기도를 들으실지 의심스럽습니다. 그러나 걱정이 되기 때문에 당신에게로 달려갑니다. 만약에 내가 자격이 있다면 당신은 나를 도와주실 것입니다."

칼빈은 성경에 나오는 성도들의 기도는 이와 같은 패턴을 따르지 않았다고 주장한다. 그는 우리들에게 "은혜의 보좌 앞에 담대히 나아갈 것이니라"(히 4:16)는 성경의 가르침을 따르라고 권고한다. 존 칼빈은 "오직 그런 기도만이, 그와 같은 믿음에서 나온 기도, 흔들리지 않는 소망의 확신에 근거한 기도만이 하나님에게 열납된다"라고 말했다.

"만약 그것이 당신의 뜻이라면"이라는 말 뒤에는 자주 미묘한 가정이 존재하고 있다. 그 가정은 우리가 기도하기 전에는 하나님의 뜻을 알 수 없다는 것이다. 어떤 사람들은 그런 가정을 정당화하기 위해서 "주의 뜻이면 우리가 살기도 하고 이것저것을 하리라"는 야고보서 4장 15절을 인용한다. 그러나 그것은 그 말씀이 사업적 여행에 관한 것이지 기도에 관한 것이 아니라는 사실을 알지 못하고 하는 것이다.

③ 하나님의 뜻을 아는 것

그러면 우리가 기도하기 전에 하나님의 뜻을 알 수 있는가? 분명히 그렇다. 하나님의 뜻을 알 수 있는 두 가지 방법은 다음과 같다. (1) 성경을 읽음으로써(딤후 3:15,16), (2) 하나님에게 묻고 응답을 받음으로써(요 14:26, 16:13, 딤후 2:7, 약 1:5~7).

우리가 하나님의 뜻에 대해서 알아야 할 필요가 있는 것들 중 대부분은 성경 가운데 계시되어 있다. 우리들은 굶주린 자들에게 양식을 주는 것, 혼외정사, 억압받는 자들을 위한 정의, 세금을 내는 일, 부모에게 순종을 하는 것, 인종 간의 조화들에 관한 하나님의 뜻을 안다. 이 문제들에 대해서 성경은 분명하게 말하고 있다. 따라서 우리가 그러한 문제들에 대해서 기도할 때 우리는 하나님의 뜻에 따라 기도하고 있음을 안다.

기도 시간 중 많은 부분을 "성경구절을 이용한 기도"로 보내는 것이 인기를 얻어가고 있다. 쥬더슨 콘월(Judson Cornwall)은 이 말을 그 주제에 관한 탁월한 저서의 제목으로 사용하고 있다. 콘월은 그의 저서에서 성경 본문도 우리의 기도가 될 수 있다고 주장했다. 그는 "하나님의 말씀이 우리의 기도의 수단으로 사용되어졌을 때 우리 영혼의 보다 깊은 내적인 소망들과 생각들을 표현할 수 있다."고 말했다. 우리가 성경 말씀을 우리의 기도로 사용했을 때 우리는 하나님의 뜻에 따라 기도할 수 있을 것이다.

아버지의 뜻을 아는 주된 열쇠는 아버지와 함께 시간을 보내는 것이다. 우리는 배우자의 뜻을 알 수 있는가? 나의 아내와 20년 이상을 같이 살고 난 후에야 그녀의 뜻을 좀 더 잘 알 수 있게 되었다. 그리고 그녀도 나의 뜻을 안다. 우리가 갓 결혼했을 때에는 지금처럼 알지 못했다. 그러나 우리는 노력했고, 따라서 우리가 상대방에 대해서 더 빨리 알면 알수록 더욱 행복해진다는 사실을 발견하게 되었다. 이것은 하늘에 계신 우리 아버지에게도 동일하게 적용될 수 있다. 우리가 하나님과 더불어 많은 시간을 보낼수록 하나님의 뜻을 더욱 확실하게 알 수 있을 것이다.

우리가 하나님과 함께 시간을 보낼 때 어떻게 하면 하나님으로부터 음성을 들을 수 있는지에 대해 다음 장에서 상세히 설명할 것이다.

성경을 통해서든지 혹은 하나님과의 직접적인 교제를 통해서든지 우리가 하나님의 뜻을 알 때, 기대할 수 있는 만큼의 믿음을 가지고 기도할 수 있으며 우리의 기도에 상응하는 응답을 받을 수 있을 것이다.

법칙 2 : 순수한 마음으로 기도하라.

기도의 본질이 아버지와의 친밀한 관계라는 사실을 기억한다면 부분적으로라도 그런 관계를 방해하는 죄는 기도의 효력을 감소시킬 것이다.

이사야는 하나님께서 우리의 기도를 들으시고 응답하시기를 원하신다는 사실을 다음과 같이 확증하고 있다. "여호와의 손이 짧아 구원치 못하심도 아니요 귀가 둔하여 듣지 못하심도 아니라"(사 59:1). 그러나 죄는 그것을 방해할 수 있다. "오직 너희 죄악이 너희와 하나님 사이를 내었고 너희 죄가 그 얼굴을 가리워서 너희를 듣지 않으시게 함이니"(사 59:2). 죄를 제거하고 순수한 마음을 갖는 것이 기도의 확고한 법칙이다.

예수님께서 주기도문에서 매일의 기도를 가르쳐 주시면서 "우리 죄를 사하여 주옵시고"(마 6:12)라고 말씀하셨을 때 이것을 인식하고 계셨다. 모든 크리스천들이 때때로 죄를 범하면서도 기도가 응답되어지기를 기대한다면 돌판을 날마다 깨끗이 해야 할 필요가 있다. 베드로도 다음과 같이 상기시켜 주고 있다. "주의 눈은 의인을 향하시고 그의 귀는 저의 간구에 기울이시되 주의 낯은 악행하는 자들을 향하시느니라"(벧전 3:12).

회개와 죄의 고백은 훌륭한 기도에 필수적인 것이다. 따라서 미래에도 죄를 범하지 말아야 한다. 그것이 바로 예수께서 "우리를 시험에 들게 하지 마옵시고"(마 6:13)라고 기도하라고 가르치신 이유이다. 이것은 마음을 깨끗이 하는 데 크게 공헌하고 있다. 그러나 우리가 기도를 잘하기 위해서 제거해야 할 필요가 있는 모든 죄악들 중에서 한 가지가 더욱 부각되어지는데, 그것은 "용서"이다.

① 다른 사람들을 용서하라.

"우리 죄를 사하여 주옵시고"라는 말의 짝은 "우리가 우리에게 죄 지은 자를 사하여 준 것같이"라는 말이다(마 6:12). 훌륭한 기도를 하기 위해서 다른 죄악들보다 용서를 더욱 부각시킨 이유는, 이것이 예수님께서 강조하신 주기도문의 일부이기 때문이다. 예수님은 "너희가 사람의 과실을 용서하면 너희 천부께서도 용서하시려니와 너희가 사람의 과실을 용서하지 아니하면 너희 아버지께서도 너희 과실을 용서하지 아니하시리라"(마 6:14~15)고 말씀하셨다.

만약에 당신이 진실로 억울한 일을 당했다면? 만약에 당신이 진정으로 희생자라면? 만약에 당신이 아무런 잘못이 없는데도 불구하고 다른 사람으로부터 심각하게 상처를 받는다면? 만약에 그들이 미안하다고 말하기를 거부한다면? 만약에 그들이 다른 사람에게 그것은 모두가 당신 잘못이라고 말한다면? 그럴 때 당신은 어떻게 하겠는가? 그들을 용서하라! 예수님께서 그렇게 하셨다.

만약에 용서한다면 그것은 당신의 마음을 순수하게 만들어 줄 것이다. 당신의 기도에 대한 응답은 당신을 대적하는 자의 행위에 달려 있지 않다. 그것은 오직 당신의 행위에 달려 있다.

② 순수한 마음으로 기도하라.

"구하여도 받지 못함은"(약 4:3) 그 이유는 무엇인가?

- 당신은 그릇된 욕망을 가지고 있다. 당신은 정욕을 품고 싸우고 욕심을 내고 있다(약 4:2).

- 당신은 그릇된 동기를 가지고 있다. 당신은 잘못 구하고 있다. 당신은 하나님의 뜻에 따라 구하지 않고 있으며 따라서 길을 벗어나고 있다(약 4:3).

- 당신은 그릇된 목적을 갖고 있다. 당신은 자신의 정욕을 만족시키기

위해 구하고 있다. 당신은 이기적이다(약 4:3).

생활의 성령의 열매는 우리가 하나님께 나아갈 수 있는 길을 다시 가르쳐 줄 것이다. 성령은 다음과 같은 것들을 가져다 줄 것이다. (1)올바른 소망 - 하나님과 친밀해지는 것 (2)올바른 동기 - 하나님을 영광스럽게 하는 것 (3)올바른 목적 - 하나님의 뜻을 이행하는 것.

이것은 우리를 올바른 길로 인도해 주고, 또 순수한 마음으로 기도하는 법칙을 사용하게 해 줄 것이다.

법칙 3 : 능력으로 기도하라.

우리가 기도할 때에 믿음이 없는 이유들 중의 하나는 예수의 이름으로 아버지에게 나아갈 때에 얼마나 많은 능력을 갖게 되는 지 충분히 인식하지 못하기 때문이다. 우리가 따라야만 하는 기도의 법칙은 이미 우리에게 주어진 능력을 이용하는 것이다.

능력 있는 기도와 연약한 기도 사이의 차이점은 성령이다. 성령은 예수님의 기적적인 능력의 원천이었다(마 12:28, 눅 4:1, 14~18, 행 2:22, 10:38). 그리고 예수님은 그의 제자들에게 동일한 능력을 갖게 될 것이며, 그들도 그가 행한 일을 하게 될 것이라고 말씀하셨다(요 14:12). 예수님께서 세상을 떠나기 전에 그의 제자들에게 자기가 떠나는 것이 그들에게 유익하다고 말씀하셨다. 왜냐하면 자기가 떠나야 그들이 성령의 권능을 받을 것이기 때문이었다(요 16:7~14). 예수님은 제자들에게 그들이 권능을 받을 때까지 예루살렘을 떠나지 말라고 가르치셨다(눅 24:41). 예수님께서 하늘로 가시기 직전에 "성령이 너희에게 임하시면 너희가 권능을 받고"(행 1:8)라고 말씀하셨다.

비록 모든 중생한 크리스천들이 삶에서 성령의 존재를 누리고 있을지라도 모두 동일한 정도를 누리고 있는 것은 아니다. 어떤 사람은 언제든지 성령에 충만할 수도 있지만 내일은 성령과의 관계를 새롭게 해야 할 필요가 있을 것이다(엡 5:18). 어떤 사람은 그것을 성령충만이 아니라 성령세례라고 부른다. 교파마다 교리적으로나 실제적으로 약간씩 다른 면이 있다. 그러나 그 현상은 동일하다. 비록 우리가 모두 일반적으로 성령의 존재를 소유하고 있다 할지라도 권능의 양에 있어서는 서로 다를 수 있다(딤전 4:14, 딤후 1:6).

베드로는 오순절 날에 "성령으로 충만한"(행 2:4) 사람들 중의 하나였다. 그럼에도 불구하고 베드로는 사도행전 4장 8절에서 산헤드린 앞에서의 그의 사역을 위해 또 다시 "성령의 충만함"을 받았다. 성령의 충만함은 분명히 한번만으로는 충분하지 못하다.

날마다 성령의 임재를 새롭게 하는 것이 기도의 측면에서 우리를 도와줄 것이다. 성령의 사역들 중의 하나가 우리를 죄에 대해서 책망하는 것이기 때문에(요 16:8) 성령은 우리로 하여금 순수한 마음을 유지하도록 도와준다. 성령은 또한 기도를 시작할 때에 하나님의 뜻을 알게 도와준다. 왜냐하면 그가 우리를 아버지께로 인도하시기 때문이다(롬 8:16, 갈 4:6). 성령은 우리에게 넘쳐나고 다른 사람들에게 감동을 주는 초자연적인 권능으로 우리를 격려해주기 때문에 우리의 믿음을 세워준다. 우리가 성령을 소유할 때 진정으로 능력 있게 기도할 수 있다.

법칙 4 : 끈질기게 기도하라.

앞에서 기도에 대한 응답이 때로는 우리가 바라는 것만큼 빨리 찾아오지 않는다고 말했다. 그럴 때 우리는 계속해서 기도해야만 한다. 다니엘은 그의 기도에 대한 응답이 도달하기 전에 21일 동안 기도했다(단 10:12,1

3). 그는 우리들에게 끈질기게 기도하는 법칙을 증명해 주었다.

예수님께서도 "항상 기도하고 낙망치 말아야"(눅 18:11) 한다고 말씀하셨다. 그리고 계속해서 과부와 불의한 재판관의 비유로 그것을 예증해 주셨다. 비록 그 재판관은 과부의 사건을 취급하고 싶지 않았을지라도 그녀의 끈질긴 간청 때문에 결국 그의 마음을 바꾸었다. 그는 더러운 재판관이었으나 끈질김이 갚아 주었다. 그러나 하나님은 그런 분이 아니시다.

하나님은 좋으신 분이다. 가장 나쁜 경우에도 끈질김이 유용했다면, 하물며 사랑과 동정심이 많으신 하나님의 경우는 더욱 유용하지 않겠는가?

끈질김에는 지나침이 없다. 만약에 우리가 믿음과 순수한 마음을 갖고 있다면 다음과 같은 세 가지 일들 중에서 하나가 생길 때까지 계속해서 기도해야만 할 것이다.

① 응답을 받았을 때 기도를 중단하라.

이것은 세 가지 중에서 가장 분명한 것이다.

나는 어떤 회의의 휴식시간 동안에 있었던 일을 기억한다. 어떤 사람이 내게로 다가왔는데 분명히 그는 호흡하는 데 어려움을 겪고 있었다. 그는 그것이 생명을 위협할 수도 있는 악성 천식의 발작이라는 사실을 알았다. 내가 그를 위하여 기도하자마자 그는 거칠고도 강하게 기침을 했다. 그리고 신비스러운 흰 연기가 그의 입에서 나와 대기 중에 흩어졌다. 그리고 그는 정상적으로 호흡하기 시작했다.

이것이 나의 기도에 대한 응답을 실제적으로 본 것이었기 때문에 여기서 언급하는 것이다. 따라서 나는 기도를 멈추고 그와 함께 주님을 찬양했다. 그리고 그는 나머지 회의 시간 동안에 아무런 탈이 없었다. 나는 결코 그를 위하여 다시 기도하지 않았다.

② 성령께서 당신에게 영적인 싸움이 끝났다는 확신을 줄 때 기도를 중단하라.

풀러신학교에서 잠시 공부하고 있던 잠비아 출신의 어떤 목사가 그의 아내와 다섯 명의 자녀들도 미국에 데려오기 위해 최종적인 정리를 했다. 두 주 동안의 과정이 시작될 때 그는 우리에게 그의 가족이 비행기 좌석을 예약할 수 있게 기도해 달라고 요청했다. 만약 그렇지 못할 경우에는 그들이 서서 와야만 할 것이라고 말했다. 그리고 여섯 개의 빈 좌석을 얻는다는 것이 어려울 것이라고 말했다.

우리가 기도한 첫째 날 그 목사님의 가족들은 좌석을 잡지 못했다. 그러나 우리는 첫 주간 내내 끈질기게 날마다 기도했다. 그의 아내는 두 개 이상의 좌석은 안 된다고 거절당했다. 둘째 주 월요일에 나는 우리가 계속해서 그녀를 위해 기도하자고 제안했다. 그러나 그 목사님은 우리가 기도할 필요가 없다고 말했다. 주말에 하나님께서 그에게 우리의 기도에 응답하셨다고 말했다는 것이다. 그리고 그는 만약에 우리가 계속해서 기도한다면 하나님께서 자기에게 주신 보증에 대한 믿음이 부족하다는 것을 보여줄 뿐이라고 생각한다고 말했다. 이와 같은 종류의 체험은 나에게 새로운 것이었으나 그 잠비아 목사에게는 새로운 것이 아니었다. 아프리카인들은 미국인들이 알지 못하는 것들도 알고 있다. 나는 그의 제안을 따랐다. 그리고 하나님은 신실하셨다. 그 가족은 다음 비행기로 왔다.

③ 하나님께서 "No"라고 말씀하실 때 기도를 중단하라.

사도바울은 자신의 육체의 가시가 제거되기를 원했다. 그는 세 번씩이나 그것을 제거해 달라고 주님께 끈질기게 간구했다. 이 경우에 있어서는 하나님께서 항상 그렇게 하시는 것은 아니지만 바울에게 그 이유를 설명해 주었다. 하나님은 바울에게 "너무 자고하지 않게 하시려고"(고후 12: 7) 그의 육체에 가시가 필요하다고 말씀하셨다.

물론 이 경우에 바울이 한 것처럼 단지 세 번만 기도하라는 원칙은 없다.

하나님께서는 우리가 30번이나 300번 기도하기를 원하실지도 모른다. 우리 인간들은 실제로 응답이 나타나기 전에 응답이 없다고 결론을 내리는 경향이 있다. 나는 부모님들의 구원을 위해서 기도할 때에 그런 실수를 범했다. 10년이 지난 후에야 그들이 자기들의 생명을 예수 그리스도에게 드렸다.

우리의 수사학적인 기도는 역동적인 기도로 변할 수 있다. 그리고 나는 전 미국과 세계의 여러 곳에서 이와 같은 일이 발생하고 있는 것을 보고 있다. 크리스천들이 더욱 정확하게 기도의 본질에 가까이 다가갈 때, 그들이 기도의 능력 안에서 행할 때, 그들이 기도의 법칙들을 고수할 때, 우리는 많은 교회들이 변화하고 지역사회들이 복음에 대해서 문을 여는 것을 보게 되는 것이다.

XI. 기도와 그 응답

기도생활을 하면 우리의 생활에 변화가 다가온다. 그 어떤 것도 기도하는 것만큼 우리의 생활을 윤택하게 하지 못한다. 우리가 기도하면 할수록 하나님의 영적인 은행에 많이 저축하는 것이 되기 때문이다. 그래서 우리는 영적으로, 정신적으로, 또한 육체적으로도 강건한 삶을 누릴 수 있게 되는 것이다.

우리는 하나님 형상대로 지음을 받은 존재로서 우리의 생각을 초월한 엄청난 잠재 능력을 지니고 있음에도 불구하고, 우리의 정신력의 지극히 작은 일부만을 사용하며 살고 있을 뿐이다. 우리의 육체도 좀 더 인내할 수 있는 체력을 지니고 있기 때문에 더욱 장수할 수 있으며 영적으로도 우리는 하나님께서 주시는 복을 더욱더 많이 받을 수 있는 능력이 있다.

따라서 기도생활을 할 때 우리의 영혼이 번성하는 만큼 육적으로도 건강해지고 정신적으로도 번성할 수 있다.

"무엇이든지 기도하고 구하는 것은 받은 줄로 믿으라"(막 11:24).

1. 응답을 받는 기도

"구하라 그리하면 너희에게 주실 것이요"(눅 11:9).

하나님은 우리의 기도를 응답해 주신다. 기도하는 자가 이 확신 없이 기도할 수는 없다. 그러나 우리는 더 효력(효과)이 있는 기도를 드려야 한다. 사람 사이의 오가는 대화에도 지켜야 할 예의와 범절이 있어야 하는 것같이 하나님과의 대화에도 효과적인 기도를 드리기 위한 좋은 길이 있다. 이제 우리는 응답을 속히 받을 수 있는 기도에 관하여 생각해보자.

1) 믿음을 가지고 드리는 기도

믿음을 갖고 기도하면 응답을 받는다. 확신을 가지고 기도하라는 뜻이다. 믿음이 없이는 하나님을 기쁘시게 할 수 없다(히 11:6)는 말씀을 먼저 기억하자. 기도하기 전에 하나님을 대하는 우리의 모든 행위가 '믿음'이라는 징검다리를 건너야만 이루어지는 것이다. 기도의 응답, 아니 기도를 시작하기 이전에 기도하는 우리를 대하시는 하나님의 마음에 기쁨이 있어야 하지 않겠는가? 그러므로 믿음을 가지고 기도에 들어가야 한다.

예수님은 "무엇이든지 기도하고 구하는 것은 받은 줄로 믿으라"(막 11:24)고 하시면서 "믿으면 그대로 되리라"고 확신을 주셨다. 어느 정도의 것을 믿으라고 하셨는지 기억하는가? 예수님은 "하나님을 믿으라… 누구든지 이 산더러 들리어 바다에 던지우라 하면 그 말하는 것이 이룰 줄 믿고 마음에 의심치 아니하면 그대로 되리라"(막 11:22-23)고 말씀하셨다. 우리가 이 말씀대로 기도하기 이전에 이 말씀을 먼저 믿어야 한다.

(1) 중풍병자와 백부장

예수님이 칭찬한 큰 믿음을 가진 백부장을 보자. 그는 자기의 하인이 중풍병으로 누워 몹시 괴로워하니 주님께서 고쳐 주기를 구하여 찾아갔다. 그 때 그 백부장은 "주여 내 집에 들어오심을 나는 감당치 못하겠사오니 다만 말씀으로만 하옵소서. 그러면 내 하인이 낫겠삽나이다."하였다. 그 때에 예수님은 "네 믿음대로 될지어다."하였으며 하인은 나았다(마 8:5~13).

예수님은 자기의 '말씀'만을 믿더라도 기도가 이루어지는 것을 확증해 주셨다. 확신을 가지고 기도한다는 것은 성경의 말씀을 믿음으로 시작되는 것이다. 성경의 말씀을 모두 진리로 믿으면서 아멘하고 받아들여야만 기도가 응답된다.

(2) 하나님을 믿음

또 한 가지는 하나님을 믿어야 한다. 기도는 하나님께 드리는 것인데 그 하나님을 믿는 믿음이 있어야 한다. 기도할 때 가져야 할 하나님께 대한 믿음은 어떤 것인가?

하나님은 우리의 아버지이다. 이 세상의 아버지(비록 악할지라도)들이 자녀들에게 좋은 것을 주는 것을 안다면 하나님, 즉 하늘의 아버지는 구하는 자에게 좋은 것으로 주신다(마 7:11, 눅 11:13)는 것을 믿어야 한다.

(3) 하나님의 사랑

하나님의 사랑을 믿어야 한다. 하나님은 죄인들을(세상을) 사랑하셔서 독생자 예수를 주셨다. 자기 아들을 아끼지 않으시고 우리 모든 사람을 위하여 내어 주신 하나님이 "그 아들과 함께 모든 것을 우리에게 은사로 주시지 않겠느냐"(롬 8:32)고 바울은 기록하였다. 이와 같이 가장 귀하고 오직 하나이신 독생자 예수를 우리 죄인들을 위하여 주셨으므로 나머지의 모든 것을 주신다는 확신을 가져야 한다.

2) 예수 안에서 드리는 기도

우리는 "무엇이든지 원하는 대로 구하라 그리하면 이루리라"(요 15:7)는 예수님의 말씀은 잘 읽고 알고 있지만 그 말씀 앞에 말씀하신 조건 한 가지를 잊고 기도한다. 무슨 조건인가? '네가 내 안에 거하고 내 말이 너희 안에 거하면 … "이라는 말씀이다.

(1) 원하는 대로 구함

우리는 무엇이든지 원하는 대로 구하면 응답되는 것을 믿는다. 그러나 먼저 예수 그리스도 안에 거하여야 한다. 그리스도 안에 거하는 생활을 하면서 기도해야 한다. 예수님은 '거한다'하는 말을 포도나무와 그 가지의 관계로써 설명하였다. 가지인 우리 기도자가 나무인 예수 그리스도에게 완전히 접붙임 되어야 한다.

가지가 나무에 붙어 있으면 어떤 열매가 맺는가? 그 나무의 열매를 맺는다. 그러므로 예수 그리스도라는 나무의 진액을 빨아들여 그 가지의 끝에서(우리의 생활에) 열매를 맺어야 하는 것이다. 그러므로 기도자는 "주님! 응답해 주시면 귀한 열매를 맺겠습니다."하는 마음의 자세를 갖고 기도해야 한다.

(2) 예수님의 말씀

다음으로 예수님의 말씀이 우리의 마음속에 있어야 한다. 기도자들이 종종 범하는 오류 가운데 하나는 구하기만 하고 그리스도 예수의 말씀과 뜻을 어기며 살아가는 일이다. 우리와 예수님의 관계가 온전할 때 하나님은 그 말씀을 믿고 사는 기도자의 기도를 이루어 주신다.

예수님은 우리의 죽은 영혼을 구하시기 위하여 자기의 생명을 희생하신 분이시다. 따라서 그 분 말씀을 믿고 말씀대로 살면서 기도하면 하나님은 응답하여 주신다. 다른 말로 하면 하나님이 우리의 기도를 응답해 주시는 것은 자기 아들 예수 그리스도를 보시고 우리에게 주시는 것이다. 그리스도 없이 기도의 길이 없고, 예수 그리스도를 통하지 않고는 기도의 응답이 없다. 우리의 기도는 예수 그리스도를 통하여 하나님께 상달되고 그를 통하여 응답이 된다. 그래서 예수님은 내 이름으로 구하라고 하셨다.

3) 예수의 이름으로 드리는 기도

예수님은 제자들에게 "너희가 내 이름으로 무엇을 구하든지 내가 시행하리니 이는 아버지로 하여금 아들을 인하여 영광을 얻으시게 하려 함이라"(요 14:13)고 말씀하셨다. 이것은 예수님 자신의 말씀이며 우리는 이 말씀을 믿어야 한다. 예수님의 말씀의 내용은 두 가지로 이해된다.

(1) 중보의 예수

"내가 시행하리라"는 말씀을 보면 예수님은 우리의 기도 응답에 중보적 역할을 해 주신다는 것이다. 속죄의 역사에 예수 그리스도께서 중보적 역할을 하신 것 같이 기도의 응답에도 중보적 역할을 하신다.

(2) 예수님의 역할

"아버지로 하여금 아들을 인하여 영광을 얻으시게 하려 함이라."

예수님은 우리의 기도를 응답하도록 시행하는 일을 통하여(아들을 통하여) 하나님이 영광을 받으시게 한다는 것이다. 예수님의 중보적 역할을 통하여 하나님께 영광을 돌리신다는 고귀한 뜻을 말씀하고 있다.

예수님은 자기의 이름으로 구하면 친히 중개적 역할을 하시기를 즐겨하시며 또 중개적 역할을 하시므로 하나님께 영광을 돌리신다. 그러므로 우리는 예수님의 이름으로 기도하면 된다.

4) 하나님의 뜻대로 드리는 기도

우리의 기도가 어떤 것이든지 하나님의 뜻을 떠나서는 아무것도 이루어지지 않는다. 본래 기도가 하나님과의 대화라고 한다면 기도는 이 대화의 과정을 통하여 하나님의 뜻을 알 수 있는 수단이라고 할 수 있다. 즉 기도는 하나님의 뜻을 알기 위한 방법이다.

(1) 예수님의 기도

예수님은 주기도문에서 "뜻이 하늘에서 이루어진 것 같이 땅에서도 이루어 지이다"라고 가르쳐 주셨다. 예수님의 겟세마네 동산의 기도를 기억하자. 주님은 십자가를 질 것인지 안 질 것인지의 중대한 결정을 위해 기도를 드렸다. 주님은 "나의 원대로 마옵시고 아버지의 뜻대로 하옵소서"하고 기도하 였다.

하나님의 뜻이 무엇일까? 하나님의 뜻은 여러 가지로 해석된다. 그러나 하나님은 전 인류를(세상을) 향한 뜻과 믿는 신자들을 향한 두 가지 뜻을 갖고 계시다고 볼 수 있다.

첫째로 전 인류를 향한 하나님의 뜻은 예수님께서 말씀하신 "아들을 보고 믿는 자마다 영생을 얻는 것"(요 6:40) 이다. 그러므로 하나님의 뜻대로 기도한다는 것은 모든 기도의 결과나 응답이 '구원'을 이루는 것이 되어야 한다.

극단의 예를 들어 한 아기가 병들어 죽게 되었을 때 우리는 기도한다. 그 때 우리의 기도는 십중팔구 '살려 주십시오'라는 기도일 것이다. 그렇지 만 올바른 기도로 '하나님의 뜻대로 하옵소서'라고 기도한다면 그 의미는 죽든지 살든지 하나님의 뜻대로 되기를 바란다는 것이다. 만일 아이가 살 아났다고 하자. 그 희생으로 인해서 그 아이와 주위의 어느 누군가의 '구원 '에 도움이나 자극이 되었을 것이다.

반대로 그 아이가 죽었다고 해도 그 기도의 응답은 하나님의 뜻대로 된 것이다. 왜냐하면 그 아이의 죽음으로 주위의 누군가가 예수 그리스도 를 믿게 되고 '구원'을 얻게 되는 결과를 초래할 것이다. 이러한 의미에서 하나님의 뜻대로 기도한다는 것은 기도했는데도 하나님은 죽게 하였다는 그 응답을 해석해야 한다.

세베대의 아들들을 위한 어머니가 구한 것이 무엇인가?

주의 나라에 아들 하나를 우편에 또 하나는 좌편에 임명해 달라는 것이었다. 그 때 예수님의 대답은 '너희 구하는 것을 너희가 알지 못하는도다'(마 20:22) 하고 한탄하셨다. 기도는 우리의 원대로 이루어지지 않는다. 반드시 하나님의 뜻대로 이루어진다. 그러므로 하나님의 뜻대로 기도해야 응답받는다.

이제부터 우리의 기도의 내용 중에서 무슨 간구를 하든지 반드시 "아버지 아버지의 뜻이면 ㅇㅇㅇ를 할 수 있게 하여 주시옵소서"하고 기도해야 한다. 우리의 기도에는 '주의 뜻이라면' 이라는 말이 꼭 들어가야 한다.

둘째로 신자들을 향한 하나님의 뜻은 "너희의 거룩함"(살전 4:3)이라고 하였다. 우리의 거룩하고 구별된 삶이 하나님의 뜻이다. 그러므로 우리 신자들의 기도는 항상 부르심을 받고, 택함을 받은 자답게 거룩하게 되는 방향으로 인도하는 결과를 가져오는 것이다.

(2) 요한의 기도

요한은 하나님의 뜻대로 기도하면 응답해 주신다는 것을 분명히 기록했다. "그를 향하여 우리의 가진 바 담대한 것이 이것이니 그의 뜻대로 무엇을 구하면 들으심이라"(요일 5:14)고 하였다. 하나님은 우리의 기도를 들으신다. 그러나 그 기도가 '그의 뜻대로'하는 기도여야 한다.

(3) 하나님의 뜻이란?

하나님의 뜻을 아는 방법이 무엇인가? 크게 생각하여 두 가지가 있다.

한 가지는 '하나님의 말씀'이다. 하나님의 말씀의 대표적인 것은 신, 구약 성경이다. 그리고 그 성경에 의하여 풀이되고 선포되는 설교라고 할 수 있다. 즉 씌어진 말씀(written Words)과 선포된 말씀(spoken Words)이라고 할 수 있다.

하나님의 뜻대로 드리는 기도는 성경의 말씀대로 드리는 기도이다. 그러므로 응답을 받을 만한 기도를 드리려면 하나님의 말씀인 성경을 많이 읽어야 한다.

또 한 가지는 '성령'이다. 성령이 하나님의 뜻을 우리의 마음에 일러주신다. 다시 말하면 '성령 안에서' 기도해야 한다. 그 뜻이 무엇인지 더 자세히 상고해야 한다.

5) 성령 안에서 드리는 기도

'성령 안에서' 또는 '성령으로' 하는 기도는 응답을 받는다. 이 비결을 가르쳐 주는 말씀이 있다.

① "모든 기도와 간구로 하되 무시로 성령 안에서 기도하라"(엡 6:18)

② "성령으로 기도하며 하나님의 사랑 안에서 자기를 지키며 …"(유 1:20-21).

이 두 가지 말씀은 응답받는 기도는 성령의 인도하심과 성령의 충만한 중에 드리는 기도라는 것이다.

(1) 성령의 인도하심

하나님과의 대화는 사실 입에서 나오는 언어보다는 마음으로, 영적 언어로 하는 것이다. 하나님은 영이기에 영적인 교제가 필요하다. 그러므로 영적인 교제를 위해 성령의 인도를 받아야 영이신 하나님과 교통할 수 있다.

필자가 시무하는 교회의 한 여성도가 지난 주간에 갑자기 기도원에 가서 4-5일 금식기도를 드리고 싶다고 하여 기도원을 소개했다. 그런데 세 끼만 금식하고 그만 기도를 중단하고 돌아왔다. 물론 기도원에 가기 전에 금식기도에 관한 유의할 사항을 미리 알려주었다.

이 여성도가 기도원에 가서 기도하고 싶다는 동기는 자기의 뜻이 아니고 어느 친구의 권면이었다. 그래서 그 권면을 받아들여 기도원에 갔었던 것이다. 그리고 하루 만에 기도를 끝내고 중단하고 내려온 이유를 물었더니 그 대답은 다음과 같았다. 금식하니 기운이 없고, 졸음이 오고, 기도의 의욕도 생기지 않고 맹숭맹숭 지내다가 산속에 있으니까 두려움이 생긴다는 것이다.

이 여성도가 경험한 것에서 몇 가지 생각해 보자. 먼저 이 여성도가 기도원에 가고 싶다는 동기가 성령의 인도하심이었다면 참으로 훌륭한 동기가 되었을 것이다. 또 한 가지는 성령의 인도함이 없었으므로 기운이 없어지고 성령이 주시는 기도 제목이 없으므로 맹숭맹숭했고, 성령의 도움이 없으니 두려움이 생기고 의욕을 잃은 것이다.

우리가 무엇을 구해야 할지 알지 못할 때 성령의 인도를 받아야 한다. 바울은 로마서 8장 26절에 두 가지를 지적했다.

① 기도자가 연약할 때 "성령도 우리의 연약함을 도우신다."

② 우리가 빌 바를 알지 못할 때 "성령이 말할 수 없는 탄식으로 우리를 위하여 친히 구하신다"고 말씀하셨다.

기도를 스스로 할 수 있다고 생각하면 잘못된 생각이다. 기도는 성령의 인도가 있어야 한다. 예수님의 경우를 잘 살펴보자. 예수님이 40일간의 금식기도를 하실 때 "성령에게 이끌리어"(마 4:1), 또는 "성령의 충만함을 입어"(눅 4:1) 광야에 나가셔서 기도를 하시고 시험받으시고 승리도 하셨던 것이다.

(2) 예수님과 스데반

예수님의 겟세마네 동산에서의 기도는 "땀이 땅에 떨어지는 핏방울같이"(눅 22:44) 하는 기도였는데 성경은 기록하기를 "예수님께서 힘쓰고 애써 더욱 간절히 기도하시니"(눅 22:44) 라고 하였다.

예수님께서 크고 위대한 기도를 드릴 수 있었던 힘의 근원이 어디에 있었을까? 성경은 "사자가 하늘로부터 예수께 나타나 힘을 돕더라"(눅 22:43) 라고 하였다. 이 말씀은 참으로 중요하다. 성령의 힘과 능력의 더하심이 기도자에게 응답받을 만한 기도를 드리게 한다.

스데반의 기도를 생각하자. "스데반이 부르짖어 가로되 주 예수여 내 영혼을 받으시옵소서"(행 7:59) 하는 말씀은 스데반의 운명하기 전 마지막 기도의 내용이었다. 그가 이런 힘 있는 기도를 드릴 수 있었던 것도 "성령이 충만하여"(행 7:55) 있었으므로 가능하게 되었던 것이다.

참고로 더 생각할 것은 R.A. 토레이 목사님은 '성령 안에서 기도함'이란 제목의 글에서 성령 안에서 기도하는 특징에 관하여 자세히 설명하였다.(「기도의 영력」 생명의 말씀사. p. 175-186). 토레이 목사님은 특별히 영력을 지니신 분이요, 또 기도를 많이 하신 분이다. 위의 책을 읽어보면 좋은 교훈을 얻을 수 있을 것으로 믿는다.

6) 간절히 드리는 기도

응답받는 기도란 간절히 드리는 기도이다. 앞에서 생각한 대로 힘 있고 능력 있는 기도는 성령의 공급하는 힘으로만 가능하다. 이 힘과 능력을 받아야 지속적이고 간절한 기도를 드릴 수 있다. R. A. 토레이 목사님은 "성령 안에서 하는 기도의 특성은 간절한 기도이다"(위의 책 p.177)라고 하였다.

(1) 간절히 드리는 기도

예수님의 비유에서 우리는 간절한 기도가 응답받는다는 것을 확신할 수 있다. 누가복음 11장의 비유를 자세히 읽어 보라. 이 비유에서 보면 기도자의 기도를 듣는 자와의 관계는 '친구'(벗)관계이다. 그런데 한 친구의 요구가 이루어지는 것은 친구이기 때문이 아니라고 예수님은 말씀하셨다. "비록 벗됨을 인하여서는 일어나 주지 아니할지라도 그 강청함을 인하여 일어나 그 소용대로 주리라"(눅 11:8)고 말씀하셨다.

깊은 밤에 문을 닫고 아이들과 함께 침소에 누워 있는 친구에게 떡 세 덩이를 얻는다는 것은 힘든 일이다. 그러나 그가 강청함으로써 상대를 일어나게 하고, 문을 열게 하고 소용대로 주도록 하는 것이다. 우리는 강청하면 반드시 응답받는다는 것을 믿고 간절히 기도하자.

(2) 항상 하는 기도

예수님은 "항상 기도하고 낙심치 말아야 될 것"을 비유로 말씀하셨다. 이 비유가 누가복음 18장 1-8절에 기록되어 있다. 이 비유의 목적은 두 가지이다. 1절에 기록한 대로 항상 기도하고, 낙망치 말고 기도하라는 것을 가르치시기 위한 것이다.

(3) 호흡과 같은 기도

우리가 익히 외우는 말씀이 있다. "쉬지 말고 기도하라"(살전 5:17). 쉬지 않고, 쉬지 말고 하는 기도는 특별한 기도의 시간을 가지라는 것이 아니다. 이 말은 우리의 생활 전부가 기도의 연속이 되어야 한다는 것을 의미한다.

육신의 호흡이 지속되어야 육신이 살게 되는 것 같이 우리의 영적 생활은 호흡과도 같은 기도의 지속에서 가능하게 된다. 항상 기도하는 생활은 순간순간을 하나님과 의논하면서 살아가라는 뜻이다.

소돔과 고모라 성의 멸망을 면하기 위한 아브라함의 기도는 이루어지지 않는다. 응답되지 못한 기도라고 할 수 있다. 믿음의 조상 아브라함에게 믿음이 없었겠는가? 아니다. 큰 믿음의 사람이었다. 그런데 왜 응답을 못 받았는가?

아브라함은 간절한 기도를 드렸다. '의인을 악인과 함께 멸하시렵니까' 하며 시작된 기도의 여섯 번째 기도는 "주는 노하여 마옵소서 내가 이번만 더 말씀하리이다. 거기서 십 인을 찾으시면 어찌 하시렵니까"였다. 하나님은 "내가 십 인을 인하여도 멸하지 아니하리라"고 응답하였다. 그러나 소돔성에는 의인 열 사람이 없어서 멸망을 받았다.

만일 아브라함이 한번만 더 간절히 기도하여 "하나님, 의인 다섯 사람을 찾으시면 어찌 하시렵니까"하고 기도하였더라면 어떻게 되었을까 하는 의문이 생긴다. 아브라함이 그런 기도, 즉 일곱 번째의 기도를 드렸다면 아마 응답받았을 것이다.

다시 말하면 아브라함이 한 번 더 기도하고 더 간절히 기도하고 강청했었더라면 좋았을 것을 하는 아쉬움이 있다.

2. 기도 응답의 형태

"너희가 악할지라도 좋은 것을 자식에게 줄줄 알거든 하물며 너희 천부께서 구하는 자에게 성령을 주시지 않겠느냐 하시니라"(눅 11:13).

먼저 확신을 가질 것은 기도는 반드시 응답된다는 것이다. 응답이 없는 기도는 없다. 하나님은 우리의 기도를 들으시는 하나님이다.

우리가 종종 의심하거나 낙심하는 이유는 기도의 응답이 없어서가 아니다. 하나님께서 우리의 기도에 응답하시는 형태가 여러 가지인데 그 형태를 이해하지 못할 때 의심이나 낙심이 생긴다. 이제 기도 응답의 형태에 대하여 생각해 보자.

J. A 라이스는 그의 책 「능력 있는 기도」에서 "하나님은 세 가지 방법으로 기도를 응답하신다. 그는 '들어 주마', '안 된다', 그리고 '좀 더 기다려라'하고 말씀하신다."고 말했다(유용국 역, 생명의 말씀사, 1977. p.69).

라이스 박사의 말을 다음과 같이 풀이할 수 있다.

① 들어 주마: 적극적으로, 긍정적으로 주시는 응답.

② 안 된다: 변경하여 부정적으로 주시는 응답.

③ 좀 더 기다리라: 지연하여 대기하게 한 후의 응답.

이러한 세 가지 형태로 응답된다는 것이다. 이제 이 세 가지 응답의 형태를 차례로 생각해 보자.

1) 즉각, 긍정적인 응답

구약 사사시대의 이스라엘 백성의 기도는 항상 즉각적인 응답을 받았다. "이스라엘 자손이 여호와께 부르짖으매 그들을 위하여 한 구원자를 세워 구원하게 하시니 그는 곧 갈렙의 아우 그나스의 아들 옷니엘이라"(삿 3:9). 이것은 즉각적인 응답이다. 그러나 "이스라엘 자손이 또 여호와의 목전에 악을 행함으로 … 모압 왕 에글론을 강성케하사 그들을 대적하여 … 점령한지라"(삿 3:15) 하였다. 그 때 이스라엘 자손이 다시 "여호와께 부르짖으매 여호와께서 그들을 위하여 한 구원자를 세우셨으니"(삿 3:15) 왼손잡이 에훗이라는 사사가 처리하였다.

그런데 에훗이 죽은 후에 이스라엘 자손이 또 여호와의 목전에 악을 행하였으므로 20년간 가나안 사람의 학대를 받았다. 그래서 이스라엘 백성이 여호와께 부르짖었다(삿 4:3). 하나님은 여자 사사 드보라를 세워 다스리게 하셨다. 사사기 6장에서 다시 이스라엘 백성이 여호와의 목전에 악을 행하였으므로 7년 동안 그들을 미디안의 손에 붙였다. 그래서 또 이스라엘 자손이 "여호와께 부르짖었다"(삿 6:5-6)고 하였다.

그들이 여호와께 부르짖으므로 하나님은 이스라엘 자손에게 한 선지자를 보내 주셨다(삿 6:8). 하나님은 이스라엘 민족이 회개하며 부르짖을 때마다 즉각적으로 응답해 주셨다.

구약성경에서 즉각적이고도 긍정적인 응답을 받은 기도의 좋은 본보기는 히스기야 왕의 기도였다. 그가 이름 모를 병에 걸려 죽게 되었을 때 하나님께 "낯을 벽으로 향하여 기도하여 가로되 여호와여 구하오니 내가 진실과 전심으로 주 앞에 행하며 주의 보시기에 선하게 행한 것을 기억하옵소서"하며 크게 통곡하였다(왕하 20:2-3). 하나님의 응답은 즉각적으로 "내가 네 기도를 들었고 네 눈물을 보았노라 내가 너를 낫게 하리라 네가 삼 일만에 여호와의 전에 올라가겠고 네 날을 15년을 더할 것이라"(왕하 20:5-6)고 응답하였다.

신약성경에 보면 즉각적인 응답의 예가 많다. 그 중 한 가지는 여리고성 근처에서 눈먼 소경 바디매오가 눈을 뜨게 된 것이다. "네가 무엇을 하여 주기를 원하느냐?" "주여 보기를 원하나이다" 했을 때 "네 믿음이 너를 구원하였느니라"(막 10:51-52)고 하였다.

사도시대에 베드로가 옥에 갇혀 있었다. 그 때 예루살렘 교회가 합심하여 간절히 기도하였다(행 12:5). 한편 베드로는 갇혀 있던 옥에서 환상을 보며 주의 사자가 나타나 그를 도와주므로 석방되었다. 합심하여 간절히 기도한 성도들의 기도가 즉각 응답된 것이다.

2) 변경, 부정적인 응답

기도 응답 형태의 두 번째는 응답이 부정적이라는 것과 또 그 응답이 기도의 목표와는 다르게 응답된다는 것이다. 기도는 즉각적으로 응답되는 긍정적인 형태도 있지만 그렇지 않은 경우도 많다.

이 경우는 두 가지의 내용이 있다. 그 한 가지는 기도의 제목 '그대로' 이루어지지 않는 '부정적' 응답이며, 또 한 가지는 부정적이라는 말이 '응답이 없다'는 것이 아니라 긍정적이기는 하지만 즉, 응답은 있지만 다르게 응답되므로 부정적이라는 뜻이다.

마틴 루터는 말하기를 우리의 기도가 은을 구하는 내용이지만 하나님의 기도 응답은 금을 주시는 경우가 있다고 하였다. 예수님의 말씀을 기억하자. 하늘의 아버지 하나님은 우리가 기도할 때 "좋은 것으로 주시지 않겠느냐"(마 7:11)고 하였다. 예수님은 이 세상 육신의 아버지들은 그 마음이 악할지라도 그 아들이 무엇을 구할 때 "좋은 것으로 자식에게 줄줄 알거든"하면서 하늘의 아버지는 항상 더 좋은 것을 주신다고 말씀하셨다.

옛날 자전거가 없던 시대에 사람들을 말을 타고 다녔다. 어떤 이들은 아버지께 "학교 갈 때 탈 것이 없으니 말을 사 달라"고 졸랐다. 그러나 그 아버지는 말을 사 주지는 않지만 더 좋은 자전거를 사 준 것 같이 하나님은 기도의 응답에 이렇게 변경하여 부정적으로 응답하여 주기도 한다.

예수님은 말씀하셨다. 좋은 것을 주신다고. 그런데 그 좋은 것들 중에 제일 좋은 것이 무엇인가? 예수님은 "구하는 자에게 성령을 주시지 않겠느냐"고 하셨다. 그렇다. 우리의 기도가 즉각 긍정적으로 응답되지 않더라도 부정적으로 응답된다. 우리의 구하는 그것이 응답되지 않더라도 최소한도로 한 가지는 반드시 응답되는데 그것이 최고의 선물인 '성령'이다.

바울은 자기의 몸에 있는 육체의 가시가 사라지도록 세 번 간절한 기도를 드렸다. 그러나 하나님은 그 기도를 응답하지 않으셨다. 그의 육체의 가시는 없어지지 않았지만 그가 받은 것이 있었다. 그것은 ①그가 겸손하게 된 것이고 ②은혜를 받아 ③그리스도의 능력을 기도의 응답으로 받았다(고후 12:8-10)는 것이다. 기도의 제목이 변경되어 응답된 좋은 예가 된다.

사도바울은 제 2차 전도여행을 계획함에 있어서 ①아시아에서 전도하려고 기도했으나 성령이 못하게 했다. ②비두니아로 가고자 했지만 예수의 영이 허락지 아니했다. 그러나 ③성령은 그들이 드로아에 가서 배를 타고 마게도냐로 가도록 지시하였다. 바울의 기도가 원하는 대로 되지 못했지만 마게도냐라는 다른 곳으로 응답된 것이다. 그러므로 '전도'하는 일은 부정되지 않았고, 다만 하나님이 원하시는 곳으로 변경하여 응답하신 것이다.

3) 기다리게 하는 지연적 응답

기도는 응답된다. 반드시 응답되는 것을 확신하자. 그러나 하나님은 기도자에게 회개가 필요하거나 인내가 요구되거나 아직 응답의 때가 무르익지 못했을 때는 응답의 시기를 지연시켜 기다리게 한다. 이것을 기다리게 하는 지연적 응답이라 한다. 아직 예수님께서 메시아로 탄생하시기 전의 일이다. 예루살렘에서 84년간 기도하며 기다리다가 기도의 응답을 받은 안나의 기도가 그 좋은 예가 된다. 그녀는 "성전을 떠나지 아니하고 주야로 금식하며 기도"(눅 2:37) 하였다. 마침내 그는 누구보다도 먼저, 탄생한 예수를 만나 뵈었다.

당시에 시므온이라는 사람도 이스라엘의 위로를 기다리고 있었다. 그는

"주의 그리스도를 보기 전에 죽지 아니하리라"는 성령의 지시를 받고 기다리던 사람이다. 마침 그가 성령의 감동을 받아 성전에 들어가니 마침 예수의 부모가 그 아기 예수를 데리고 오는 것을 보게 되었다(눅 2:25-27).

예수님께서 병자들을 고쳐 주실 때는 항상 즉각적으로 응답하셨다. 그러나 누가복음 11장의 야이로의 딸이 죽어간다는 말을 들으시고도 느긋하게 계셨다. 예수님은 즉시 응답치 않으시고 여전히 가시던 길을 가셨다. 그리고는 12년 혈루증으로 고생하던 여인을 고쳐 주셨다. 그런데 회당장 야이로의 집에서 사람이 와서 말하기를 "당신의 딸이 죽었으니 선생을 더 괴롭히지 말라"고 하였다. 그제야 예수님은 회당장의 집에 가서 죽은 아이(12세)를 살려 주셨다.

물론 이 경우 오래 기다린 것은 아니지만 죽어가는 상태에 있었는데도 그대로 죽기까지 두신 것은 응답의 지연이요, 기다리게 하신 일, 그리고 죽어가는 것을 고치시는 능력보다는 죽은 것을 살리시는 더 큰 능력을 보여주신 것이다.

예레미야는 "무릇 기다리는 자에게나 구하는 영혼에게 여호와께서 선을 베푸시는도다"(애 3:25) 라고 했다. 하나님은 기다리는 자와 구하는 자에게는 반드시 선을 베푸신다. '기다림' 혹은 '인내'의 모범은 신, 구약 성경을 통하여 욥을 능가할 사람은 없을 것이다. 그는 기도하면서 기다렸다.

기도하며 인내하는 동안 욥이 "이 모든 일에 입으로 범죄하지 아니하니라" 하였다. 또 "이 모든 일에 욥이 범죄하지 아니하니라"(욥 1:22, 2:10)고 기록되어 있다. 그의 기도의 응답은 "내가 주께 대하여 귀로 듣기만 하였삽더니 이제는 눈으로 주를 뵈옵나이다. 그러므로 스스로 한하고 티끌과 재 가운데서 회개하나이다"(욥 42:5-6) 하는 회개에 대한 응답이었다.

욥은 위대한 사람이다. 그가 받은 응답을 보라. 잃은 자식의 수만큼 자녀를 다시 받았고, 그가 잃은 모든 가축의 두 배의 축복을 받았다.

하박국은 하나님께로부터 다음과 같은 응답을 들었다. "이 묵시는 정한 때가 있나니 그 종말이 속히 이르겠고 결코 거짓되지 아니하리라 비록 더딜지라도 기다리라 지체되지 않고 정녕 응하리라"(합 2:3).

3. 응답을 받지 못하는 기도

"너희가 얻지 못함은 구하지 아니함이요 구하여도 받지 못함은 정욕으로 쓰려고 잘못 구함이니라"(약 4:2-3).

먼저 알 것은 모든 기도가 응답을 받았다. 하나님이 들으실 만한 기도는 모두 응답받았다. 그러나 하나님이 받아들일 수 없는 기도가 있다. 그 때 하나님은 그 기도를 응답해 주시지 않는다. 그러므로 응답이 없는 기도는 하나님께서 응답해 주시지 않아서가 아니라 우리의 기도가 "잘못 되었을 때" 들어주시지 않는 것이다. 성경에는 응답을 받을 수 없는 기도에 관한 많은 말씀이 있다.

앞에서 응답을 받을 수 있는 기도의 조건을 여러 가지 생각했는데 그 범주에서 벗어나면 응답받기 힘들다. 그러나 성경에서 지적하는 응답을 받을 수 없는 기도의 조건들을 고찰해 보자.

쉬운 진리이면서 우리가 망각하는 것이 있다. 그것은 구하지 않고 응답을 받으려는 태도이다. 물론 하나님은 우리가 구하지 않는 것까지도 주신다. 가령 예수님께서 말씀하신대로 "너희 천부께서 이 모든 것이 너희에게 있어야 할 줄을 아시느니라"(마 6:32) 하였으므로 우리가 구하기 전에 먼저 주시는 것이 있다. 즉 먹을 것, 마실 것, 입을 것 등등은 구하지 않아도 주신다. 곰곰이 생각해 보면, 불신자들은 기도하지 않아도 먹을 것, 입을 것,

마실 것을 모두 소유하고 있다. 그것은 "해를 악인과 선인에게 비취게 하시며 비를 의로운 자와 불의한 자의 밭에 내려주시는"(마 5:45) 하나님의 보편적 은혜에 속한 것이다.

그러나 예수님은 그의 가르치신 기도에도 "일용할 양식을 주옵소서"하며 기도하라고 하셨다. 그러므로 우리는 기도해야 한다. 이 말씀, 즉 '너희가 얻지 못함은 구하지 않기 때문"(약 4:2)이라 하신 것을 기억하라. 기도하지 않으면 응답받을 수 없다.

"그러므로 응답을 못 받는 이유는 구하지 않기 때문이다. 그런데 구하여도 얻지 못하는 기도가 있다. 이것을 우리는 '기도의 결핍'이라 할 수 있다"(「기도는 신앙의 기본이다」尾山令仁 저, 이창식 역, 혜선문화사, p. 108)

이사야의 음성을 들어보자. "주의 이름을 부르는 자가 없으며"(사 6:47). 그러면 그런 기도가 어떤 것인가? 이제 기도에 장애가 되는 요소들을 몇 가지 생각해 보자.

1) 정욕으로 쓰려는 기도

야고보는 우리가 얻지 못하고 받지 못하는 이유는 구하지 않기 때문이라고 한 다음에 이어서 구하여도 받지 못하는 이유는 "정욕으로 쓰려고 잘못 구함이라"(약 4:3)고 하였다. 여기에 잘못 구하는 기도가 있다. 그것은 정욕으로 쓰려고 기도하는 것이다. 그러면 정욕으로 쓰려는 기도는 어떤 것인가?

R. A. 토레이 박사는 그의 저서 「어떻게 기도할까」라는 책에 다음과 같이 풀이하였다.

"기도에 있어서 이기적인 목적이 기도의 능력을 빼앗아간다. 매우 많은 기도가 이기적이다. 그러한 기도가 매우 적절한 것을 구하는 것일 수도 있고 주는 것이 또한 하나님의 뜻이 되는 기도일지도 모르지만 그러한 기도의 동기는 완전히 잘못된 것이기 때문에 그 기도는 무력하여 하나님께 상달되지 못하게 된다."(예수교 문서 선교회, 장동수 역, 1980, p. 63)

정욕으로 쓰려고 한다는 것은 이기적 목적으로 기도하는 것이라는 뜻이다. 이기적이라는 것은 자기의 욕심을 만족시키는 것이다. 우리의 개인의 욕망, 정욕, 영광을 위한 기도가 이기적이며, 정욕이 동기가 된 기도이다. 그러면 이기적인 것이 아닌 기도는 어떤 것인가?

누가복음 11장에서 예수님은 기도하는 방법을 비유로 말씀하시는 중에 한 친구가 잠자고 있는 친구에게 떡을 요구한 것은 자기의 먹을 구한 것이 아니라 자기 집에 찾아온 또 다른 친구를 대접하기 위한 것이었다. 간구의 동기가 항상 자기중심이 아니라 자기와 이웃을 이롭게 하는 것이어야 응답된다.

이타적인 기도는 주위의 친구, 가족뿐만이 아니다. 가령 교회를 위한 기도나 나라를 위한 기도가 포함되기도 한다. 예를 들어 아빠의 사업이 잘 되어 직원들의 봉급도 올려주고 보너스도 자주 주고, 사랑의 실천도 할 수 있고 교회에 헌금도 하기를 원하는 것이라 할 수 있다.

누가복음 12장의 농부의 비유는(눅 12:16-21) 극히 이기적이고 정욕적인 기도였다. "평안히 쉬고 먹고 마시고 즐기자" 하는 말이 그것을 의미한다.

예수님의 기도에 대한 교훈은 요한복음 14장 13절에 놀라운 말씀이 있다. '너희가 내 이름으로 무엇을 구하든지 내가 시행하리니 이는 아버지로 하여금 아들을 인하여 영광을 얻으시게 하려함이라." 기도의 응답을 통하여 하나님이 영광을 받으시기 위하여 예수님은 반드시 시행하여 주신다고 약속하였다.

예를 들어, 가령 어떤 여신도가 믿지 않는 남편을 위해 기도한다고 하자.

그 때 그 여신도의 기도가 하나님의 영광을 위한 기도가 되려면 어떻게 하여야 하겠는가? "하나님, 우리 남편이 예수를 믿게 하시고 교회 나가게 해 주시기를 간절히 기도합니다. 그리하여 그의 영혼이 구원받고, 하나님의 아들이 되고, 우리 가정이 임마누엘 가정이 되어 가정 제단을 쌓고 십일조 헌금도 드릴 수 있고, 교회 봉사도 하여서 하나님께 영광을 돌리게 하옵소서"하고 기도해야 할 것이다.

끝으로 세배대의 두 아들이며 예수님의 제자였던 야고보와 요한을 보자. 그들은 "선생님이여, 무엇이든지 우리의 구한 바를 우리에게 하여 주시기를 원하옵나이다"라고 하였다. 그러면서 구한 것이 무엇인가? '예수님이 왕위에 오르실 때 하나는 주의 오른편에, 또 하나는 주의 좌편에 앉게 하여 주옵소서' 하는 것이었다. 이것은 정욕으로 쓰려고 드리는 기도이다. 주님은 응답해 주지 않으셨다.

마가복음 10장에 보면 두 가지의 기도가 있다. 하나는 세배대의 두 아들의 기도이고, 또 하나는 소경 바디매오의 기도이다. 두 가지가 모두 "원하나이다"(막 10:35, 51) 하는 기도이다.

예수님은 두 가지 기도에 대해 동일한 말씀으로 '너희에게 무엇을 하여 주기를 원하느냐'(36절) 또는 '네게 무엇을 하여 주기를 원하느냐'(51절)고 되물었다. 그러나 세배대의 아들들의 기도는 이루어 주지 않으셨다. 그 이유는 앞에서 언급한 대로 세배대의 아들들의 기도는 정욕으로 쓰려고 잘못 구한 기도이기 때문이다. 예수님은 자기의 좌, 우편에 앉는 것은 "나의 줄 것이 아니라"(40절)고 거절하셨다.

2) 마음에 죄악을 품은 기도

하나님을 향한 우리의 마음이 깨끗하고 정결해야 한다. "마음이 청결한 자는 복이 있나니 저희가 하나님을 볼 것임이요"(마5:8) 라고 하였다. 우리의 마음을 흐리게 하는 것이 무엇인가? 하나님과 우리 사이를 멀리하고 담을 쌓게 하는 것이 무엇인가? 그것은 '죄'이다.

이사야 선지자는 "오직 너희 죄악이 너희와 너희 하나님 사이를 내었고, 너희 죄가 그 얼굴을 가리워서 너희를 듣지 않으시게 함이니"하면서 여호와의 손이 짧아 구원치 못하심도 아니요, 귀가 둔하여 듣지 못하심도 아니라고 하였다. (사 59:1-2). 하나님은 귀가 둔한 분이 아니며, 손이 짧은 분도 아니다. 다만 우리의 죄악을 보고 계시기 때문에 응답해 주시지 않는 것이다.

한번은 예수님의 제자 중에 야고보와 요한이 예수님께 이런 요청을 하였다. "주여 우리가 불을 명하여 하늘로 좇아내려 저희를 멸하라 하기를 원하시나이까?" 이 일은 예수님이 예루살렘을 향하여 상경하시다가 사마리아 지방의 한 촌에 들어가시려 하였을 때의 일이었다. 두 제자는 화가 나고 그들의 하는 일이 괘씸하여 이러한 요청을 하였던 것이다(눅 9:51-56).

그 때에 예수님은 그 요청을 받아주시지 않았다. 오히려 그들을 돌아보시며 꾸짖으시고 다른 촌으로 함께 가셨다. 마음에 죄악을 품은 두 제자의 간청은 이루어지지 않았다.

그러므로 우리는 어떻게 기도해야 하는가? 기도와 간구와 도고를 하기 이전에 반드시 드려야 할 기도는 영광, 감사 그리고 회개이다. 우리는 회개의 기도를 먼저하고 용서를 받아야 한다.

그래서 하나님과 기도자(우리) 사이의 거리를 좁히고 담을 헐고, 그 다음 그의 얼굴을 거룩한 심령으로 바라보며 기도해야 한다. 무릇 모든 기도에 회개의 기도가 필연적으로 있어야 한다. 그 후에 드리는 기도에 하나님이 응답해 주신다.

예루살렘 성전에 올라간 세리의 기도의 내용이 무엇인가? 두 가지였다.

①주여 나를 불쌍히 여겨 주소서 ②나는 죄인이로소이다(눅 18:13). 예수님 당시에 많은 병자들이 병 고침을 받았다. 그런데 주님께 치유의 간구를 드릴 때의 기도는 "다윗의 자손 예수여 나를 불쌍히 여기소서"(막 10:47, 48)였다. 그 때 예수님은 치유해 주셨다.

뿐만 아니라 예수님이 병자들의 병을 치유해달라는 간구를 응답해 주시면서 늘 하신 말씀은 "네 죄 사함을 받았다"(막 2:5)고 말씀하셨다. 기도에 있어서 중요한 것은 죄의 회개이다.

죄의 회개 없이 기도의 응답은 없다. 회개는 기도 응답의 길에 놓는 다리이다. 우리는 이 다리를 놓는 작업을 해야만 응답을 받는다. 시편 기자는 "내가 내 마음에 죄악을 품으면 주께서 듣지 아니하시리라"(시 66:18)고 하였다.

3) 용서하는 마음 없이 드리는 기도

응답을 못 받는 기도는 회개가 없는 기도이다. 즉 죄를 품고 기도하면 응답을 못 받는다. 그런데 또 한 가지 주의할 점이 있다. 우리의 죄를 용서받고 회개가 이루어지기 위해서 선행되어야 할 일이 있다. 그것은 우리가 남의 죄를 용서하지 않으면서 용서를 구하고 죄를 깨끗케 할 수 없다는 것이다.

예수님은 "너희가 각각 중심으로 형제를 용서하지 아니하면 내 천부께서도 너희에게 이와 같이 하리라"(마 18:35). 용서하지 않는 마음이 기도 응답의 제일 큰 장애가 된다.

하나님과 나 사이에 담(죄)을 헐어야만 기도가 응답되고 하나님과 나의 멀어진 거리(범죄)를 좁혀야만 기도가 응답된다. 그러나 이 거리를 좁히기 전에 나와 이웃 사이(다른 모든 사람)의 거리도 좁혀야 한다. 그것이 화해이다. 용서를 통하여 먼저 타인과의 사이에 있는 담을 헐어야 한다.

예수님은 말씀하시기를 "서서 기도할 때에 아무에게나 혐의가 있거든 용서하라. 그리하여야 하늘에 계신 너희 아버지도 너희 허물을 사하여 주리라"(막 11:25)고 하였다. 또 마태복음에는 예물을 하나님께 드리다가 거기서 네 형제에게 원망들을 만한 일이 있는 줄 생각나거든 "예물을 제단 앞에 두고 먼저 가서 형제와 화목하고 그 후에 와서 예물을 드리라"(마 5:23-24)고 명하셨다.

우리의 기도의 제단에 화목의 제물이 드려져야 한다. 우리가 구약에서 읽은 말씀 중에 가장 비참한 것은 가인과 아벨의 형제 사이에 일어난 살인 사건이다. 가인의 제사가 왜 열납되지 않았는가? 그에게는 동생을 미워하는 마음, 죽이려는 적의가 가득하였다. 이런 마음은 응답받을 수 없는 제단이다.

그러므로 예수님은 "너희 중에 두 사람이 땅에서 합심하여 무엇이든지 구하면 하늘에 계신 내 아버지께서 너희를 위하여 이루게 하시리라"(마 18:19)고 말씀하셨다.

우리가 합심해야 할 그 '두 사람'이 누구인가? 친구, 모녀, 교역자와 성도, 선생과 제자 등등 다양할 것이다. 그러나 가장 가까운 두 사람은 남편과 아내이다. 우리의 기도가 응답받으려면 부부가 합심하여 화목의 제단을 쌓아야 한다. 그렇지 않으면 기도가 응답을 받을 수 없다.

4) 잘못된 부부 관계에서 드리는 기도

인간 생활에서 가장 가까운 관계는 부부 관계이다. 우리는 이웃이라는 말을 너무 비약해서 생각하거나, 오해하는 일이 많다.

나의 가장 가까운 사람은 나의 아내요, 나의 남편이다. 서로 화목해야 한다면 그 서로는 부부요, 서로 용서해야 한다면 부부가 먼저 용서해야 한다. 두 사람이 합심한다면 그것은 부부의 합심이며 함께 기도한다면 부부가 먼저 함께 기도해야 할 것이다.

기도의 응답도 마찬가지이다. 부부가 불화한 중에서 드리는 기도는 하나님이 응답해 주시지 않는다. 앞에서 생각한 정욕을 품은 기도를 보라. 한 아내(혹은 남편)가 정욕을 품고 기도한다면 가장 싫어할 사람이 누구이겠는가? 내 아내요, 내 남편이다.

범죄에 있어서 부부의 공동의 힘이 큰 것 같다. 하와가 범죄한 후에 아담으로 더불어 범죄하였다. 아합 왕은 그 왕후 이세벨과 공모하여 범죄하였다. 세례 요한을 목 베어 죽일 때도 헤롯과 헤로디아는 원치 않았지만 함께 범죄하였으며 아나니아와 삽비라도 헌금을 할 때 성령을 속이는 일을 함께 꾀하였다. 범죄에 부부의 힘이 크게 작용하듯이 구원의 문제, 기도의 응답 역시 부부의 힘이 크다.

우리의 기도가 응답을 받기 위해서는 부부관계가 건전해야 한다. 베드로는 "남편 된 자들아 이와 같이 지식을 따라 너희 아내와 동거하고 저는 더 연약한 그릇이요 또 생명의 은혜를 유업으로 함께 받을 자로 알아 귀히 여기라 이는 너희 기도가 막히지 아니하게 하려 함이라"(벧전 3:7)고 하였다.

기도의 응답이 없을 때 그 원인을 먼 데서 찾지 말라. 그 원인은 아주 가까운 데 있다. 즉 부부 관계의 비정상, 혹은 불화, 불신에 있다. 하나님은 땅에서 매면 하늘에서도 매고, 땅에서 풀면 하늘에서도 푼다고 말씀하셨다. 땅의 부부 관계에서 풀어야 할 것을 풀어야 하늘의 아버지께서 어려운 문제를 풀어 주신다. 건전한 부부 관계는 어떤 것인가? 베드로의 말을 중심으로 살펴보자.

(1) 지식을 따라

부부 관계가 형성될 때 즉 창세기에 아담과 하와의 관계가 부부로 창조

될 때의 말씀을 잘 읽고 부부 관계의 성경적 근거를 파악해야 한다. 또 여성 내지 아내에 대한 심리적, 정신적, 육체적, 감정적인 지식이 있어야 한다.

(2) 아내와 동거하고

별거 생활은 허락되지 않는다. 다만 기도 생활을 위해서만 별거가 허용된다. 서로 침실을 각방해도 안 된다(고전 7:5). 직장 관계로 떨어져 있는 것도 바람직하지 못하다. 부부 간의 문제는 서로 별거하는 데서 야기된다.

(3) 더 연약한 그릇

여자는 육체적으로 남자보다 약하다. 그러므로 그릇으로 말하자면 깨어지기 쉬운 그릇으로 생각하면 된다.

(4) 생명의 은혜를 유업으로 함께 받을 자

여자를 무시하면 안 되고 아내를 경멸하거나 천대하면 안 된다. 하나님은 구원에 있어서 옛날 고대 사회처럼 남녀를 구별하지 않는다. 오히려 신앙생활에 있어서는 여자들이 더 강하다.

(5) 귀히 여겨라

존중히 하고 인격을 인정하여 존귀하게 대해야 한다. 그래야 우리의 기도가 막히지 않는다.

5) 사랑이 결핍된 기도

기도가 하나님께서 주시는 것을 받기 위한 것이라고만 생각하는 것은 큰 잘못이다. 기도는 내가 할 수 없는 것을 하실 수 있는 하나님의 지혜, 능력, 은사 그리고 선물을 받기 위한 것이다.

즉, 받기만을 위한 것이 아니라 주기 위하여 무엇을 달라고 구하는 것이다. 하나님은 우리가 기도할 때 좋은 것을 주신다고 말씀하셨고(마 7:11), 그 좋은 것을 성령이라고(눅 11:13) 하셨다. 그런데 성령으로 인해서 주시는 은사 중에 가장 큰 은사는 사랑이다.

그러므로 기도 응답의 가장 큰 선물은 성령을 받는 것이고, 그 성령을 받아 할 수 있는 제일 큰 능력은 예수 그리스도를 증거하는 것이고, 또한 사랑을 실천하는 능력이다. 그래서 예수님은 하나님의 나라와 의가 이루어지도록 기도하라고 하신 것이다(마 6:33).

우리의 기도가 응답을 못 받는 것은 "귀를 막아 가난한 자의 부르짖는 소리를 듣지 아니하고 부르짖음에 들을 자가 없기 때문"(잠 21:13) 이다.

또 한 가지는 용서할 줄 모르는 사람의 기도이다. 특히 죄의 용서를 구하는 기도는 먼저 다른 사람의 죄를 사랑으로 용서하는 기도가 앞서야 한다. "기도할 때에 아무에게나 혐의가 있거든 용서하라 그리하여야 하늘에 계신 너희 아버지도 너희 허물을 사하여 주시리라"(막 11:25)고 하였다.

또 예수님은 "너희가 각각 중심으로 형제를 용서하지 아니하면 내 천부께서도 너희에게 이와 같이 하시리라"(마 18:35)고 하였다.

남을 용서하지 않으면 회개의 기도는 응답되지 않는다. 스데반의 기도를 보자. 스데반은 "주 예수여 내 영혼을 받으시옵소서"라고 기도하였다. 그러나 그 기도로 끝나지 않았다. 자기의 죄를 용서받고 자기의 영혼을 부탁드리는 기도가 응답을 받기 위해서는 남은 기도가 있다. 그것은 "주여 이 죄를 저들에게 돌리지 마옵소서"(행 7:60) 하는 기도였다.

다윗은 "내 허물을 여호와께 자복하리라 하고 주께 내 죄를 아뢰고 내 죄악을 숨기지 아니하였더니 곧 주께서 내 죄악의 악을 사했나이다"(시 32:5) 라고 하였다.

XII. 예수님의 기도생활

1. 예수님의 기도명령

1) 시험에 들지 않게 항상 깨어 기도하라.

- "시험에 들지 않게 깨어 기도하라. 마음에는 원이로되 육신이 약하도다 하시고"(마 26:41).

- "시험에 들지 않게 깨어 있어 기도하라. 마음에는 원이로되 육신이 약하도다 하시고"(막 14:38).

- "이러므로 너희는 장차 올 이 모든 일을 능히 피하고 인자 앞에 서도록 항상 기도하며 깨어 있으라 하시니라"(눅 21:36).

- "그곳에 이르러 저희에게 이르시되 어찌하여 자느냐 시험에 들지 않게 일 어나 기도하라 하시니라"(눅 22:40, 46).

2) 마지막 때를 위하여 기도하라.

- "너희의 도망하는 일이 겨울에나 안식일에 되지 않도록 기도하라"(마 24:20).

- "이 일이 겨울에 나지 않도록 기도하라"(막 13:18).

- "예수께서 가라사대 내 때는 아직 이르지 아니하였거니와 너희 때는 늘 준비되어 있느니라"(요 7:6).

3) 너를 미워하는 자를 위하여 기도하라.

● "나는 너희에게 이르노니 너희 원수를 사랑하며 너희를 핍박하는 자를 위하여 기도하라"(마 5:44).

4) 주님은 우리에게 기도를 가르치신다.

- 제사장으로, 십자가에서 -

주님의 삶 가운데서 주의 깊게 살펴봐야 할 특징으로 기도의 장면들이 몇 군데 있다. 예를 들어 요한복음 17장에서 주님은 우리의 대제사장으로서 우리를 위하여 중보기도를 하고 계신다. 이 기도에서 주님은 아버지와의 거룩한 대화를 통하여 당신의 마음을 그대로 보여주고 계신 것이다. 즉 기도를 통하여 신자들을 향한 당신의 뜻을 알려주고 계신 것이다. 그리하여 이 기도는 크리스천의 삶의 몇몇 측면들에 대하여 아주 소중한 빛을 던져주고 있다. 시간을 내어 17장 전체를 천천히 주의 깊게 읽어보라. 그리고 그것들이 우리 자신의 삶 속에서 얼마만큼 이루어지고 있는지 자문해보라. 주님도 분명히 말씀하셨듯이 이 기도는 제자들만을 위한 것이 아니라 모든 세대의 모든 신자들을 위한 것이기도 하다.

예수님의 기도와 우리들이 드리는 기도는 어쩌면 전혀 비교할 수 없는 성질의 것인지도 모른다. 이 기도는 대제사장의 중보기도 특권과 삶뿐만 아니라 입술을 통해서도 주님을 찬양하고 높이고 영화롭게 해 드릴 수 있는 특권이 주어져 있다. 다른 사람을 위하여 중보기도를 한다는 것은 크리스천의 섬김에 있어서 아주 중요한 부분이다. 여러분은 규칙적으로 남을 위하여 기도하고 있는가? 아니면 언제나 자신을 위해서만 기도하는가?

이제 주님께서는 십자가의 마지막 고통이 눈앞으로 다가왔다. 우리는 주님이 그 겟세마네 동산에서도 무릎을 꿇고 아버지께 기도하시는 모습을 볼 수 있다.

"가라사대 아버지여 만일 아버지의 뜻이어든 이 잔을 내게서 옮기시옵소서 그러나 내 원대로 마옵시고 아버지의 원대로 되기를 원하나이다 하시니 사자가 하늘로부터 예수께 나타나 힘을 돕더라 예수께서 힘쓰고 애써 더욱 간절히 기도하시니 땀이 땅에 떨어지는 핏방울같이 되더라 기도 후에 일어나 제자들에게 가서 슬픔을 인하여 잠든 것을 보시고 이르시되 어찌하여 자느냐 시험에 들지 않게 일어나 기도하라 하시니라"(눅 22:42-46).

여기 두 가지 대조적인 태도가 나타나고 있다. 주님은 십자가의 고통을 직면하면서 끝까지 하나님의 뜻을 따르고 있으며, 이제 눈앞에 닥쳐온 커다란 사건들을 감당할 수 있도록 새 힘을 주시기를 간구하고 계신다. 반면 제자들은 다 잠을 자고 있다. 주님은 기도하시는데 제자들은 잠을 자고 있는 것이다. 이 사실 자체에 메시지가 들어 있다. 그 보다 더 분명한 뜻을 밝혀내려고 애쓸 필요가 없다. 우리는 어떤가? 정작 기도해야 할 때에 잠을 자고 있지는 않은가?

주께서 기도하시던 모든 기도의 장면들 중에서 가장 인상이 남는 것은 역시 십자가의 고통을 겪는 중에 드리셨던 기도일 것이다. 맨 처음 주님은 이렇게 기도하셨다.

"아버지여 저희를 사하여 주옵소서 자기의 하는 것을 알지 못 함이니이다"(눅 23:34).

주님은 당신의 가르침을 친히 성취하고 계셨던 것이다. "그러나 너희 듣는 자에게 내가 이르노니 너희 원수를 사랑하며 너희를 미워하는 자를 선대하며 너희를 저주하는 자를 위하여 축복하며 너희를 모욕하는 자를 위하여 기도하라"(눅 6:27-28).

용서하지 않는 가혹한 마음처럼 기도 생활을 절름발이 기도 생활로 만드는 것은 거의 없을 것이다. 그것은 상대가 나한테 엄청나게 큰 잘못을 저지른 사람일 경우에도 마찬가지이다.

기도는 용서하는 마음의 비결이다. 십자가에서의 주님의 이 기도의 외침들을 생각해 보면 우리는 어느새 지성소 앞에 서 있게 된다. 주님은 십자가에서 다시 한번 고통에 찬 외침으로 목소리를 높여 부르짖으신다. 오직 당신만이 성취하실 수 있는 대속의 사역을 감당하고 계신 주님의 외침이었다.

"제 구시 즈음에 예수께서 크게 소리 질러 가라사대 엘리 엘리 라마 사박다니 하시니 이는 곧 나의 하나님 나의 하나님 어찌하여 나를 버리셨나이까 하는 뜻이라"(마 27:46).

우리는 여기서 주님께서 아버지를 '나의 하나님'이라고 부르시는 것을 볼 수 있다. 이 말에 이어 아버지의 손에 자신을 맡기시는 주님의 확신에 찬 의탁의 외침이 들려온다.

"예수께서 큰 소리로 불러 가라사대 아버지여 내 영혼을 아버지의 손에 부탁하나이다 하고 이 말씀을 하신 후 운명하시다"(눅 12:46). 주님의 삶에 나타난 이러한 여러 기도의 모습들을 살펴볼 때 우리는 그 옛날 제자들이 그러했듯이 이렇게 고백하지 않을 수 없게 된다. "주여 우리에게 기도를 가르쳐 주옵소서."

자 이제 다시 한 번 요약해 보자. 우리는 예수님의 삶에 나타난 기도를 살펴보았는데 이제 그것을 정리해 보고자 한다. 주님의 기도의 모습들을 통하여 우리는 다음과 같은 사실들을 배울 수 있다.

"기도는 사역을 앞서는 것이다.

기도는 하루를 살 수 있도록 우리를 준비시켜 준다.

기도는 사역의 현장 속에서 능력을 가져다 준다.

기도는 결정을 내려야 할 시기에 우리의 마음을 분명하게 해 준다.

기도는 우리를 하나님의 계획과 목적 안에 머무르게 해 준다.

기도는 우리로 하여금 인생의 시련들을 직면할 수 있게 해 준다.

기도는 우리에게 변화된 삶을 가져다 준다.

기도는 적(敵)과 그의 일을 향하여 승리를 선포한다.

기도는 용서하는 마음의 비결이다.

기도는 우리를 그리스도를 향한 온전한 헌신과 전적인 헌신으로 이끌어 준다.

2. 예수님의 기도방법

1) 항상 기도하고 낙심하지 말라.

- "항상 기도하고 낙망치 말아야 될 것을 저희에게 비유로 하여"(눅 18:1).

2) 골방(기도방, 다락방)에서 기도하라.

- "너는 기도할 때에 네 골방에 들어가 문을 닫고 은밀한 중에 계신 네 아버지께 기도하라 은밀한 중에 보시는 네 아버지께서 갚으시리라"(마 6:6).

3) 믿음으로 기도하라.

- "너희가 기도할 때에 무엇이든지 믿고 구하는 것은 다 받으리라 하시니라"(마 21:22).

- "그러므로 내가 너희에게 말하노니 무엇이든지 기도하고 구하는 것은 받은 줄로 믿으라. 그리하면 너희에게 그대로 되리라"(막 11:24).

4) 남을 용서하고 기도하라.

- "서서 기도할 때에 아무에게나 혐의가 있거든 용서하라 그리하여야 하늘에 계신 너희 아버지도 너희 허물을 사하여 주시리라 하셨더라"(막 11:25).

5) 너를 저주하는 자를 위하여 축복하라.

- "너희를 저주하는 자를 위하여 축복하며 너희를 모욕하는 자를 위하여 기도하라"(눅 6:28).

6) 외식하는 자 같이 기도하지 말라.

- "외식하는 자여 먼저 네 눈 속에서 들보를 빼어라. 그 후에야 밝히 보고 형제의 눈 속의 티를 빼어라"(마 6:5).
- "저희는 과부의 가산을 삼키며 외식으로 길게 기도하니 그 받는 판결이 더욱 중하리라 하시니라"(눅 20:47).

7) 중언부언하지 말라

- "또 기도할 때에 이방인과 같이 중언부언하지 말라 저희는 말을 많이 하여야 들으실 줄 생각하느니라"(마 6:7).

8) 내 집은 만민이 기도하는 집이다.

- "저희에게 이르시되 기록된 바 내 집은 기도하는 집이라 일컬음을 받으리

라 하였거늘 너희는 강도의 굴혈을 만드는 도다 하시니라"(마 21:13).

- "이에 가르쳐 이르시되 기록된 바 내 집은 만민의 기도하는 집이라 칭함을
받으리라 하지 아니하였느냐 너희는 강도의 굴혈을 만들었도다 하시매"
(막 11:17).

- "저희에게 이르시되 기록된 바 내 집은 기도하는 집이 되리라 하였거늘
너희는 강도의 굴혈을 만들었도다 하시니라"(눅 19:46).

9) 주님의 기도문

- "그러므로 너희는 이렇게 기도하라 하늘에 계신 우리 아버지여 이름이 거
룩히 여김을 받으시오며 나라이 임하옵시며 뜻이 하늘에서 이룬 것 같이
땅에서도 이루어지이다 오늘날 우리에게 일용할 양식을 주옵시고 우리가
우리에게 죄 지은 자를 사하여 준 것 같이 우리 죄를 사하여 주옵시고
우리를 시험에 들게 하지 마옵시고 다만 악에서 구하옵소서 나라와 권세
와 영광이 아버지께 영원히 있사옵니다. 아멘(마 6:9-13).

- "예수께서 이르시되 너희는 기도할 때에 이렇게 하라 아버지여 이름이 거
룩히 여김을 받으시오며 나라이 임하옵시며 우리에게 날마다 일용할 양식
을 주옵시고 우리가 우리에게 죄 지은 모든 사람을 용서하오니 우리 죄도
사하여 주옵시고 우리를 시험에 들게 하지 마옵소서 하라"(눅 11:2-4).

3. 예수님의 기도생활

1) 예수님의 새벽기도

- "새벽 오히려 미명에 예수께서 일어나 한적한 곳으로 가서 거기서 기도하

시더니"(막 1:35).

2) 예수님의 철야기도

- "이 때에 예수께서 기도하시러 산으로 가사 밤이 맞도록 하나님께 기도하시고"(눅 6:12).

- "무리를 보내신 후에 따로 산에 올라가시다 저물매 거기 혼자 계시더니"(마 14:23).

- 마 26:36-44.

- "무리를 작별하신 후에 기도하러 산으로 가시다 저물매 배는 바다 가운데 있고 예수는 홀로 뭍에 계시다가 바람이 거스리므로 제자들의 괴로이 노 젓는 것을 보시고 밤 사경 즈음에 바다 위로 걸어서 저희에게 오사 지나가려고 하시매"(막 6:46-48).

- "저희가 겟세마네라 하는 곳에 이르매 예수께서 제자들에게 이르시되 나의 기도할 동안에 너희는 여기 앉았으라 하시고, 내 마음이 심히 고민하여 죽게 되었으니 너희는 여기 머물러 깨어 있으라 하시고, 돌아 오사 제자들의 자는 것을 보시고 베드로에게 말씀하시되 시몬아 자느냐 네가 한 시 동안도 깨어 있을 수 없더냐"(막 14: 32, 34, 47).

- "날이 밝으매 예수께서 나오사 한적한 곳에 가시니 무리가 찾다가 만나서 자기들에게서 떠나시지 못하게 만류하려 하매"(눅 4: 42).

3) 예수님의 금식기도

- "사십 일을 밤낮으로 금식하신 후에 주리신지라"(마 4:2).

- "성령이 곧 예수를 광야로 몰아내신지라 광야에서 사십 일을 계셔서 사단에게 시험을 받으시며 들짐승과 함께 계시니 천사들이 수종들더라"(막 1:

12-13).

- "예수께서 성령의 충만함을 입어 요단강에서 돌아오사 광야에서 사십 일 동안 성령에게 이끌리시며 마귀에게 시험을 받으시더라 이 모든 날에 아무것도 잡수시지 아니하시니 날 수가 다하매 주리신지라"(눅 4:1-2).

4) 예수님의 산기도

- "무리를 보내신 후에 기도하러 따로 산에 올라가시다 저물매 거기 혼자 계시더니"(마 14:23).

- "무리를 작별하신 후에 기도하러 산으로 가시다 저물매 배는 바다 가운데 있고 예수는 홀로 뭍에 계시다가 바람이 거스리므로 제자들의 괴로이 노 젓는 것을 보시고 밤 사경 즈음에 바다 위로 걸어서 저희들에게 오사 지나 가려고 하시매"(막 6:46-48).

- "이 때에 예수께서 기도하시러 산으로 가사 밤이 맞도록 하나님께 기도하 시고"(눅 6:12).

- "이 말씀을 하신 후 팔 일쯤 되어 예수께서 베드로와 요한과 야고보를 데리 시고 기도하시러 산에 올라 가사 기도하실 때에 용모가 변화하고 그 옷이 희어져 광채가 나더라"(눅 9:28-29).

5) 예수님의 한적한 곳에서의 기도

- "새벽 오히려 미명에 예수께서 일어나 한적한 곳으로 가서 거기서 기도하 시더니"(막 1:35).

- "날이 밝으매 예수께서 나오사 한적한 곳에 가시니 무리가 찾다가 만나서 자기들에게 떠나시지 못하게 만류하려 하매"(눅 4:42).

- "예수는 물러 가사 한적한 곳에서 기도하시니라"(눅 5:16).

6) 예수님의 광야에서의 기도

- "그 때에 예수께서 성령에게 이끌리어 마귀에게 시험을 받으러 광야로 가사 사십 일을 밤낮으로 금식하신 후에 주리신지라"(마 4:1-2).

- "성령이 곧 예수를 광야로 몰아내신지라 광야에서 사십 일을 계셔서 사단에게 시험을 받으시며 들짐승과 함께 계시니 천사들이 수종들더라"(막 1:12-13).

- "예수께서 성령의 충만함을 입어 요단강에서 돌아오사 광야에서 사십 일 동안 성령에게 이끌리시며 마귀에게 시험을 받으시더라 이 모든 날에 아무것도 잡수시지 아니하시니 날 수가 다하매 주리신지라"(눅 4:1-2).

7) 예수님은 홀로 기도하심

- "예수께서 따로 기도하실 때에 제자들이 주와 함께 있더니 물어 가라사대 무리가 나를 누구라고 하느냐"(눅 9:18).

- "예수께서 한 곳에서 기도하시고 마치시매 제자 중 하나가 여짜오되 주여 요한이 자기 제자들에게 기도를 가르친 것과 같이 우리에게도 가르쳐 주옵소서"(눅 11:1).

8) 예수님이 무릎을 꿇고 기도하심

- "저희를 떠나 돌 던질 만큼 가서 무릎을 꿇고"(눅 22:41).

9) 예수님은 세례를 받으시고 기도하심

- "백성이 다 세례를 받을쌔 예수도 세례를 받으시고 기도하실 때에 하늘이

열리며"(눅 3:21).

10) 예수님의 안수기도와 어린이를 위한 기도

- "때에 사람들이 예수의 안수하고 기도하심을 바라고 어린 아이들을 데리고 오매 제자들이 꾸짖거늘"(마 19:13).

11) 예수님은 12제자를 뽑기 전날 밤에 기도하심

- "이 때에 예수께서 기도하시러 산으로 가사 밤이 맞도록 하나님께 기도하시고 밝으매 그 제자들을 부르사 그 중에서 열둘을 택하여 사도라 칭하였으니"(눅 6:12-13).

12) 예수님이 기도하실 때에 용모변화

- "기도하실 때에 용모가 변화되고 그 옷이 희어져 광채가 나더라"(눅 9:29).

13) 예수님의 중보기도

- "그러나 내가 너를 위하여 네 믿음이 떨어지지 않기를 기도하였노니 너는 돌이킨 후에 네 형제를 굳게 하라"(눅 22:32).

- "내가 저희를 위하여 비옵나니 내가 비옵는 것은 세상을 위함이 아니요 내게 주신 자들을 위함이니이다. 저희는 아버지의 것이로소이다. 나는 세상에 더 있지 아니하오나 저희는 세상에 있사옵고 나는 아버지께 가옵나니 거룩하신 아버지여 내게 주신 아버지의 이름으로 저희를 보존하사 우리와 같이 저희도 하나가 되게 하옵소서. 내가 비옵는 것은 저희를 세상에서 데려가시기를 위함이 아니요 오직 악에 빠지지 않게 보존하시기 위함이니이다"(요 17:9, 11, 15).

14) 예수님의 겟세마네 동산에서의 기도

- "이에 예수께서 제자들과 함께 겟세마네라 하는 곳에 이르러 제자들에게 이르시되 내가 저기 가서 기도할 동안에 너희는 여기 앉아 있으라 하시고 베드로와 세베대의 두 아들을 데리고 가실쌔 고민하고 슬퍼하사 이에 말씀하시되 내 마음이 심히 고민하여 죽게 되었으니 너희는 여기 머물러 나와 함께 깨어 있으라 하시고 조금 나아가 얼굴을 땅에 대시고 엎드려 기도하여 가라사대 내 아버지여 만일 할 만하시거든 이 잔을 내게서 지나가게 하옵소서. 그러나 나의 원대로 마옵시고 아버지의 원대로 하옵소서 하시고 제자들에게 오사 그 자는 것을 보시고 베드로에게 말씀하시되 너희가 나와 함께 한 시 동안도 이렇게 깨어 있을 수 없더냐. 시험에 들지 않게 깨어 있어 기도하라. 마음에는 원이로되 육신이 약하도다 하시고 다시 두 번째 나아가 기도하여 가라사대 내 아버지여 만일 내가 마시지 않고는 이 잔이 내게서 지나갈 수 없거든 아버지의 원대로 되기를 원하나이다 하시고 다시 오사 보신즉 저희가 자니 이는 저희 눈이 피곤함일러라. 또 저희를 두시고 나아가 세 번째 동일한 말씀으로 기도하신 후 이에 제자들에게 오사 이르시되 이제는 자고 쉬라. 보라, 때가 가까웠으니 인자가 죄인의 손에 팔리우느니라. 일어나라 함께 가자. 보라 나를 파는 자가 가까이 왔느니라"(마 26:36-46).

- "예수님께서 겟세마네라 하는 곳에 이르매 예수께서 제자들에게 이르시되 나의 기도할 동안에 너희는 앉았으라 하시고 베드로와 야고보와 요한을 데리고 가실 쌔 심히 놀라시며 슬퍼하사 말씀하시되 내 마음이 심히 놀라시며 슬퍼하사 말씀하시되 내 마음이 심히 고민하여 죽게 되었으니 너희는 여기 머물러 깨어 있으라 하시고 조금 나아가사 땅에 엎드리어 될 수 있는 대로 이때가 자기에게서 지나가기를 구하여 가라사대 아바 아버지여 아버지께는 모든 것이 가능하오니 이 잔을 내게서 옮기시옵소서. 그러나

나의 원대로 마옵시고 아버지의 원대로 하옵소서 하시고 돌아오사 제자들이 자는 것을 보시고 베드로에게 말씀하시되 시몬아 자느냐 네가 한 시 동안도 깨어 있을 수 없더냐. 시험에 들지 않게 깨어 있어 기도하라. 마음에는 원이로되 육신이 약하도다 하시고 다시 나아가 동일한 말씀으로 기도하시고 다시 오사 보신즉 저희가 자니 이는 저희 눈이 심히 피곤함이라. 저희가 예수께 무엇으로 대답할 줄을 알지 못하더라. 세 번째 오사 저희에게 이르시되 이제는 자고 쉬라. 그만이다. 때가 왔도다. 보라 인자가 죄인의 손에 팔리우느니라"(막 14:32-41).

- "예수께서 나가사 습관을 좇아 감람산에 가시매 제자들도 좇았더니 그 곳에 이르러 저희에게 이르시되 시험에 들지 않기를 기도하라 하시고 저희를 떠나 돌 던질 만큼 가서 무릎을 꿇고 기도하여 가라사대 아버지여 만일 아버지의 뜻이어든 이 잔을 내게서 옮기시옵소서. 그러나 내 원대로 마옵시고 아버지의 원대로 되기를 원하나이다 하시니 사자가 하늘로부터 예수께 나타나 힘을 돕더라. 예수께서 힘쓰고 애써 더욱 간절히 기도하시니 땀이 땅에 떨어지는 피방울 같이 되더라. 기도 후에 일어나 제자들에게 가서 슬픔을 인하여 잠든 것을 보시고 이르시되 어찌하여 자느냐. 시험에 들지 않게 일어나 기도하라 하시니라"(눅 22:39-46).

15) 예수님의 십자가상에서의 마지막 기도

- "예수께서 큰 소리로 불러 가라사대 아버지여 내 영혼을 아버지 손에 부탁하나이다 하고 이 말씀을 하신 후 운명하시다"(눅 23:46).

XIII. 기도는 하늘 문을 여는 열쇠

1. 하나님께서는 우리를 기도에로 부르신다.

1) 하나님의 예정하신 계획

하나님께서는 우리가 세계적인 영향력을 행사할 수 있도록 놀라운 계획을 갖고 계신다. 이 계획은 단지 선택된 소수만을 위한 계획이 아니다. 이 계획은 바로 우리 모두를 위한 계획이다. 그러므로 이제 그 하나님의 계획이 무엇인지를 잘 살펴보자.

우리는 빌리 그래함(Billy Graham)이 세계 어디를 가서 설교를 하든지 기도를 통해서 그의 곁에 항상 설 수 있다. 우리는 그가 수만의 사람에게 복음을 전하는 바로 그 순간에 그를 축복할 수도 있고 격려할 수도 있으며 힘을 북돋아 줄 수도 있다. 더욱이 우리는 기도를 통해 라틴 아메리카의 복음화에 애쓰는 루이 팔라우(Luis Palau)의 곁에 설 수도 있으며, 기도를 통해 복음을 노래하는 조지 비버리 시(George Beverly Shea)의 곁에 설 수도 있다.

기도를 통해 우리는 지구촌 벽지 끝까지라도 선교사와 동행할 수 있다. 기도를 통해 우리는 자선바자회를 성공리에 끝마칠 수 있으며, 열대 정글 속에서 주의 사역을 할 수도 있다. 또한 기도를 통해 우리는 육신의 양식뿐 아니라 생명의 떡에 굶주려 있는 수백만의 헐벗은 인류에게 영육간의 양식을 제공해 줄 수도 있다.

기도를 통해 우리는 지구촌 어느 곳에서든 교회에서나 집회에서 복음을 전하는 전도자들의 사역을 도울 수 있다. 나는 기도를 통해 멀리 떨어진 하나님의 사람들 곁에서 함께 있는 듯한 느낌을 가진 적이 한두 번이 아니다.

기도를 통해 우리는 고통으로 인해 울부짖는 아이를 두 팔로 안을 수가 있다. 기도를 통해 우리는 예수 그리스도의 치유의 사랑을 전함으로써 지금도 어느 병실에선가 열을 이기지 못하고 고통스러워하는 환자의 고통을 덜어 줄 수 있다. 만일 우리가 진정으로 원한다면 하나님께서는 그의 왕국의 사역의 진정한 동반자가 될 수 있는 길을 열어 놓으셨다. 하나님께서는 우리가 진심으로 원하기만 한다면 우리의 존재 자체가 다른 이들에게 한없이 중요한 그런 인물이 될 수 있는 방법도 준비해 놓으셨다.

2) 기도의 위인들

역사를 돌아보면 뛰어난 기도의 위인들이 많이 있었음을 알 수 있다. 우리는 그들을 잊어서는 안 되며, 그들이 기도를 통해 세계의 역사를 뒤바꾸어 놓았다는 사실 또한 망각해서는 결코 안 된다. 우리는 갓 태어난 하나님의 교회들을 위해 자신의 인생 후반을 기도하는 데 바친 예수님의 동생 야고보를 우리에게 주신 데 대해 하나님께 감사하지 않을 수 없다.

야고보가 죽은 후 시신을 장례 지내려고 준비하다보니 그의 무릎이 기도를 오래 하느라고 굳어져서 마치 낙타의 무릎과도 같이 되었음을 볼 수 있었다고 한다. 그래서 그 후로 야고보는 "낙타 무릎"(Camel-knees)이라고 알려지게 되었다. 그리고 부패할 대로 부패해버린 세계에 진정한 영적 각성이 있기를 위해 기도에 전념했던 15세기 이탈리아의 사보나롤라

(Savonarola)를 우리에게 주신 데 대해 하나님께 감사하지 않을 수 없다. 그리고 아메리카 인디언의 선교사로서 평생 눈물과 기도로 일관했던 브레이너드(Brainerd)를 우리에게 주신 데 대해 하나님께 감사하지 않을 수 없다. 그 밖에도 우리는 아마도 20세기 최고의 기도의 용사인 인도 선교사 "기도하는 하이드"(Praying Hyde)를 우리에게 허락하신 데 대해 하나님께 감사하지 않을 수 없다.

그러나 하나님께서는 오로지 소수의 기도의 위인들에게만 의존하지는 않으신다. 하나님께서는 인류의 구원과 축복, 그리고 오늘날 각국의 그리스도의 익은 곡식을 추수하는 일을 위해 여러분과 나 같은 평범한 그리스도인들이 기도하면서 강건해지기를 원하시며 또 계획하셨다.

그리스도께서 그의 교회를 세우시고 세계 도처에 그의 나라를 확장시키는 일에 우리의 가정, 우리의 교회, 우리의 공동체의 매일의 일상적인 기도를 통해 중요한 역할을 담당할 수 있으며 변화를 일으킬 수 있다.

하나님께서는 특정한 날, 특정한 경우에 비상 기도가 필요하실 때면 곧잘 우리 같은 그리스도인들의 기도를 사용하신다. 하나님께서는 이 특별하고 임시적인 역할을 맡길 사람을 찾으실 때, 평상시에 신실하고 끈질기게 기도에 힘쓰는 하나님의 자녀들 중에 한 사람을 택하신다.

우리는 하나님의 기도 군대에 들어갈 자격을 구비하기 위해서 매일 몇 시간씩 기도할 필요는 없다. 하나님께서는 이같이 기도할 수 있는 사람과 또 실제로 그렇게 기도하는 사람을 우리에게 주셨다. 이 점에 대해서 우리는 하나님께 마땅히 감사드려야 한다. 하나님께서는 우리의 상황과 계획 및 우리의 가정과 직장에서의 여러 가지 책임들을 잘 알고 계신다. 하나님께서는 단지 우리가 전혀 새로운 차원의 기도생활을 시작하기를 원하시는 것뿐이다. 우리가 사장이건, 주부이건, 공장 노동자이건, 학생이건, 평신도

이건, 목사이건 간에 하나님께서는 우리에게 가슴 떨릴 정도로 새롭게 효과적인 기도생활을 시작할 것을 요구하고 계신다.

나는 여러분을 하룻밤 사이에 위대한 영의 사람으로 바꾸어 놓을 마술은 갖고 있지 못한다. 단지 성경에 제시된 대로 위대한 영의 사람이 될 수 있는 가능성을 제시하고 싶을 뿐이다. 우리는 새로운 기도의 능력과 힘을 소유할 수 있다. 우리는 그리스도의 계획 가운데서 중요한 역할을 담당할 수도 있다. 우리는 하나님께서 원하시는 기도의 사람이 될 수 있다. 여러분이 원하기만 하면 얼마든지 기도의 사람이 될 수 있다.

3) 우리를 위한 하나님의 놀라운 계획

하나님께서는 우리 모두에게 거는 기대가 크시다. 오늘날은 아무리 평범한 사람일지라도 과거보다는 다른 이들에게 더 큰 영향력을 행사할 수 있다. 빌리 그래함(Billy Graham)은 자신이 예수님께서 지상에서 사셨던 때보다 오히려 현대에 살고 싶다고 말한 적이 있다. 나는 그의 말에 전적으로 동감한다. 오늘날의 평범한 그리스도인은 그 어떤 시대의 평범한 그리스도인보다 하나님을 위해 더 큰 영향력을 행사할 수 있기 때문이다.

현대는 그야말로 멋진 시대이다. 그 어떤 시대보다 많은 그리스도인들이 살고 있으며, 그리스도의 교회는 세계 각처로 확산되고 있고, 매주일 더 많은 언어들로 그리스도가 찬양되고 있으며, 전보다 더 많은 민족과 사람들에게 하나님의 말씀이 증거되고 있다. 더욱이 오늘날에는 복음 사역자들이 그 어느 시대보다 많으며 지역 교회들과 성경을 가르치는 기관들과 기독교 단체들과 선교협회들도 많다.

게다가 라디오, 텔레비전과 서적이라는 엄청난 대중매체를 통해서 우리는 과거에 그 누구도 상상할 수 없었던 정도로 하나님의 사역을 급속도로 진전시킬 수 있다. 우리는 지구촌 끝이라도 빠른 시일 내에 접근할 수 있으며 복음을 더 많은 언어들로 제시할 수 있고, 이 세상을 위한 기도의 일꾼들을 모집하고 그들을 효과적으로 이용할 수단들을 많이 가지고 있다. 우리는 원하기만 하면 세계 어디라도 도달할 수 있다. 이러한 오늘날 우리에게 가장 부족한 것은 인적 자원이나 재정이 아니다. 오늘날 우리에게 가장 필요한 것은 바로 기도이다. 복음의 사역자들이 수적으로 증가하지 않고 그들에 대한 재정적 지원이 늘지 않는다 하더라도 우리의 기도를 증대시키기만 한다면 복음 사역의 결과가 눈에 띄게 배가되어 나타날 것이다.

기도는 교회 최대의 재산이다. 그리스도인인 우리가 주의 길을 예비할 수 있는 가장 효과적인 수단은 기도이다. 우리는 그 어떤 방법보다 기도를 통해서 많은 이들에게 큰 영향력을 행사할 수 있으며 그리스도의 일을 감당하는 데 큰 역할을 할 수 있다. 기도는 우리가 해야만 하는 유일한 일은 아니다. 그러나 기도는 우리가 할 수 있는 최대의 일이다. 따라서 다음과 같이 말한다.

사탄은 하나님의 가장 연약한 자녀들이 무릎을 꿇는 것을 보고 두려워 떤다.

만일 이것이 사실이라면 모든 그리스도인이 자신의 기도 역할을 의미심장하게 받아들이고 정기적으로 그리고 구체적으로 기도한다면 그것도 수십만, 수백만의 성도들이 한 마음이 되어 이 세상의 가장 시급한 문제들을 놓고 기도한다면 어떤 일이 일어날까 한번 상상해 보라. 여러분은 그러한 기도 군대의 일원이 되고 싶지 않은가?

4) 지금 무릎을 꿇어야 하는 기도의 긴급성

하나님의 시간표는 지금 그리스도의 재림의 카운트다운을 향해 급속히 달려가고 있는지도 모른다. 하나님께서 세상과 인간을 창조하신 큰 계획은 아담의 타락 이후 죄와 사탄이 오랫동안 이 세상을 지배해왔기 때문에 그 실현이 연기되어 왔다. 그러나 성경에 따르면 하나님께서 그리스도의 재림을 연기하는 것은 하나님께서 세상의 회개를 기다리고 계시기 때문이 아니라 우리가 이 세상을 회개시키기를 기다리고 계시기 때문이라는 것이다(벧후 3:9).

이 같은 사실은 그리스도의 재림 이전에 일어나야 할 많은 사건들과 표적들 가운데 한 가지만 아직 성취되지 않는 것이 아닌가라는 추측을 해 볼 때 더욱 확실해지는 것 같다. "이 천국 복음이 모든 민족에게 증거되기 위하여 온 세상에 전파되리니 그제야 끝이 오리라"(마 24:14).

하나님의 생각에 어떤 것이 세상 끝까지 복음이 전파되는 것인지에 관해서는 알 수 없다. 그러나 오늘날 라디오 전파를 통해 복음의 메시지를 세계 방방곡곡에 발사하고 있다. 상주하면서 복음을 전하는 선교사들의 발걸음이 미치지 않는 수많은 선교 지역들에도 방송의 전파가 날아들고 있다. 사실상 중국의 거의 모든 지역과 마을에는 이런 식으로 복음이 전파되고 있다. 또한 러시아, 알바니아, 그리고 모슬렘 지역권에 거주하는 사람들도 그들 자신의 언어나 그들의 약간 이해하고 있는 말로 전해지는 기독교의 메시지를 청취하고 있다고 알려지고 있다.

복음을 자신의 모국어로 듣는 것보다 더 효과적인 것은 없다. 이 세상의 95%에 달하는 사람들이 그들이 이해할 수 있는 언어로 기록된 성경을 접할 수 있음에도 불구하고 하나님께서는 일생을 바쳐 성경을 모든 나라의 방언으로 번역하는 일에 힘쓰는 이들의 노력을 배가시키시고 있다. 더욱이 가스펠 레코딩스(Gospel Recordings)에 의하면 기독교 음악이 4,362개 이상의 언어와 방언으로 레코딩되어 있다고 한다.

그러나 복음의 메시지를 모든 인간에게 전달하는 것만으로 충분한 것은 아니다. 가장 중요한 문제는 그 메시지를 이해하고 받아들이게 하는 것이다. 여기서 관건이 되는 것이 바로 기도이다. 성령은 하나님의 백성이 간구할 때 주어진다(눅 11:13). 이것은 우리가 자신을 위해서 구할 때만 그런 것이 아니라 남을 위해서 구할 때도 마찬가지다. 따라서 오늘날 모든 선교 사역의 효과는 성령으로 하여금 능력 있게 역사할 수 있도록 하는 우리의 기도에 달린 것이다.

다른 말로 하면 세계 복음화의 열쇠, 즉 그리스도인의 재림의 길을 준비하는 관건은 바로 우리의 기도이다. 만일 그리스도의 재림이 늦어지는 주된 이유가 기도의 부족에 있다면 하나님께서 그 어느 때보다도 오늘날 기도와 능력을 발휘하도록 특별한 조치를 취하셨다고 하더라도 그리 놀랄 것은 아니다.

2. 교회부흥의 열쇠인 기도

1) 한국의 기독교 신앙 전래

한국의 기독교 신앙은 초기에는 독특한 방법으로 전해졌다. 하나님의 섭리 아래 막강한 힘으로 전파되는 것이 아니라 두 명의 독실한 미국인 선교사들을 통하여 전해졌다.

종종 일의 시작이 일의 진행 과정에 크게 영향을 미치게 되는 것을 볼 수 있는데 한국의 복음이 전해진 과정을 보면 알 수 있다.

1882년 한. 미 양국 간에 협정이 조인됨으로써 마침내 미국의 교회들이 간절히 원했던 선교사업의 문이 한국에 열리게 되었다. 그러자 1884년 북

장로교단측은 중국에서 선교하던 의사인 알렌(C. Allen)을 한국으로 전근 발령시켰다.

그리고 1885년에 장로교 목사인 언더우드(H. G. Underwood)와 감리교 목사인 아펜젤러(H. D. Appenzeller)를 최초의 미국인 선교사로 한국에 파송했다. 그 후, 이 두 선교사는 한국에서 기독교 성장에 참으로 지대한 영향을 끼쳤다.

한국의 교회들은 시작부터 한국인 목사들이 맡아서 인도하고 보조하는 가운데 성장하였다. 언더우드 박사는 이러한 모험적인 사역의 성공에 대하여 다음과 같이 진술했다.

"일을 처음 시작할 때부터 우리는 하나님의 뜻 가운데서 아주 독특한 방법이지만 실은 세계 각국의 수많은 선교사들이 택하는 전도 방법으로써 이 나라의 모든 선교기관이 온전히 혼연일체가 된 것입니다."

2) 한국 초기 기독교 특징

우리나라 초기 교회의 가장 주요한 특징은 매일 아침 신자들이 함께 모여 기도를 했다는 것이다.

1906년 전국에 분포되어 있던 기독교 신자들 모두가 현재는 북한의 수도가 된 평양에 있는 장로교회를 중심으로 한 자리에 모이게 되었다. 그들이 모여서 기도할 때 성령께서 임하셔서 그들은 자신의 죄를 회개하기에 이르렀다. 이때를 기회로 전국에 기도의 불길이 치솟게 되어 수많은 한국인들이 기독교로 개종하는 놀라운 부흥의 역사가 일어났던 것이다.

3. 하늘 문을 여는 기도

1) 기도의 황금열쇠

"너는 내게 부르짖으라 내가 네게 응답하겠고 네가 알지 못하는 크고 비밀한 일을 네게 보이리라"(렘 33:3).

(1) 이 세상의 가장 학문적인 저작들 가운데는 대단히 애쓴 흔적이 엿보이는 것들도 더러 있다.

그러나 가장 영적이고 위로를 주는 책들과 사람들의 말에는 보통 그 주위에 감옥의 습기찬 향기가 있다. 예를 들면 끝이 없겠지만 존 번연의 천로역정이 대표적인 예가 될 것이다. 이제 우리가 살펴볼 이 위대한 말씀에는 예레미야가 갇혀 있던 감옥의 곰팡이 냄새가 물씬 풍기는 음습한 냉기가 돈다. 그렇지만 이 말씀이 시위대 뜰 안에 갇혀 있는 주님의 죄수에게 격려의 말로 임하였을 때 감옥에서는 전혀 찾아볼 수 없는 밝음과 아름다움이 임했다. 하나님의 사람들은 최악의 상황에 처해 있을 때에도 좋으신 하나님을 항상 찾았다. 하나님은 언제나 좋으신 분이시지만 우리가 최악의 상태에 있을 때에 더없이 좋은 분이신 것 같다. '당신은 어떻게 그 오랜 감옥 생활을 그토록 잘 견디낼 수 있었습니까?'라고 어떤 사람이 햇세 백작에게 물었다. 그는 종교개혁의 모든 원칙에 충실하였기 때문에 투옥되었는데 이렇게 대답하였다. "순교자들의 거룩한 위로가 나와 함께 하였다." 신실하신 하나님께서는 인간의 적개심에서 초래된 엄청난 큰 환난을 견뎌내야 하는 사람들을 위하여 더욱 깊고 따뜻한 위로를 간직하고 계신다.

(2) 루더포드에 관한 기이한 이야기가 하나 있다.

그는 고통스러운 감옥에 갇혀 있을 때에 위대하신 왕께서는 항상 거기에 자기의 포도주를 간직하고 계신다는 것을 기억하고 즉시 포도주 병들을 찾아서 "오래 저장하였던 맑은 포도주"(사 25:6)를 마시기 시작하였다는 것이다. 고통의 바다에 뛰어드는 사람들만이 진기한 진주를 따서 올라오게 된다. 오랜 육체적 질병을 겪거나 이 세상 재물이 사라져버리고 빈털터리가 될 뻔한 적도 있다. 벌써 일곱 번이나 무덤에 갔다 와서 급기야는 무정한 죽음이 자신의 마지막 남은 이 세상 친구도 데려가지 않을까 염려한 적이 있다. 이런 일들을 통하여 하나님은 신실하시며 또 환난이 많은 것에 비례하여 위로도 예수 그리스도께로부터 많다는 것을 입증하였다. 본문으로부터 주님께서 여러 모양의 죄수와 같은 형상으로 살아가는 우리의 심중에 말씀하시는 이 기쁜 약속이 있기를 기도한다. 만일 낙심하여 하나님께로부터 격리되어 있는 느낌이 든다면 그분께서 우리의 귀와 마음에 부드럽게 속삭이며 이렇게 말씀하실 때에 그 말씀을 듣기를 바란다.

(3) "너는 내게 부르짖으라 내가 응답하겠고 네가 알지 못하는 크고 비밀한 일을 네게 보이리라."

이 말씀은 당연히 각기 다른 세 가지 조항의 진리로 나뉘는데 우리는 이것들로부터 가르침을 도출해내야 된다. 첫째, 기도는 명령받은 것이다. - "너는 내게 부르짖으라." 둘째, 하나님께서는 응답할 것을 약속해 주셨다. - "내가 네게 응답하겠다. 셋째, 믿음은 격려를 받는다. - "네가 알지 못하는 크고 비밀한 일을 네게 보이리라."

2) 기도는 명령받은 것이다.

(1) 우리는 기도하도록 권고와 권면을 받고 있을 뿐만 아니라 기도하
도록 명령을 받고 있기도 하다.

이것은 위대한 겸손이다. 병원을 지으면 아픈 사람들이 도움을 필요로
할 때에 그들에게 병원 문이 개방되는 것으로 생각한다. 그러나 병원에서
는 아픈 사람은 입원해야 한다는 지시를 하지 않는다. 사람들은 병원의
서비스를 받아들여야 한다는 명령을 받지는 않았지만 병원에서 서비스를
제공하는 것으로 병원의 기능을 충분히 한다고 생각한다. 이와 마찬가지
로 기도 역시 반드시 기도해야 한다는 명령을 받기 이전에 사람은 자신의
영혼을 위해 기도의 필요를 느끼는 것은 너무나 자연스러운 일이다. 은혜
로우신 하나님의 겸손은 너무나도 놀라운 것이어서 그분은 서로 사랑하라
는 명령을 공포하실 정도이다. 이것이 없다면 아담의 자손은 복음의 향연
에 참여하기보다는 차라리 굶주리는 것이 낫다.

(2) 하나님께 속한 백성은 기도하라는 명령이 필요하다(하나님께 속한
백성이 아니었다면 그들은 이 명령을 받지 못했을 것이다).

그것은 우리가 세속적인 시대의 지배를 상당히 받고 있기 때문이다. 비
록 이것이 우리가 일반적으로 처해 있는 상황은 아니더라도 말이다. 우리
는 식사를 하거나 침대로 가서 휴식을 취하거나 하는 일은 결코 잊어버리
지 않는다. 그러나 우리는 기도하는 가운데 하나님과 씨름을 하고 또 하나
님 아버지와 거룩한 교제를 하는 데 오랜 시간을 들이는 일을 자주 잊어버
린다. 많은 신자들에게 이 세상의 장부는 부피가 너무 커서 옮길 수도 없
을 정도이지만 성경은(그들의 신앙심을 나타내는) 매우 작아서 대개 그것
을 자기 외투 주머니에 넣을 수 있다. 세상 일에는 매우 많은 시간을 투자

한다. 그러나 그리스도를 위해서는 조금밖에 시간을 드리지 않는다. 이 세상을 위해서는 가장 좋은 것을 드리지만 기도를 위해서는 우리가 쓰다 남은 시간만을 드린다.

탐욕의 신에게는 우리의 힘과 정력을 바치면서 하나님께 나아갈 때는 우리의 피곤함을 핑계한다. 따라서 우리는 우리의 가장 큰 행복이자 이행해야 할 우리의 가장 고귀한 특권이 되어야 하는 바로 이 행위(우리가 하나님과 만나는 것)에 참여하도록 명령을 받을 필요가 있다. '너는 내게 부르짖으라'고 주께서는 말씀하신다. 이는 우리가 잊어버리기를 잘 한다는 것을 그분께서 아시기 때문이다. "자는 자여, 어찜이뇨? 일어나서 네 하나님께 구하라"(욘 1:6)는 말씀은 폭풍 속에 있는 요나뿐만 아니라 우리에게도 필요한 권고이다.

(3) 하나님께서는 우리가 때때로 죄의식에 사로잡혀 있을 때 얼마나 침울해 있는지 아신다.

사탄은 우리에게 이렇게 말한다. "왜 너는 기도해야 하느냐? 너는 어떻게 승리하기를 바랄 수 있겠는가? 너는 일어나서 내 아버지께로 가겠다고 말하지만 헛된 일이다. 너는 그분이 고용하신 종이 될 자격이 없기 때문이다. 너는 어떻게 왕 되신 그분께 딴 마음을 품었다가 그 분의 얼굴을 뵐 수 있겠느냐?"

우리가 기도하도록 명령을 받는다는 것은 우리를 위해서 좋은 일이다. 그렇지 않으면 우리는 힘겨울 때에 기도하는 일을 포기할지 모른다. 하나님께서 내게 명령하시면 비록 합당치 못한 존재이지만 주님의 은혜로운 발등상으로 기어가겠다. 그분께서 "쉬지 말고 기도하라"(살전 5:17)고 말씀하시니 말이 나오지 않고 또 마음을 잡지 못할지라도 늘 갈급한 영혼의 소원을 더듬거리며 아뢰겠다. "하나님, 적어도 제게 기도하는 법을 가르쳐 주시고 제가 당신과 함께 하여 승리할 수 있도록 도와주시옵소서."

(4) 우리의 잦은 불신앙 때문에 기도하도록 명령을 받는 것이 아니겠는가?

불신앙은 우리에게 이렇게 속삭인다. "네가 이 일에 대하여 주님을 찾더라도 무슨 득이 되겠는가? 이것은 하나님이 개입하시는 일들의 목록에서 벗어나는 문제이다. 네가 다른 어떤 입장에 처해 있다면 하나님의 능하신 팔에 의지할 수도 있겠지만 이번 일만큼은 네 기도가 응답되지 않을 것이다. 그것이 너무도 하찮은 일이든, 그것이 그다지 영적인 것이 아니든, 그것이 네가 크게 죄를 지은 일이든, 그것이 너무도 중요하고 어렵고, 너무도 복잡한 직무이든, 너에게 그것을 주님 앞에 가지고 갈 권리는 없다." 지옥의 더러운 마귀는 이렇게 미혹해온다. 그러므로 그리스도인이 만나는 모든 문제에 적합한 일상적인 지침으로써 이 말씀이 있다. '너는 내게 부르짖으라."

여러분은 몸이 아픈가? "나는 위대한 의사이니 너는 내게 부르짖으라." 자기 가족을 부양할 수 없을까봐 두려운가? "너는 내게 부르짖으라." 자녀가 속을 썩이는가? "너는 내게 부르짖으라." 슬픔이 작은 듯하나 가시의 끝에 찔리는 것처럼 고통스러운가? "너는 내게 부르짖으라." 짐이 무거워 그 무게에 짓눌려 허리가 부러질 듯한 중압감을 느끼는가? '너는 내게 부르짖으라.' '네 짐을 여호와께 맡겨버려라. 너를 붙드시고 의인의 요동함을 영영히 허락지 아니하시리로다'(시 55:22).

골짜기에서도, 산 위에서도, 불모의 바위 위에서도, 바다의 큰 물결 아래서도, 숯이 활활 타는 화덕 속에서도, 지옥의 좁은 입구가 당신을 삼키려 하는 죽음의 문에서도 절대로 기도하는 일을 멈추지 마라. 주께서 "너는 내게 부르짖으라"고 명령하시기 때문이다. 기도의 힘은 막강해서 하나님과 함께 할 때 승리를 가져다주며 또 구원을 가져다 줄 것이다. 이것들이 성경에서 기도할 수 있는 특권인 동시에 신자의 의무라고 하는 이유들 중 하나이다.

(5) 하나님께서는 이 명령이 확실하고 영속적인 것이 될 수 있도록 당신의 말씀으로 주셨다.

바로 이 명령이 씌어 있는 구절이 50개나 되는데 우리는 그 말씀을 의지할 수 있다. 성경에서 "너희는 살인하지 말라"나 "너희는 탐내지 말라"는 계명은 성경에 두 번 기록되어 있다. 성경에 기도하라는 말이 얼마나 많이 나오는가를 알아내는 것은 시기적절한 훈련이 될 수 있다. 여러분은 이와 같은 말씀들이 몇 번이나 주어져 있는지를 안다면 놀라게 될 것이다. "환난 날에 나를 부르라, 내가 너를 건지리라"(시 50:15). "백성들아, 그 앞에 마음을 토하라"(시 62:8). "너희는 여호와를 만날 만한 때에 찾으라, 가까이 계실 때에 그를 부르라"(시 55:6). "구하라 그러면 너희에게 주실 것이요, 찾으라 그러면 찾을 것이요, 문을 두드리라 그러면 너희에게 열릴 것이라"(마 7:7). "시험에 들지 않게 깨어 있어 기도하라"(마 26:41). "쉬지 말고 기도하라"(살전 5:7). "그러므로 우리가 은혜의 보좌 앞에 담대히 나아가자"(히 4:16). "하나님을 가까이 하라, 그리하면 너희를 가까이 하시리라"(약 4:8). "기도를 항상 힘쓰라"(골 4:2). 이 밖에도 많은 성경 구절을 예로 들 수 있다.

성경이라는 커다란 보물 자루에서 단지 몇 개만을 선정했을 따름이다. 우리에게 기도할 권리가 있는지를 조금도 의심하지 말아야 한다. 우리는 절대로 "내가 그분 앞으로 나아가도록 허락을 받을 수 있을까?"라는 질문을 하지 말아야 한다. 이토록 많은 명령을 내린 것은 (하나님의 명령들은 모두가 약속들이고 모두가 실행할 수 있는 것들이기에) 찢어진 휘장 가운데로 열어 놓은 새롭고 산 길을 통하여 하늘에 있는 은혜의 보좌로 담대하게 나아갈 수 있기 때문이다.

(6) 하나님께서는 자기 백성들에게 성경에서 뿐만 아니라 직접 성령의 감동으로 기도하도록 명령하시는 때가 있다.

불현듯 기도를 해야 한다는 절박한 느낌이 드는 경우가 있는데 어쩌면 일이 한창 바쁠 때에도 이런 느낌이 들 수 있다. 처음에는 이런 기분에 대하여 특별히 주의를 기울이지 않을는지도 모른다.

그러나 그런 느낌이 반복적으로 들게 된다. 그럴 때 '여러분은 기도 하라.' 나는 기도 문제에 있어서 수차와 흡사하다는 것을 안다. 수차는 물이 풍부하면 잘 돌아가지만 수차 안이 점점 얕아지면 아주 약하게 돌아간다. 주께서 특별히 기도할 마음이 들게 하실 때마다 자신의 열심을 배가시켜야 한다고 생각한다. 성경은 항상 기도하면서 용기를 잃지 말아야 한다고 말한다. 그런데 하나님께서 특별히 기도를 갈망하게 하실 때에 기쁜 마음으로 복종하지 않을 수 없는 또 하나의 명령이 있다.

이 같은 때에 다윗의 처지에 있을지도 모른다고 생각한다. 주께서는 다윗에게 말씀하시기를 "뽕나무 꼭대기에서 걸음 걷는 소리가 들리거든 너는 곧 동작하라"고 하셨다(삼하 5:24). 이 "뽕나무 꼭대기에 걷는 것"은 블레셋 사람들을 공격하려던 다윗을 도우러 서둘러 오는 천사들의 발소리였는지 모른다. 하나님의 자비가 오고 있을 때에 그 발소리는 우리로 하여금 기도하도록 한다. 그리고 기도하고 싶은 우리의 갈망은 시온에 은혜를 베푸시려는 때가 임하였다는 사실을 말해 준다. 우리는 소망으로 씨를 뿌릴 수 있을 때 지금 기쁜 마음으로 밭을 갈아야 한다.

야곱처럼 지금 씨름하라. 이제 바야흐로 승리하는 왕자가 될 때가 가까웠고 우리의 이름이 이스라엘이라고 일컬어질 것이 코앞에 왔기 때문이다. 시장이 한창 활기를 띄고 있고, 거래도 많아서 이윤을 많이 얻을 것이다. 해가 비치고 있을 때 귀중한 시간을 들여서 자신의 열매를 거두도록 하라. 특히 높은 곳으로부터 오는 고난을 당하고 있을 때 우리는 끊임없이 기도해야 한다. 그다지 절박하지 않은 다른 어떤 의무가 생기더라도 그것이 생기도록 내버려두라. 하나님께서 특별하게 성령의 감동으로 기도하도록 명하시면 우리는 기도에 전념해야 한다.

3) 약속된 응답

(1) 하나님께서 기도에 응답하지 않으실 것이라는 두렵고도 슬픈 생각을 절대로 용납해서는 안 된다.

그리스도 예수 안에 현시되어 있는 바와 같은 하나님의 본성이 그렇게 요구한다. 하나님은 복음서에서 자신을 은혜와 진리가 충만한 사랑의 하나님으로 나타내셨다. 그분께서 어떻게 겸손히 자기의 얼굴과 은혜를 구하는 피조물들을 돕지 않으실 수 있겠는가?

다음과 같은 이야기가 있다. 아테네의 원로원이 옥외에서 회합하고 있는데 매에게 쫓기던 참새 한 마리가 이 원로원 쪽으로 날아 왔다. 매에게 몹시 쫓기고 있었기에 원로원 의원들 가운데 한 사람의 품속으로 몸을 피했다. 그 원로원 의원은 난폭하고 야비한 사람이어서 품속에 있는 참새를 꺼내서 내던져버렸다. 결국 매에게 죽임을 당하게 했다.

사람들은 떠들썩하게 일어나서 이구동성으로 자기를 신뢰한 참새에게 도움을 베풀지 않고 죽인 그를 비난하였다.

그런데 사랑이신 천부께서 공포의 독수리를 피해서 그 자비로운 품속으로 날아든 안절부절 못하는 불쌍한 비둘기를 자기 품속에서 내던질 수도 있으실 거라고 생각할 수 있겠는가? 그분은 자기 얼굴을 찾으라고 권유하신다. 공포에 질린 우리가 그분의 품속으로 날아들기에 충분한 용기를 보고 있던 그분께서는 우리의 부르짖음을 듣고서도 우리에게 응답하는 것을 잊어버릴 정도로 불의하고 불친절하신 분이시겠는가?

(2) 우리는 하나님의 본성뿐만 아니라 과거의 성품도 생각해 보자.

하나님께서 이전에 베푸신 은혜로 인해 스스로 얻으신 성품에 대한 것이다. 상상할 수 없을 정도로 풍성한 은혜를 베풀어주신 것에 대한 이 말씀을 곰곰이 생각해 보자. "자기 아들을 아끼지 아니하시고 우리 모든 사람을 위하여 내어 주신 이가 어찌 그 아들과 함께 모든 것을 우리에게 은사로 주지 아니 하시겠느뇨"(롬 8:32). 내가 죄인이요 원수일 때에도 주께서 내 음성에 귀를 기울이셨다면 내가 구원을 받아 의롭게 되었는데 그분께서 어떻게 나의 부르짖음을 무시할 수 있겠는가? 예수님의 고통스런 상처가 바로 우리의 기도가 응답받는다는 것을 확실하게 보증해 준다.

하나님의 마음의 깊은 곳에 빛을 비추게 하는 구주의 심장 가까이에 있는 깊은 상처가 하늘 보좌 위에 계신 분께서 자기 백성의 부르짖음을 들으시리라는 것을 입증하셨다. 기도가 쓸모없는 것이라고 생각한다면 갈보리를 잘못 해석한 것이다. 우리에게는 기도에 대해 주님께서 친히 하신 약속이 있고 그분은 거짓말을 할 수 없는 하나님이시다. 그분께서 이렇게 말씀하시지 않았는가? "너희가 기도할 때에 무엇이든지 믿고 구하는 것은 다 받으리라"(마 21:22). 우리는 믿지 않으면 기도할 수 없다. "하나님께 나아가는 자는 반드시 그가 계신 것과 또한 그가 자기를 찾는 자들에게 상 주시는 이심을 믿어야 할지니라"(히 11:6). 만일 우리 기도가 열납 될지에 대해 조금이라도 의심한다면 우리는 의심하는 사람과 다를 바가 없다. "의심하는 자는 마치 바람에 밀려 요동하는 바다 물결 같으니 이런 사람은 무엇이든지 주께 얻기를 생각하지 말라"(약 1:6-7).

게다가 자신의 경험이 우리로 하여금 하나님께서 기도에 응답하시리라는 것을 믿도록 한다. 무언가 내가 아는 것 곧 아주 의심의 여지없이 확신

하는 것이 있다면 나의 기도는 헛된 것이 아니다. 나 자신의 회심은 오랫동안 혼신의 힘을 다해 열심히 기도한 결과이다. 나를 위한 부모님의 기도를 하나님께서 들으셨으며 그로 인해 내가 지금 여기서 복음을 전하고 있는 것이다. 그때 이후로 나는 내 능력을 훨씬 넘어서는 일들을 어려움을 무릅쓰고 과감하게 실행해 왔지만 실패한 적이 없다. 그것은 주님을 의지했기 때문이다. 우리가 주님을 위하여 무언가 할 수 있다는 원대한 생각을 갖고 주저하지 않고 우리 교회에 도전해 왔는데 지금까지 모두 응답받고 전부 이루어왔다. 그분은 지금까지 나의 기도를 들어주셨다. 어쩌다가 한 번 들어주신 것이 아니다. 헤아릴 수 없을 정도로 많이 들어주셔서 내가 하나님께 무엇을 구하든지 그분께서는 그대로 다 이루어 주시리라는 것을 절대적으로 확신하며 하나님 앞에 내 문제를 펼쳐 놓는 것이 습관이 되었다. 나는 주께서 내게 응답하신다는 것을 안다. 이것을 의심한다면 그것은 어리석은 일일 것이다.

기도는 항상 하나님의 뜻에 순종하는 가운데 드려야 한다. 하나님께서 기도를 들어주신다고 말할 때 그분께서 우리가 구하는 것을 문자 그대로 항상 우리에게 주신다는 뜻으로 말하는 것이 아니다. 그 말이 뜻하는 바는 그분께서는 우리를 위해서 가장 좋은 것을 베푸시며 그분은 우리가 간구하는 것을 우리에게 은으로 베풀지 않으시면 그것을 금으로 베푸신다는 것이다.

그분은 몸에 있는 가시를 제거해 주시지 않을 경우 이렇게 말씀하신다. "내 은혜가 네게 족하도다"(고후 12:9). 우리는 영으로든, 말로든, 기도를 드릴 때는 반드시 이 말씀을 기억해야 한다. "그러나 나의 원대로 마옵시고 아버지의 원대로 하옵소서"(마 26:39). 우리는 자기 뜻이 하나님의 뜻과 일치한다고 확신할 수 있을 때에만 비로소 "만일"이라는 말을 하지 않고 기도할 수 있다. 그것은 하나님의 뜻이 전적으로 우리의 뜻에 스며들어 한 덩어리로 녹아졌기 때문이다.

4) 믿음에로의 격려

(1) "네가 알지 못하는 크고 비밀한 일을 네게 보이리라"

이 말씀이 원래 옥에 갇혀 있던 어느 예언자에게 임한 말씀이라는 사실을 기억하라. 그러므로 이 말씀은 먼저 가르치는 사람들 모두에게 적용된다. 그리고 가르치는 사람은 누구든지 배우는 사람이 되어야 하므로 이 말씀은 거룩한 진리 안에 있는 모든 학습자와 관계가 있다. 예언자와 가르치는 사람과 배우는 사람이 더욱 고귀하고 신비스런 하나님의 진리를 알수 있는 최상의 방법은 기도하는 가운데 하나님을 모시는 것이다. 다니엘서를 읽으면 다니엘이 어떻게 느부갓네살의 꿈을 이해하게 되었는가를 주목할 수 있다. 갈대아의 예언자, 마법사, 점성가들이 자신의 신기한 책들과 이상하게 보이는 기구들을 가지고 나와서 온갖 종류의 신비한 주문들을 중얼거렸지만, 그들은 모두 실패하고 말았다.

(2) 다니엘은 무엇을 했나?

그는 기도에 힘썼다. 여러 사람이 모여 한마음으로 드리는 기도가 한 사람이 드리는 기도보다 더 효력이 있다는 사실을 알고 있었기에 다니엘은 자기 친구들을 불러서 자비로우신 하나님께서 기꺼이 환상을 알게 해 주시기를 함께 기도하자고 그들을 독려했다.

"이에 다니엘이 자기 집으로 돌아가서 그 동무 하나냐와 미사엘과 아사랴에게 그 일을 고하고 하늘에 계신 하나님이 이 은밀한 일에 대하여 긍휼히 여기사 자기 다니엘과 동무들이 바빌론의 다른 박사와 함께 죽임을 당치 않게 하시기를 그들로 구하게 하니라"(단 2:17-18). 그리고 요한(신약성경의 다니엘)의 경우에도 그가 보좌에 앉아 계신 분이 오른손에 책 하나를 들고 계신 것을 본 것을 우리는 기억한다. 그것은 일곱 인을 찍어 봉하여 놓았고 그것을 펴거나 보기에 합당한 이가 하나도 없는 책이었다.

그 때 요한은 무엇을 했나? 뒤에 유다 지파의 사자가 그 책을 폈는데 그는 승리하여서 그 책을 펼 수 있게 되신 분이었다. 그런데 그 책이 펴지기 전에 먼저 "내가 크게 울었다"(계 5:4)고 기록되어 있다. 그렇다. 통곡하며 기도한 요한의 눈물은 그 접힌 책을 펴는 거룩한 열쇠였다.

(3) 기도가 최상의 공부 수단임을 기억하라.

다니엘처럼, 기도가 최상의 공부 수단임을 기억하라. 다니엘처럼 하나님을 찾으면 꿈과 해몽을 알게 될 것이다. 또 요한처럼 큰 소리로 울고 나서 보배로운 진리의 일곱 봉인이 떼어지는 역사를 경험할 것이다. "지식을 불러 구하며 명철을 얻으려고 소리를 높이며 은을 구하는 것 같이 그것을 구하며 감추인 보배를 찾을 것 같이 그것을 찾으면 여호와 경외하기를 깨달으며 하나님을 알게 되리라"(잠 2:3-5).

돌은 쇠망치를 성실하게 쓸 때에만 깨지기에 석공은 보통 무릎을 끓고 일을 한다. 근면이라는 망치를 쓰고, 무릎을 꿇고 기도하도록 하라. 기도와 믿음의 훈련을 받아서 떨지 않게 되리라는 것을 아는데 유익한 성경에는 무정한 교리란 없다. 루터는 "기도를 잘한다는 것은 공부를 잘한다는 것이 아니다"라는 지혜로운 말을 남겼다. 우리는 기도라는 수단으로 그 어떤 것도 과감하게 헤쳐나갈 수 있다. 사유와 진리에 이르는 길을 엿볼 수 있는 강철로 된 쐐기와 같은 것이 될 수 있다. 침노하는 자가 하늘나라를 소유할 수 있다. 우리가 열심히 기도하면서 일을 계속해 나가도록 주의한다면 어떤 것도 맞설 수 없다.

그렇지만 거기서 멈추어서는 안 된다. 비록 한 가지 경우에 본문을 적용했지만 그것은 백 가지 경우에도 적용될 수 있다. 이제 또 하나의 경우를 살펴보자. 성도는 기도를 많이 함으로써 좀 더 깊은 경험을 발견하기를 기대할 수 있고, 또 더욱 고결한 영적 삶을 기대할 수 있다. 본문의 번역은 역본에 따라 다르다. 한 역본은 본문을 "네가 알지 못하는 크고 용기를 북돋우는 일을 내가 네게 보이리라"고 번역한다. 다른 한 역본은 본문을 "네가 알지 못하는 크고 예비 된 일"로 해석한다. 이와 마찬가지로 영적인 삶의 계발은 모두 달성하기가 쉽지 않다. 회개와 믿음의 기쁨과 소망이라는 공통된 틀과 감정이 있는데, 이 네 가지는 그리스도 안에서 한 가족이 된 모든 신자들이 경험하는 것이다. 그러나 환희와 친교와 그리스도와의 의식적인 하나 됨이라는 더 높은 영역이 있다. 이것은 신자들이 일반적으로 거하는 곳에서 멀리 떨어져 있는 영역이다.

(4) 신자들이 모두 그리스도를 보자.

모든 신자들이 다 손가락을 그 못자국에 넣거나 손을 그 옆구리에 넣어 보는 것은 아니다. 우리들이 모두 예수님의 품에 기대는 요한의 고귀한 특권을 가지고 있는 것이 아니며 또 바울처럼 셋째 하늘에서 이끌려 올라가는 특권을 가지고 있는 것도 아니다. 우리는 구원의 방주에서 아래층과 가운데층과 위층을 발견한다. 이 세층이 모두 방주 안에 있지만 그것들이 모두 같은 층에 있는 것은 아니다.

그리스도인들은 대부분 경험의 강에서 발목까지 차는 데만 들어간다. 어떤 사람들은 시내가 무릎까지 찰 때까지 걸어 들어간다. 소수의 사람들은 물이 어깨까지 차는 것을 안다. 그러나 극히 소수의 사람들은 헤엄칠 수 있는 강을 안다. 그들은 그 바닥에 닿을 리가 없다. 예리한 독수리의 눈이 한 번도 본 일이 없고 철학적인 사고가 결코 안 적이 없는 하나님의 일들을 경험적으로 아는 데는 여러 높이가 있다. 이성과 판단의 사자 새끼가 아직까지 가보지 못한 으슥한 길들이 있다. 오직 하나님만이 우리를 태우고 가시는 병거와 병거를 끄는 사나운 말들은 바로 효력이 있는 기도이다.

(5) 효력이 있는 자비로우신 하나님과 겨루어 승리를 거둔다.

"야곱이 하나님과 힘을 겨루어 이기고 울며 그에게 간구하였으며, 하나님은 벧엘에서 저를 만나셨고 거기서 우리에게 말씀하셨나니"(호 12:3-4).

효력이 있는 기도는 그리스도인을 갈멜로 데려가서 그로 하여금 하늘 가득한 축복으로, 땅을 넘치는 자비로 덮을 수 있게 해 준다. 효력이 있는 기도는 그리스도인을 바스가로 높이 데려가서 그에게 예비된 기업을 보여 준다. 이러한 기도는 그를 높이 올려서 다볼로 데려가 그의 모습을 변화시키는데 주님의 형상으로 변할 때까지 그렇게 한다. 그분께서 이 세상에 계시는 것과 같이 우리도 이 세상에 있다. 만일 보통 경험보다 더 고귀한 것에 도달하고자 한다면 고결하시고 반석되신 예수님을 의지하고 끈질긴 기도의 창들을 통하여 신앙의 눈으로 그분을 바라보자. 우리의 경험이 풍성하려면 그만큼 기도를 많이 해야 한다.

본문을 두 가지 또는 세 가지 이상의 경우에 적용해 보자. 시련을 당하여 고난 받는 사람이 기도로 하나님을 모신다면 그가 자신이 지금껏 꿈꿔 온 더 큰 구원을 얻는 것은 자명한 일이다. "내가 주께 아뢴 날에 주께서 내게 가까이 하여 가라사대 두려워 말라 하셨나이다. 주여 주께서 내 심령의 원통을 펴셨고, 내 생명을 속하셨나이다."(애 3:57-58). 다윗도 같은 말을 하였다. "내가 고통 중에 여호와께 부르짖었더니 여호와께서 응답하시고 나를 광활한 곳에 세우셨도다 …. 주께서 내게 응답하시고 나의 구원이 되셨으니 내가 주께 감사하리이다."(시 118:5, 12). 그는 다시 한 번 이렇게 말한다. "이에 저희가 그 근심 중에 여호와께 부르짖으매 그 고통에서 건지시고 또 바른 길로 인도하사 거할 성에 이르게 하셨도다"(시 107:6-7). "당신의 종 나의 남편이 이미 죽었나이다"라고 그 가련한 여인은 말하면서 "그런데 이제 채주가 이르러 나의 두 아이를 취하여 그 종을 삼고자 하나이다."하였다(삼하 4:1). 그녀는 엘리야가 "네 빚이 얼마나 되느냐? 내가 그 빚을 갚아 주겠다"라고 말해 주기를 바랐다. 그러나 그는 이렇게 기록될 때까지 그녀의 기름을 불어나게 했다. "너는 가서 기름을 팔아 빚을 갚고 남은 것으로 너와 네 두 아들이 생활하라"(삼하 4:7).

하나님께서 자기 백성을 도우사 그들이 나아가는 길에 있는 진흙으로 뒤덮인 진창과 깊은 수렁을 무사히 통과하게 해 주실 뿐만 아니라 그들의 여정 중에 안전하게 멀리까지 인도해 주신다. 예수 그리스도께서 풍랑이 이는 바다 위를 걸어 오셔서 제자들이 그분을 배 안으로 모셔 들였을 때 어떤 일이 일어났는가? 즉시 바다가 잔잔해진 것 이외에도 "배는 곧 저희의 가려던 땅에 이르렀더라"(요 6: 21)고 성경에는 기록되어 있다. 이것은 그들이 구한 것에 더하여 베풀어진 자비였다.

"그분께서는 우리가 구하거나 심지어 생각할 수 있는 것보다 훨씬 풍부하게 이루실 수 있다." 우리가 구할 수 있는 것이 무엇인지도 모르겠고, 우리가 생각할 수 있는 것이 무엇인지도 모르겠다. 성경에는 이렇게 기록되어 있다. "우리가 온갖 구하는 것이나 생각하는 것에 더 넘치도록 능히 하실 이에게"(엡 3:20). 우리가 큰 시련에 처해 있을 때 이렇게 말하자. "지금 나는 옥에 갇혀 있다. 예레미야처럼 나는 그가 기도한 대로 기도하겠다. 내게는 그렇게 하라는 하나님의 명령이 있기 때문이다. 그리고 지금은 전혀 알지 못하는 예비된 자비를 그분께서 내게 베풀어 주시기를 기대하면서 나는 그가 기대한 대로 기대하겠다" 하나님께서는 자기 백성을 인도하여 싸움을 수행하게 하실 뿐만 아니라 깃발들을 흔들며 그들을 인도하여 나오셔서 강한 자들에게 전리품을 취하고 또 강한 자들에게서 자기 백성의 몫을 요구하실 것이다. 이와 같은 위대한 약속들을 실행하시는 하나님의 위대한 일들을 기대하라.

(6) 본문은 그리스도인 사역자에게 격려가 된다.

신자들의 대부분 그리스도를 위하여 무엇인가를 하고 있다. 기도로 하나님을 모시라. 그러면 그분께서 우리를 위하여 우리가 아는 것보다 더 큰 일들을 행하실 것이라는 약속을 얻게 된다.

우리는 자기 안에 유용한 잠재력이 얼마나 있을 수 있는지를 알지 못한다. 당나귀의 턱뼈가 삼손의 손에 들어갔으니 그것이 할 수 없는 일 무엇이겠는가? 삼손이 그것을 휘두르는 이상 그것이 할 수 없는 일이란 없다. 우리는 자신이 이 뼈처럼 하찮은 존재라고 생각하는 경우가 자주 있다. "내가 무슨 일을 할 수 있겠는가?" 그러나 그리스도께서 성령으로 붙잡으시면 무슨 일인들 못하겠는가? 바울의 말을 빌어서 이렇게 말할 수 있다. "내게 능력 주신 자 안에서 내가 모든 것을 할 수 있느니라"(엡 4:13). 하지만 노력하지 않고 기도에만 의지하지는 말라. 기도에 대단한 능력이 있고 또 간구가 훌륭하게 보이는 신자들이 많다. 그러나 그들은 하나님께 스스로 할 수 있는 것을 대신 해 주시기를 요구한다. 그러므로 하나님께서는 그들을 위해서는 아무 일도 하실 수 없다. 다음과 같이 말하는 경륜과 지혜의 음성을 귀담아 들어 보자. "너는 최선을 다하라. 모든 것이 너의 수고에 달려 있다. 바로 네 팔이 너의 구원을 가져오는 것처럼 일하라. 그리고 너는 모든 일을 하고 나서 그분께서 너로 하여금 성공을 거두게 하시거든 그분께 찬양을 드리라."

이 약속은 중보기도를 하는 사람들의 기운을 북돋워주는 데 유용하다. 자녀들을 구원해달라고, 이웃들을 축복해달라고, 남편이나 아내를 자비롭게 기억해달라고 하나님께 부르짖고 있는 사람들은 이 말씀에서 위로를 얻을 수 있을 것이다.

(7) "네가 알지 못하는 크고 비밀한 일을 네게 보이리라"

우리는 하나님께서 얼마나 큰 축복을 베풀어 주실지 짐작할 수 없다. 오직 그분의 문 앞에 서 있기만 하라. 우리는 자기를 위해서 예비된 것이 무엇인지 알지 못한다. 룻이 이삭을 주우러 가서 좋은 이삭을 조금 얻기를 기대했으나 오히려 보아스는 이렇게 말하였다. "그로 곡식단 사이에서 줍게 하고 책망하지 말라"(룻 2:15). 더욱이 식사할 때에 그는 룻에게 말하기를 "이리로 와서 떡을 먹으며, 네 떡 조각을 초에 찍으라"(룻 2:14)고 하였다. 룻은 그저 보리를 조금 얻기를 기대했지만 남편을 얻게 되었다. 이처럼 남을 위하여 기도하면 하나님께서는 우리가 그러한 자비에 놀랄 정도로 풍성한 자비를 베풀어 주신다. 주님의 자비에 놀라는 것은 주님의 자비를 거의 기대하지 않았기 때문이다. 여러분은 욥에 관한 이야기에서 그 교훈을 배우라. "내 종 욥이 너희를 위하여 기도할 것인즉 내가 그를 기쁘게 받으리니 너희의 우매한 대로 너희에게 갚지 아니하리라. 이는 너희가 나를 가리켜 말한 것이 내 종 욥의 말 같이 정당하지 못함이라 … 욥이 그 벗들을 위하여 빌매 여호와께서 욥의 곤경을 돌이키시고 욥에게 그 전 소유보다 갑절이나 주신지라"(욥 42:8-10).

하나님께서 친히 이렇게 말씀하신다. "너는 내게 부르짖으라. 내가 네가 응답하겠고 네가 알지 못하는 크고 비밀한 일을 내게 보이리라." 우리는 즉시 하나님의 말씀대로 받아들여 기도해야 한다. 방으로 들어가서 문을 닫고 그분을 시험해 보고서 그분이 참된 분이 아니시라면 우리는 예수 그리스도를 힘입어 하나님의 자비를 구할 수 없으며 또 부정적인 응답을 얻게 된다. 그 분 자신의 약속과 성품이 그 분을 속박하여 이 본문을 이루게 하기 때문에 그분께서는 예수께 자비의 문을 여셔야 한다. 하나님께 큰 소리로 부르짖으라. 그러면 그분의 화평한 응답이 이미 우리를 마중할 채비를 갖추고 있다가 맞이할 것이다.

4. 「5만 번 응답 받은 죠지 뮬러의 기도」의 비밀

1) 뮬러의 생애

죠지 뮬러는 원래 방탕한 사람이었으나 하나님의 말씀에 붙들린 바 되어 하나님의 큰 역사를 이루는 위대한 도구로 쓰임 받게 되었다. 그는 애슐리 다운에 2천여 명의 고아들을 위하여 다섯 개의 큰 고아원을 기도 가운데 세웠다. 거기엔 많은 교사와 조력자들도 포함되었다.

1865년에서 1895년 사이 30년 동안 2,566명의 고아가 신자로 그 고아원을 떠난 것으로 알려졌다. 1875년 70세의 고령으로 세계 선교여행을 시작하여 17년이 넘도록 유럽, 아시아와 아메리카 등 20만 마일을 여행하였으며, 세계 42개국을 다니면서 3백만 명이 넘는 사람들에게 8천회 이상 설교하며 복음을 전하였다.

그러한 일은 88세가 되기까지 계속되었다. 그는 66년 동안 고아원 운영과 선교사역을 했는데 그가 사역을 시작한 지 50년이 되었을 때 그 당시 영국에는 무려 10만여 명의 고아들을 수용하게 되었다.

뮬러는 세계에서 제일가는 고아원을 세워 그가 죽을 때가지 무려 15만 명의 고아들이 뮬러의 사랑과 가르침의 영향을 받으며 자라났다. 뿐만 아니라 그의 뜨거운 믿음의 기도로 60년 동안 150만 파운드의 돈이 들어와서 주의 뜻대로 사용되었다. 한 보고에 따르면 기도의 응답으로 7천 5백만 달러에 달하는 돈을 공급받았다고 한다.

뮬러는 어떻게 해서 5만 번 응답받았는지 그 요인을 간략히 살펴보기로 한다.

2) 기도에 대한 애착심

죠지 뮬러, 그는 기도에 대한 애착심이 남달리 강했다.

기도에 대한 애착심이 강하다는 것은 기도하기를 좋아한다는 말이며 동시에 하나님과의 관계가 특별히 친밀하다는 것을 의미한다.

3) 하나님을 향한 신뢰도

죠지 뮬러, 그는 하나님을 자비의 아버지로 100% 신뢰했다.

이 세상에서 누가 가장 하나님 아버지의 사랑을 받을 수 있는 사람일까? 그는 하나님을 자기 아버지로 100% 신뢰하는 사람이다.

4) 기도를 배우는 삶

죠지 뮬러, 그는 기도에 대해서 날마다 배우고 터득하기를 간절히 원했다.

기도에 대해 날마다 배우기를 원하는 사람이 될 가능성이 가장 크다.

5) 응답에 대한 기대

죠지 뮬러, 그는 응답에 대한 믿음의 기대를 결코 저버리지 않았다.

기도한 후에 응답을 기대하는 것은 곧 믿음의 표현이므로 응답에 대한 믿음의 기대를 저버리면 그만큼 기도의 응답을 받기 어렵다.

6) 은밀한 기도

죠지 뮬러, 그는 은밀한 기도를 공중 기도보다 더 중요시 여겼다.

아무도 보지 않게 드리는 은밀한 기도는 다른 어떠한 형태의 기도보다 훨씬 더 능력 있고, 더 효과적인 기도이다.

7) 죄인들을 향한 뜨거운 사랑

죠지 뮬러, 그는 영혼 구원을 위한 뜨거운 사랑의 열정을 소유했다.

죄인 한 영혼을 사랑할 줄 모르는 사람은 아직도 그리스도를 사랑하는 사람이 아니며 하나님의 사랑을 체험하지 못한 사람과 동일하다.

8) 하루 중 최상의 시간

죠지 뮬러, 그는 하루 중 최상의 시간을 주님과 교제하는 데 헌신했다.

기도하기에 가장 좋은 시간을 하나님께 기꺼이 바치는 사람은 하나님의 음성을 들을 수 있으며, 하나님의 능력과 도움을 지속적으로 공급받을 수 있다.

9) 겸손의 삶

죠지 뮬러, 그는 자신의 영예보다 항상 주님의 영예를 구했다.

자신의 영예를 구하지 않고 주님의 영예를 먼저 구하는 사람은 겸손한 사람으로 하나님 앞에서 가장 귀히 여김을 받는다.

10) 나누는 삶의 원칙

죠지 뮬러, 그는 궁지에 처한 자들을 반드시 도와야 한다는 삶의 원칙을 세웠다.

도움 받기만을 바라고 남을 도우려고 노력하지 않는 사람은 아무것도 얻을 자격이 없는 자이다.

11) 하나님의 때와 방법

죠지 뮬러, 그는 하나님이 정하신 때에 그분의 방법대로 이루어 주심을 확신했다.

기도할 때에 하나님의 응답 시간과 하나님의 응답 방법을 바로 이해하지 못하는 사람은 기도에 가장 낙망하기 쉬운 자이다.

12) 평온을 확인하고 유지함

죠지 뮬러, 그는 모든 생활에서 항상 평온을 확인하며 유지했다.

내가 계획하고 행하는 모든 일 가운데 과연 주님이 주시는 참된 평온이 있는가 확인해 보라.

13) 성령을 사모하고 의지함

죠지 뮬러, 그는 매사에 성령을 갈급히 사모하며 유일한 인도자로 의지했다.

성령을 굳게 의지하는 생활, 즉 성령의 지배를 받는 생활은 진정한 그리스도인의 삶으로 결코 세상과 마귀의 지배를 당하지 않는다.

14) 유일한 호소의 대상

죠지 뮬러, 그는 하나님 한 분만을 유일한 호소의 대상으로 삼았다.

하나님 한 분만을 유일한 도움으로 삼으면 미래에 대한 불안이나 현재의 불만이 모두 없어진다. 왜냐하면 하나님께서 친히 인생을 책임져 주신다.

15) 완전한 맡김

죠지 뮬러, 그는 주님께 기도함으로 철저히 하나님께 맡기는 삶을 살았다.

자신의 생명과 문제를 전부 하나님께 맡길 수 있는 사람은 믿음이 큰 사람이다. 반면에 맡기지 못하는 사람은 자신이 근심하며 짐을 져야 한다.

16) 깨끗한 물질관

죠지 뮬러, 그는 물질관이 너무나 깨끗하고 아름다웠다.

물질에 욕심이 없는 사람을 찾아보기란 어렵다. 물질에 대해서 한 치의 부끄러움 없이 살아가는 사람은 기도 응답을 자주 체험할 수 있는 사람이다.

17) 하나님의 뜻을 추구함

죠지 뮬러, 그는 자신의 뜻보다 하나님의 뜻을 더 추구하였다.

자신의 요구보다 주님의 요구를 먼저 생각하고 주의 뜻을 구하는 사람은 하나님 앞에 크게 인정받고 사랑받을 수 있다.

18) 포기하지 않는 믿음과 기도

죠지 뮬러, 그는 응답받을 때까지 결단코 포기하지 않는 인내의 믿음을 소유했다.

기도 응답에 승리했던 사람은 응답의 순간까지 포기하지 않는 믿음과 인내를 소유하고 마지막 순간까지 기다리며 신뢰했던 사람들이다.

19) 기도를 기록하고 점검하는 습관

죠지 뮬러, 그는 기도 제목을 기록하고 응답을 확인하는 습관을 가졌다.

기도의 응답을 자주 체험했던 사람들의 중요한 특징은 기도 노트 준비, 구체적 제목, 기도 시작일, 응답 내용 등을 기록, 점검하였다.

20) 죠지 뮬러의 삶을 지배한 성경구절

죠지 뮬러, 그의 인생 전체는 하나님의 말씀에 붙들린 바 된 삶이었다.

기도에 대한 애착심이 강하다는 것은 기도하기를 좋아한다는 말이며 동시에 하나님과의 관계가 특별히 밀접하다는 것을 의미한다.

XIV. 기도 훈련의 실제

1. 왜 기도 훈련이 필요한가?

친구인 모 목사가 백여 명이 남짓 모이는 교회에 부임하였다. 그는 교회의 권사 한 사람에게 다음 주일 낮예배 때에 대표기도를 해 달라고 부탁하였다. 그랬더니 그 권사가 자기는 기도를 할 줄 모르니까 할 수 없다고 거절하였다는 것이다. 그것은 단순히 겸양에서 나온 거절이 아니라 기도하기를 꺼리는 데서 비롯한 단호한 거절이었다는 것이다. 그러나 이와 비슷한 교회 중직들이 많음을 알고 다시 한 번 놀라지 않을 수 없었다. 어떻게 교인들을 훈련시켰으면 권사가 기도도 할 줄 모른단 말인가? 아마도 내 입장이 되어 보면 어떤 목회자도 이러한 의문을 품을 것이다.

그렇다고 위에 언급한 그 권사가 기도를 전혀 할 줄 모른다고 단언해서는 안 될 것이다. 그 사람은 공중기도(public prayer)에는 자신이 없어 거절하였다 할지라도 개인기도(private prayer)는 다를 수 있다. 오히려 그 권사는 일반적으로 생각하는 것과는 다른 방식으로 기도해 왔는지도 모른다. 만일 그렇다면 기도가 무엇일까? 그런 기도가 과연 가능한가?

우리는 공중기도를 유창하고도 은혜롭게 하는 사람들을 본다. 기도에 사용되는 풍부한 어휘나 적절한 음성, 음량, 그리고 이에 수반된 알맞은 감정 등 참으로 훌륭한 기도라 할 수 있다. 이러한 기도를 접하면 마치 한 편의 아름다운 시 낭독을 들은 것 같다. 때로는 그 기도가 어쩌면 그렇게도 나의 심정과 일치를 이루는지 놀라울 지경이다. 한편 어떤 기도는 답답하다. 논리적이지도 않고 사용되는 언어나 어휘가 투박하고, 때로는 횡설수설하는 기도가 있다. 이러한 기도는 지루하고 답답하며 빨리 끝났으면 하는 기도이다.

이런 것을 보면 분명히 훈련된 기도가 있는 것 같고 기도 훈련이 필요한 것처럼 보인다.

그런데 문제는 기도가 그렇게 유창하고 멋있어야 하는가? 하나님께서는 그렇게 훌륭한 기도만 상대하시고 어눌하고 시원치 않은 기도는 듣지 않으신다는 말인가? 어떤 사람의 경우 기도는 유창하고 멋있는데 그 생활은 그렇지 못한 것을 본다. 반대로 그의 기도는 투박하고 뛰어난 것이 없지만 그의 생활은 단순, 소박하며 본받을 점이 많은 사람이 있다. 그렇다면 개인이 공중 앞에서 하는 기도와 사적으로 하는 기도 사이에는 어떠한 관계가 있을까? 하나님께서는 조리 있고 훌륭한 내용의 기도를 더 좋아하시고 그렇지 못한 기도는 덜 좋아하신다는 말인가? 우리가 기도 훈련의 필요성을 느끼는 것은 단지 이러한 이유 때문인가 묻지 않을 수 없다.

필자는 여기에 제시된 질문에 대해 모두 답하려고 하지 않는다. 각자가 계속하여 스스로 묻고 생각해 보기를 바란다. 그러나 기도 훈련의 필요성에 대해서는 몇 가지 대답을 시도해 보고자 한다.

첫째, 기도를 전혀 할 줄 모르는 사람들을 위해서 기도 훈련은 필요하다. 이것은 일종의 기도의 안내와 같다. 공중기도이든 개인기도이든 기도를 어떻게 해야 할지 모르는 사람에게 기도에 대한 안내가 필요하다.

둘째, 기도를 어렵게만 생각하고 망설이는 사람들을 위해서 기도훈련이 필요하다. 이런 사람들은 주위에 유창하게 기도하는 사람들을 보면서 주눅이 들은 사람들이라 할 수 있다. 이들은 기도의 백전노장들 앞에서 자신의 초라한 모습을 발견하고 위축된 사람들이다. 심지어 이들은 사십일 금식기도를 했다거나 놀라운 기도의 능력을 증거하는 사람들을 보고 부러워하면서도 자신은 기도에 대해 포기 상태에 있을 수 있다.

셋째, 기도를 계속하고 있지만 자신이 알고 있는 방법으로만 기도하거나 그런 기도만 고집하는 사람들을 위해서다. 그리스도의 사랑에 넓이와 길이와 높이와 깊이가 있듯이(엡 3:19) 기도에도 다양한 차원이 있다. 우리는 나의 기도 방법이나 유형에만 머물러 있지 말고 다른 사람들은 어떻게 기도하고 있는지에 대해 눈을 뜨고 귀를 열 필요가 있다.

우리는 초기 기독교를 뿌리내리게 했던 교부들과 수도사들의 단순하면서도 깊이 있는 기도를 본받을 필요가 있다. 그 외에도 기독교 역사를 통하여 비록 시대나 장소는 달라도 기도의 모범을 보였던 인물들의 기도를 배울 필요가 있다.

넷째, 기도를 하나님과의 대화(dialogue)라고 말하면서도 자신의 일방적인 독백(monologue)만 되풀이하고 있는 사람들에게 기도 훈련이 필요하다. 이런 사람들은 "말하는" 기도만이 기도의 전부가 아니요, "듣는" 기도도 중요하다는 것을 배울 필요가 있다.

다섯째, 기도를 하다가 중단했거나, 기존의 기도의 방법에 대해 회의적인 사람들을 위해서 기도 훈련이 필요하다. 마지막으로 기도를 열심히 하고 싶어 하는 사람이나 기도의 심오한 지경에 이르고자 하는 순수한 열망을 가진 사람들을 위해서이다. 이러한 사람에게는 기도훈련은 참으로 중요한 경건훈련이 될 것이다. 그러면 기도훈련에 들어가기 전에 기도의 구분, 단계, 그리고 현상론에 대해 생각해 보자.

2. 기도의 구분, 단계 및 현상론

　기도는 주체가 개인이냐 집단이냐에 따라 공중기도와 개인기도로 구분
되고, 활자화된 기도문이나 기도서를 사용하느냐 아니면 성령의 자유로운
인도에 따라서 하느냐에 따라서 예전기도(liturgical prayer)와 즉흥기도
(extemporary prayer)로 구분된다. 이를 도표화하여 세분화하면 아래와
같다.

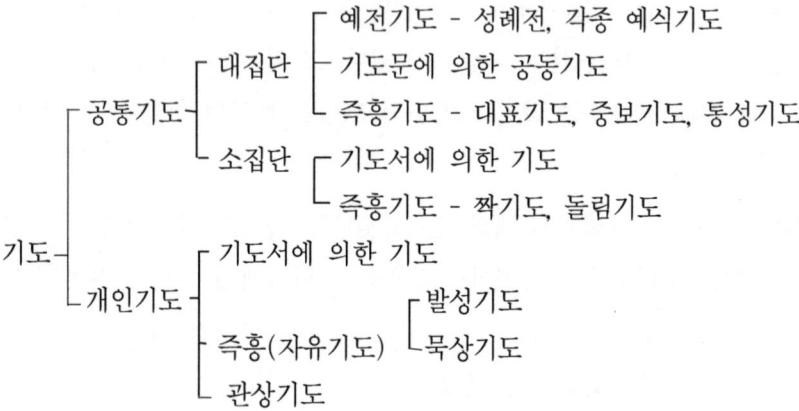

　교단에 따라 예전기도나 기도서에 의한 기도를 강조하거나 아니면 즉흥
적이고 자유로운 기도에 편중해 있다. 문제는 어느 한 쪽을 강조하는 자는
다른 쪽을 무시하거나 가치가 없다고 속단하는 데 있다. 어느 쪽도 장단점
이 있는 것은 틀림없으나 양쪽의 장점들을 살려서 형편과 처지에 따라
균형을 취하려는 태도가 바람직하다.

　또한 기도의 진행과정이나 심도(深度)에 따라 구분되기도 한다. 아빌라
에 테레사는 정원에 물을 주는 이미지를 사용하여 ①두레박으로 물주기
(이성을 사용한 묵상기도) ②물레방아를 사용하여 물주기(정신 수습, 정

의적 기도) ③시냇물로부터 물 얻기(정적인 기도) ④솟아나는 샘, 혹은 소낙비로 물주기(합일의 기도)의 4단계로 구분한다. 또한 토마스 머튼은 ①기도(prayer) ②묵상 또는 명상(meditation) ③관상(contemplation)으로 구분하기도 한다.

테레사와 머튼의 구분은 개인기도의 경우를 말한다. 개인기도에 있어서 그 진행 과정을 가장 세분한 것은 조던 오먼이 정리한 9단계이다.

♣ 능동적 단계

(1) 구송기도(vocal prayer)

(2) 묵상기도(meditation)

(3) 정의적 기도(affective prayer)

(4) 단순성 기도(prayer of simplicity)

♣ 수동적 단계

(5) 주부적 관상(infused contemplation)

(6) 정적인 기도(prayer of quiety)

(7) 일치의 기도(prayer of union)

(8) 순응일치의 기도(prayer of conforming union)

(9) 변형일치의 기도(prayer of transforming union)

구송기도는 소리 내어 하는 일종의 발성기도이며 때로는 노래와 같이 음률을 사용하는 기도이다. 구송기도는 일반적으로 "기도"를 대표해 온 형태로써 언어와 발성을 함께 구사하는 기도이다. 그 내용은 감사, 회개, 찬양, 간구, 중보, 청원 등으로 이루어져 있다. 구송기도는 기도자의 일방적인 독백이 될 가능성이 많으나 한편 하나님의 말씀 또는 계시에 대한 응답일 경우도 있다.

묵상기도는 요즈음 개신교회의 젊은 층에 많이 확산되어 있는 Q. T.에서 찾아 볼 수 있다. 묵상기도는 기억이나 성경의 말씀에 비추어 자신을 성찰하고 자신의 삶을 반성한다. 또한 묵상은 성경의 언어적 상징을 뚫고 들어가서 그것이 지향하고 있는 실재에 도달하게 한다. 묵상을 통하여 그리스도의 객관적 사건은 기도자의 내면 속에서 주관적 사건으로 변화된다.

정감의 기도는 묵상기도가 계속 되면서 자연적으로 진행되는 단계라 할 수 있다. 이때 기도자는 내면화된 그리스도의 사건이나 말씀에 의해 감동을 받고 그리스도를 사랑하는 마음을 가지게 된다. 이때 기도자의 마음속에는 감사, 찬양, 위로, 확신 등 감정적인 기능이 활발해지고 주님을 따르고자 하는 순종, 위탁, 결심 등 의지적 기능이 활성화된다.

단순성의 기도는 한 차례 파도로 수면이 잔잔하고 고요하게 되는 것과 같다. 기도자는 회개를 통해서 그의 마음을 정결케 하였고 주님께 모든 것을 맡김으로써 평안을 얻게 되었다. 이때 기도자는 그의 마음 깊은 데서 평화롭고 순수한 것, 마치 어린아이가 절대 신뢰감을 가지고 어머니를 응시하는 것 같은 순수함을 느낀다. 복음송 가운데 "내게 강 같은 평화"라는 구절을 바로 이런 경지를 표현하고 있다고 하겠다. 이 단순성 기도는 다음 단계, 즉 주부적 관상기도라고 하는 신비적 단계를 위한 준비단계라 할 수 있다. 마치 잔잔하고 깨끗한 호수의 수면 위에 높이 뜬 달과 호수의 주위에 있는 아름다운 풍경이 그대로 비치듯이 하나님의 영적 세계가 지도자의 영혼 속에 나타나는 것이다.

주부적 관상(注賦的 觀想)은 기도자의 능동적 노력을 필요로 하지 않는 하나님의 은총에 의한 기도라 하겠다. 지금까지 기도자는 하나님께 나아가기 위해 언어, 단어, 지성, 감성, 의지 등 여러 가지 기능과 방법을 사용하였다. 그러나 주부적 관상기도는 이러한 수단들이 거의 배제된 상태에서 하나님 편에서 주도적인 역할을 하는 일종의 신비적인 기도의 단계이다. 관상기도를 능동적인 관상과 신비적인 관상으로 구분하기도 한다. 이때 능동적인 관상은 기도자가 이미지, 감각, 감정, 지성 특히 상상력을 활발히 사용하고, 수동적 관상은 그러한 도구를 사용하지 않는다. 주부적 관상은 바로 수동적인 관상에 해당된다. 주부적 관상에서 기도자는 성령의 인도에 따라 기도를 하게 되며 성령의 은사를 받는다거나 하나님의 초월적 실재를 체험하는 등 여러 가지 인간 언어의 표현을 초월한 신비적인 체험을 하게 된다. 성경 고린도후서 12장 4절에 "그가 낙원으로 이끌려 가서 말할 수 없는 말을 들었으니 사람이 가히 이르지 못할 말이로다."라는 구절이 바로 주부적인 관상을 뜻한다고 보아도 좋을 것이다.

오먼이 제시한 6단계에서 9단계에 이르는 기도는 unio mystika보다 communio mystika편에 서 있는 개신교 신학의 입장에서는 쉽게 받아들이기 어려운 사실이다. 그러나 이를 communio mystika관점에서 기도자의 성화(sanctification)와 관련하여 본다면 의미 있는 구분이라 할 수 있다. 그런데 기도의 단계가 높을수록 가치 있고 수준 높은 기도이며 반대로 낮은 단계의 기도는 그야말로 수준 낮은 유치한 기도인가 하는 것이다.

가령, 구송기도는 주부적 관상기도에 비해 보다 못한 기도인가 하는 문제이다. 심리적 기능이나 진행과정에 의한 임의적 구분이기 때문에 그것을 가지고 기도의 가치와 질을 속단해서는 안 될 것이다. 가령, 방금 말을 배운 어린 아이가 그 부모를 향해 "엄마, 아빠"라고 부를 때 그것이 유치하다든가 깊이가 없다고 말할 수 없을 것이다. 초대 기독교 시대에 광야의 교부들이 하였던 기도나 "예수의 기도" 등을 보면 더욱 그러하다. 그들은 단순한 내용이나 단순한 언어적 표현을 통해서도 심오한 경지에 이르렀던 것이다.

또한 각 단계의 기도들은 서로 얽혀 있는 교호적(reciprocal)관계에 있다고 하겠다. 즉, 구성기도를 하면서 단순성 기도로 옮겨가든가, 주부적 관상기도를 하면서도 구송기도를 가끔씩 병행할 수도 있기 때문이다. 나아가서 기도에 깊이 젖어들면 여러 단계의 기도들이 동시다발적으로 일어날 수 있다. 그러나 이러한 사실에도 불구하고 주부적 관상기도의 단계 이상은 심오한 기도의 경지임에 틀림없다. 기도를 "하나님과 대화"라고 할 때 1-4단계는 기도자의 능동적 역할이 강조된 기도라 할 수 있다. 5단계 이상은 하나님의 능동적 활동이 강조된 기도라 할 수 있다. 전자는 기도자의 의사소통이 통로라면 후자는 하나님의 통로로써 이 두 개의 통로(two-way communication)가 원활하게 이루어질 때 깊이와 의미 있는 기도가 가능하다고 보기 때문이다. 여기서 중요한 사실은 후자가 없는 전자와 마찬가지로 전자 없는 후자도 진정한 기도라 할 수 없다.

그러면 기도의 현상론(phenomenology of prayer)을 살펴보자. 여기서 현상론이라 함은 외부적으로 드러난 현상보다는 기도자의 내면속에 의식의 지향성 구조(志向性 構造)를 말한다. 즉 기도자의 의식과 그 의식이 지향하고 있는 기도의 대상과의 상호작용 관계를 보는 것인데 기도자가 하나님의 현존을 향해 나아가는 의식의 양태와 작용에 초점을 맞추어 보는 것이다. 여기에는 수직축(vertical scale)과 수평축(horizontal scale)이 있다. 수직축 위쪽은 사색적(speculative)이며 아랫축은 정의적(affective)이며 수평축의 오른쪽은 상념적(kataphatic)이고 왼쪽은 무념적(apophatic)이다.

사색적 기도는 매우 합리적이며 지성적인 방법으로 하나님께로 나아가며 기도의 응답도 사색적인 작용을 통하여 얻으려 한다. 사색적인 기도는 조리가 있고 짜임새가 있다. 또한 사색적인 기도는 비합리적이거나 비지성적인 작용을 거부한다. 정의적 기도는 감정(feeling)이나 정동(emotion)을 중시하며 이러한 하나님을 사랑한다거나 또는 하나님으로부터 사랑을 받고 있다는 느낌을 중시하고 이러한 느낌과 함께 기도자의 헌신이나 결단이 수반되는 의지적 작용을 볼 수 있다.

상념적 기도는 상상력(imagination)이 동원되며 풍성한 이미지가 사용된다. 예를 들면 "잃은 양 한 마리를 찾아 따뜻이 품고 있는 그리스도"의 이미지 속에서 하나님의 사랑을 의식한다든가 "병아리를 품고 있는 암탉" 이미지 통하여 하나님의 보호를 실감한다. 상념적 기도에 사용되는 언어는 생동감 있는 단어, 이미지, 은유(metaphor)들이고 기도자의 의식은 상상력을 통하여 이러한 이미지들을 활성화한다. 또한 기도의 응답도 이러한 이미지와 은유들을 통하여 체험한다. 보다 구체적인 예를 들면 병 낫기를 위해 기도할 때 기도자는 사랑의 주님이 가까이 다가오는 모습을 마음속에 그린다거나 상상 속에서 주님이 치유하시는 모습을 떠올리며 기도한다. 또한 기도 중에 나타나는 환상과 이상(vision)의 의미를 해석함으로써 하나님께서 주시는 응답을 찾는다. 상념적 기도는 올바로 사용되고 그 이미지들이 바르게 해석될 때에는 축복이 되고 창조적인 결실을 낳는다. 그러나 이러한 기도가 오용되고 잘못된 지도를 받게 되면 혼란이 생기고 파괴적인 결과에 이르게 된다.

무념적 기도는 상념적 기도와는 정반대로 어떠한 상상력이나 이미지를 거부한다. 심지어 사색적이거나 정의적인 것도 거부하려는 경향이 있다. 기도자는 전적인 자기부인(self-denial) 속에서 절대 침묵 속에 잠긴다. 기도자는 자신의 주체적이며 능동적인 모든 행위나 작용을 중지한다. 기도자는 지성의 추리적 기능과 감정, 정동의 감각적 기능, 그리고 의지적 기능을 사용하지 않는다. 자신에게서 비롯한 일체의 생각, 잡념, 이미지를 기도자는 거부한다. 다만 기도자는 하나님께 전적으로 의존하고 하나님을 직관하기를 바란다. 만일 무념적 기도에서 기도자의 의식이 하나님을 지향하지 않는다면 그것은 불교의 선(禪)이나 초월명상(TM)등과 다름없다고 하겠다. 기독교의 기도는 초월적 실재인 하나님이라는 대상이 분명한 기도이다. 만약 이 대상마저 거부한다면 그것은 더 이상 기도라 할 수 없겠다.

기도의 현상론은 기도를 시작하려는 사람이나 다른 사람의 기도를 지도하려는 사람에게 종합적 안목을 갖게 해 준다. 기도자는 자신의 의식 구조에 적합한 기도부터 시작하여 점점 의식의 지평을 넓혀 다양한 현상의 기도를 체험할 수 있을 것이다. 기도를 지도(훈련)하는 자의 입장에서 본다면 피지도자의 인성(personality), 교육정도, 환경 등에 따라 적절한 지도 방법을 개발하는 데 있어서 이 현상론을 활용하면 도움이 될 것이다.

3. 기도의 실제

기도 훈련은 마치 높은 산을 오르는 것과 같다고 하겠다. 기도자는 산기슭에서 출발하여 숲, 바위, 계곡을 지나 정상을 향하여 올라간다. 이 과정에서 기도자는 사람, 새, 짐승, 곤충 등을 만나고 기후의 변화를 겪는 것처럼 유쾌하고 평화로운 경험만이 아니라 때로는 고통스럽고 위험한 일들을 경험하기도 한다.

등산가의 차림으로 등산 방법이 다양한 것처럼 기도의 형태나 방법도 다양하다. 어느 한 가지 방법에만 매달리기보다는 다양한 방법을 사용하여 그것이 익숙해지고 유용하면 나의 것으로 삼으면 좋을 것이다. 어떤 방법이나 형태에 집착하기보다는 기도자의 내면, 즉 하나님을 향한 자세가 더 중요하다.

기도가 삶이요, 삶 자체가 기도라 하여 기도의 훈련이나 방법을 무시하려는 사람들이 있다. 기도와 삶이 직결되어야 함은 틀림없는 사실이나 이것으로 기도 자체를 일반화시키고 모호하게 생각해 버리는 잘못을 범하지 말아야 한다. 기도는 "내가 하나님께로" 나아가는 길만이 아니라 "하나님께서 내게로" 다가오는 길이기 때문이다. "골방에 들어가 숨지 않고는" 내게로 다가오시는 하나님을 깨달을 수도, 들을 수도 없기 때문이다. 하나님의 세미한 음성은 기도하는 자만이 들을 수 있다. 계속적인 기도의 훈련이 필요한 것은 이 때문이기도 하다.

아래에 소개하는 기도의 실제는 개신교 정통에서 볼 때 다소 생소한 방법들이지만 사실 초대 기독교 시대부터 사용되었으며 최근에 와서 새롭게 소개되고 있는 것들이다. 이를 필자 나름대로 세 가지로 묶어 정리해 봤는데 기도를 처음 배우거나 다양한 기도를 실천해 보려는 사람들에게 도움이 되었으면 한다.

1) 몸으로 드리는 기도

대개 몸의 긴장을 풀고, 호흡을 조절하는 것은 기도의 준비단계라고 생각해왔다. 그러나 우리는 "마음으로" 기도하고, "영으로" 기도하듯이 "몸으로" 그리고 "몸을 통하여" 기도할 수는 없을까? 우리는 몸과 마음을 다해 하나님을 사랑해야 하는 것을 당연하게 생각한다. 그렇다면 몸과 마음을 다해 하나님께 기도하는 것은 전혀 이상한 일이 아니다. 오히려 그것은 전인적(全人的) 기도라고 할 수 있다.

(1) 몸에 대한 명상

몸을 편안하게 하고 긴장을 푼다. 호흡을 간절히 고르게 한다. 고린도전서 6장 19절을 다음과 같이 바꾸어 본다.

나의 몸은 내가 하나님께로부터 받은 바 내 안에 계신 성령의 전이다.

이 구절을 천천히 마음속으로 되풀이 해 본다. 몇 번이고 반복해 본다. 그 다음은 보다 구체적으로 신체를 하나하나 감각하면서 되풀이한다. "나의 발은 내가 하나님께로부터 받은 ……. 나의 손은 내가 하나님께로부터 받은 ……."

주께서는 내 장부를 지으시며 나의 모태에서 나를 조직하셨으며 내가 주께 감사하옴은 나를 지으심이 신묘막측하심이라.

역시 이 구절을 천천히 반복하면서 몸의 신비로움을 실감해 본다. 끝으로 몸을 주신 하나님께 감사하는 짤막한 기도로써 마무리한다.

(2) 몸의 감각

몸을 편안하게 하고 모든 감각을 자유롭게 느껴본다. 무슨 소리가 들리는가? 그 소리들이 자연스럽게 내 존재 속에 흘러 들어오도록 한다. 무엇이 보이는가? 나의 눈에 보이는 것을 그대로 보도록 한다. 모든 가치 판단을 중단하고 있는 그대로를 본다. 무엇을 느끼는가? 의자의 딱딱함, 부드러운 옷의 촉감, 신발의 촉감, 피부의 느낌, 공기의 흐름 등을 느껴본다. 나는 감각의 고마움에 대하여 하나님께 감사한 적이 있는가? 나는 감각의 제한성에 대해 명상해 보았는가? 우리는 특수한 장비가 없으면 너무 가까이 있거나 너무 큰 소리도 들을 수 없는 제한성을 가지고 있다. 나의 삶은 어느 정도로 감각에 의존되어야 하는지 생각해 본다. 명상 결과를 토대로 간단한 기도를 만들어 끝맺는다.

(3) 몸의 소리에 귀 기울이기

우리는 우리 몸의 청지기로서 몸의 소리에 예민할 필요가 있다. 우리는 다른 사람의 표정, 몸짓, 혈색 등을 통하여 그 사람의 내부에 무엇이 일어나고 있는지 짐작하려고 한다. 어떤 사람은 자기 몸의 소리에 너무 둔감하다. 어떤 사람은 자기 몸을 혹사하거나 남용하고 있다. 그 때마다 몸은 우리에게 여러 가지 신호를 보내고 있다. 너무 몸을 추스르고 과잉보호하는 것 못지않게 몸의 소리에 무신경한 것도 문제이다.

몸의 긴장을 풀고 눈을 감는다. 그리고 정신을 집중하여 몸의 소리에 귀를 기울인다.

- 당신의 각 지체들이 말을 할 수 있다면 어떻게 말할 것인지 상상해 보라.

- 특별히 아픔을 느끼거나 불편을 호소하는 지체가 있는가? 있다면 그 부분에 손을 대고 조용히 대화를 나눠 본다. 당신의 손으로 그 부분을 부드럽게 감싸주거나 마사지를 해 본다.

- 당신은 몸의 소리를 통하여 하나님께서 당신에게 무슨 메시지를 보낼 수 있다는 가능성을 생각해 봤는가? 고통이나 불편을 느끼는 부분을 위해 치유기도를 지체와의 대화 내용을 기도 소재로 삼는다.

(4) 몸짓으로 기도하기

사람들은 여러 가지 몸짓을 통하여 의사소통의 수단으로 삼는다. 때로는 몸짓이 언어적 표현보다 더 진술하고 강렬한 표현이 될 수 있다.

- 당신이 하나님께 할 수 있는 여러 가지 몸짓을 생각해 보라. 예컨대 감사, 찬양, 회개 등의 몸짓을 시도해 보라.

- 하늘을 향해 두 팔을 높이 세워들고 "오직 하나님만이 나의 구원이십니다"라는 의사표시를 해 보라.

- 바닥에 반듯이 누워 얼굴을 위로 향한 채 편안히 쉰다. 그리고 "주님, 저의 전 존재를 주님의 품안에 맡깁니다"라고 말해 본다.

- 이번에는 얼굴과 몸을 바닥에 대고 항복하는 자세를 취한다. "주님, 제가 주님께 전적으로 순종합니다"라고 몸짓으로 말해 본다.

(5) 호흡

호흡은 삶과 죽음을 결정짓는 신비한 그 무엇이다. 어느 종파의 수련법을 보더라도 호흡법과 밀접하게 관련되어 있는 것을 볼 수 있다. 구약성경에서 "영"을 뜻하는 "루아하"는 바람, 숨, 호흡과 관계 있다.

몸의 긴장을 풀고 호흡에 의식을 집중한다. 창세기 2장 7절 말씀을 생각해 본다.

"여호와 하나님이 흙으로 사람을 지으시고 생기를 그 코에 불어 넣으시니 사람이 생령이 된지라."

- 여러 번 반복하여 위의 성구를 생각해 본다.
- 공기가 콧구멍으로 들어가고 나가는 것을 유심히 지켜본다(약 5-10분간).
- 공기를 한껏 들이 마신 뒤 천천히 내어 뿜는다(5초 혹은 10초 간격으로).
- 그 다음에는 들숨, 멈춤, 날숨을 각각 5-10초 간격으로 해 본다.

호흡법을 이용한 여러 가지 기도의 방법들이 있다. 가령, 들숨 때는 하나님의 은총, 사랑, 능력, 은사들을 생각하며 숨을 들이 쉬고, 날숨 때는 내 안에 있는 죄책, 의심, 불안, 무능, 온갖 더러운 생각들을 몰아내면서 숨을 내쉰다. 또한 들숨과 날숨 때 교대로 성경 구절을 한 마디씩 묵상하는 방법도 있다. 최근에는 호흡 조절법을 수련하여 건강 증진이나 질병치유까지 꾀하고 있는데 기도자에게 있어서 이런 것들은 어디까지나 부차적이어야 한다.

몸으로 하는 기도는 이외에도 얼마든지 그 방법의 개발이 가능하다. 리차드 포스터는 묵상의 초보자들을 위해 손바닥 뒤집기를 소개하고 있으며, 마크 링크는 호흡법, 청각법, 심장고동법, 촉각법을 모두 활용하여 하나님의 현존을 구하는 기도를 소개하고 있다.

2) 글로 하는 기도

(1) 짧은 기도문 쓰기와 암송

(2) 기도일지

(3) 기도시

(4) 기도문 사용하기

우리가 성경을 읽고 묵상할 때 말할 수 없는 은총을 체험한다. 그리고 기도할 때 자신도 모르게 성구를 인용할 때가 있다. 그렇다면 비록 성경에 비길 수는 없지만 믿음 안에서 만들어진 훌륭한 기도서나 기도문을 사용하여 도움을 받을 수 있을 것이다. 우리가 경건서적을 통해 은혜를 받듯이 비록 다른 사람의 기도문이지만 그것을 사용할 때 놀라운 축복을 경험할 수 있다. 초대 교부들의 기도, 종교개혁자들의 기도, 수많은 영성가들의 기도문을 읽어 보라. 그러한 기도문을 연구해 보라. 틀림없이 많은 유익을 얻을 것이다.

- 마음에 드는 기도문을 하나 선택한다. 그것을 천천히 읽으면서 의미와 개념을 파악한다. 입으로 소리 내어 읽어 본다. 지속적으로 그 기도문을 읽고 음미하다 보면 그 기도는 어느새 자신의 내면으로 녹아들 것이다.

- 자신만의 기도서를 만들어 보라. 진술하고 담담하게 공중기도나 개인기도에서 행한 기도문을 기록으로 남겨두는 것이다. 이 기도서는 우리의 영성 여정을 기록한 것이요, 언젠가 이 기도서가 다른 사람에게 도움을 줄 수 있을 것이다.

(5) 깨달음의 일지

기도자는 하나님의 메시지에 대하여 늘 깨어 있고 열려 있어야 한다. 기도자는 자신이 드린 기도 내용이 그대로 이루어지는 것만이 하나님의 응답이라고 보아서는 안 된다. 하나님은 다양하게 응답하시기 때문이다. 또한 기도자는 하나님의 말 걸어오심에 대한 응답에 대해서도 민감해야 한다. 하나님은 언제나 대답만 하시는 분이 아니라, 때로는 나의 대답을 듣기를 원하시기 때문이다. 앞에서도 언급한 바 있지만 기도의 훈련은 기도자가 하나님의 메시지를 받고 올바르게 응답할 수 있기 위함이기도 하다.

그렇다면 하나님의 말 걸어오심을 어떻게 알 수 있을까? 예민한 영적 감수성은 어떻게 주어지는가? 이것 역시 한 마디로 답변할 수 없을 것이다. 사람에 따라서 어떤 이는 기도 중에 직접적으로, 혹은 성경을 묵상하는 가운데, 설교 말씀을 듣는 중에 깨달을 수 있고, 혹 어떤 이는 주위에 있는 사람들이나 어떤 사건을 통해서 깨달을 수 있다. 예언자들이나 사도들은 꿈, 환상, 천사출현, 그리고 성령에 감동을 통하여 하나님의 메시지를 깨달았다. 과연, 과학이 발달한 현대에 와서도 이러한 일들이 가능한가?

- 당신이 기도나 묵상 중에 얻은 깨달음을 적어 본다.
- 예배 중에나 설교 가운데서 어떤 깨달음이 생겼다면 메모해 둘 수 있다.
- 일상생활 가운데서 어떤 징조 같은 무엇이 있는가?

- 당신이 꿈을 꾼다면 꿈일지를 적어 본다. 특히 반복하여 나타나는 꿈이나 기억에 생생한 상징이나 은유가 있는지 유의해 본다. 필요하면 꿈 내용에 대해서 전문가의 조언을 구해 본다.

3) 관상기도

관상기도란 용어 자체가 많은 사람들에게 낯설다. 그러나 그 실제에 들어가 보면 자신도 모르게 이러한 기도를 실천하고 있고 그 깊이를 체험한 사람들도 적지 않은 것을 볼 수 있다.

(1) 침묵

침묵은 모든 관상기도의 기본이 된다. 수동적 관상기도는 물론 능동적 관상기도에도 침묵은 필수적이다. 처음으로 침묵을 시도하려 할 때 답답함이나 잡념 때문에 잘 되지 않은 경우가 있다. 그러나 계속적으로 하면 침묵이 주는 평화로움과 안식을 체험할 수 있을 것이다.

조용히 눈을 감고 호흡을 고르게 한다. 약 5분간 절대 침묵 속에 거한다. 마음과 정신이 고요할 때까지 하나님께 자신을 맡기도록 한다.

침묵의 시간을 조금씩 늘려 본다. 10분씩, 20분씩 등등, 처음에는 시간이 왜 그리 더딘지 답답하게 느껴질지도 모른다. 침묵훈련이 계속됨에 따라 시간 감각을 초월하게 되고 자신의 내면 깊숙이 침잠하는 것을 깨달을 수 있다.

- 침묵 가운데 하나님을 향하여 자신의 전존재를 연다. 마음의 눈을 뜨고, 마음의 귀를 열고, 마음의 문을 열어 본다. 기도자는 침묵 중에서 어떤 특별한 계시나 영감을 얻으려고 하지 않는다. 매우 수동적이며 수용적인 자세를 취한다.

- 침묵을 마칠 때에는 조용하고도 짧은 구송기도로 마무리한다.

(2) 정신집중기도

정신집중기도는 "마음집중기도", 혹은 "집중기도"(centering prayer)
라고 불린다. 정신집중기도는 침묵기도에서와 마찬가지로 주위환경에 대
한 배려가 필수적이다. 조용하고 방해받지 않는 장소가 좋다. 집안의 조용
한 골방, 공공건물의 한적한 곳, 예배당의 성소 등이 이상적이다. 비록 이
상적인 장소가 아니라 할지라도 15분 남짓 비교적 조용하게 기도할 수
있는 곳이면 좋다.

- 몸의 긴장을 풀고 성령께서 도와주시기를 요청한다.

- 집중할 수 있는 물체나 상징(가령 십자가, 성찬상, 촛대 등등)이
  있으면 이를 바라보고 마음을 집중한다.

- "예수의 기도"에서 볼 수 있듯이 간단한 구절이나 정신적 이미지도
  좋다. 가령 "주 예수님", "사랑의 하나님", "하늘의 평화", "생명"
  등이다. 이를 천천히 소리내어 반복한다든지 그 이미지에 집중한
  다.

- 호흡에 집중할 수도 있다. 숨을 들이쉬고 내쉬는 과정에 집중하되
  의식은 하나님의 현존을 향해 깨어 있도록 한다.

처음에는 정신집중이 잘 되지 않고 잡념의 방해를 받을 수 있다. 생각이
분산되거나 다른 엉뚱한 방향으로 옮겨 갈 수도 있다. 이럴 때는 무리하게
집중하려고 애쓰지 않아도 된다.

훈련이 반복되면 이러한 현상을 극복할 때가 온다. 정신적으로나 육체
적으로 피곤할 때에는 집중이 잘 되지 않을 뿐만 아니라 잠에 빠지는 수가
있다. 이런 경우에는 간단하게 신체 이완운동으로 긴장을 푼다든지 호흡

법을 병행해서 집중하면 효과적이다. 너무 피곤할 때에는 오히려 푹 쉬었다가 하는 것이 더 좋다.

(3) 이미지 기도

이미지 기도(imagistic prayer)는 상상력(imagination)을 활용한 기도로써 능동적 관상기도의 대표적인 방법이다. 상상력은 근거 없이 불합리한 주관적 신념에 근거한 망상(delusion)이나 정신 이상에 근거한 과대망상(paranoia)과 구분되어야 한다. 또한 상상력은 비현실적인 공상(fantasys)과도 구분되어야 한다. 이미지 기도에서 활용하는 상상력은 창조적인 성격을 띠며 하나님께서 인간에게 주신 사고기능, 감정기능, 감각기능 그리고 직관기능 등을 함께 사용하는 것이다.

일찍이 성 이냐시오는 오감(五感)을 활용한 이미지 기도 방법을 실천한 것으로 유명하다. 그는 기억력, 이해력 그리고 의지력을 활용하고 관상하고자 하는 대상을 상상의 눈으로 바라보고 상상으로 관상 속에 나타나는 인물과 대화(colloquy)를 시도한다. 이냐시오는 이미지 기도에 있어서 관상의 대상으로 역사적 요소에 기반을 둔 성경의 사건, 인물 등을 우선적으로 하였다.

그러나 이미지 기도에 있어서 관상의 대상은 반드시 이와 같지는 않다. 안소니 드 멜로는 "상상적 공상"이라 하여 자유로운 상상력을 발휘한 이미지 기도를 소개하고 있다. 또한 그의 저서 "샘"은 이냐시오적인 방법을 겸한 다양한 이미지 기도 방법으로 구성되어 있다. 그러면 몇 가지 이미지 기도를 실천해 보자.

• 여호와는 나의 목자

몸과 마음의 긴장을 푼다. 호흡을 천천히 고르게 한다. 상상력으로 푸른

들판, 한없이 펼쳐진 목초지를 그려본다. 푸른 시내가 흐르고 수많은 양떼들이 풀을 뜯어 먹고 있는 장면을 그려본다. 무슨 소리가 들리는가? 무슨 촉감, 냄새가 있는가? 무슨 감정을 느끼는가?

양떼를 지키는 힘세고 당당한 목자를 상상해 보라. 자신이 이제 한 마리의 양이라고 생각해 보라. 양으로서 목자에게 천천히 걸어가 보라. 이제는 목자와 대화를 해 보라. 그가 무엇이라고 말하는가? 어떤 말로 묻고 답하는가?

• 겟세마네 동산

상상의 눈으로 예수님께서 십자가에 달리시기 전에 기도하셨던 겟세마네 동산을 그려 본다. 예수님은 피땀 흘리며 기도하고 계시고, 한편 좀 떨어진 곳에는 피곤을 이기지 못해 잠들어 있는 제자들의 모습을 상상해 본다. 조용하고 깊은 밤중이다.

당신은 지금 이 장면에서 어떤 위치에 있는지 생각해 보라.

예수님 쪽에 가까운가 아니면 제자들 쪽인가?

당신은 어느 쪽으로 가서 대화하고 싶은가?

만일 예수님께로 가서 말을 건다면 무슨 말을 먼저 할 것인가?

당신의 질문에 대해 예수님은 어떻게 말씀하시는가 상상해 본다.

• 마지막 순간

당신은 서서히 임종을 맞이하고 있다고 상상해 보라. 의사는 당신의 생명이 이제 몇 시간밖에 남지 않았다고 말한다. 임종예배를 끝내고 성직자와 교우들도 다 떠나갔다. 주위에 가장 가까운 사람만이 남아 있다.

당신은 무엇을 느끼는가? 두려움, 평안, 후회, 죄의식, 만족감, 부끄러움,

허무감 … 당신의 유언이 무엇인지 상상해 보라.

이미지 기도의 자료와 형태는 무제한적이라 할 수 있다.

성경의 모든 말씀, 사건의 이미지가 그 재료가 될 수 있고 일상생활에 접하는 다양한 사건, 사물도 관상의 대상이 될 수 있다. 다만 이러한 과정의 마지막은 기도자가 하나님의 현존 가까이에서 자신을 성찰하고 그분의 현존을 체험하는 것이 중요하다.

이미지 기도의 마지막은 짧은 구송기도로 마치든지 소그룹으로 함께 한다면 관상에서 얻은 결과를 함께 나눌 수도 있다.

(4) 주부적 관상

주부적 관상기도는 인간의 노력이 배제된 하나님의 주도적인 은총에 의한 신비적 기도이다. 이것은 기도자가 애쓴다고 이뤄지지 않으며 성령의 자유로운 활동에 의해 이루어진다. 그렇다고 주부적 관상기도는 수도사와 같은 특별한 사람들만이 누릴 수 있는 기도는 아니다. 이 기도는 모든 사람에게 개방되어 있으며 누구든지 실천할 수 있다. 다만 이러한 기도에 들어가려는 사람에게 조건이라 할 수 있는 그 무엇인가 있다(비록 그 조건이 다 갖추어졌다고 해서 반드시 허락되는 것은 아니지만).

기도자는 아래의 질문을 가지고 스스로를 성찰해 본다.

- 나는 자신을 부인하고 날마다 십자가를 지는 생활을 충실히 해왔는가?
- 나는 생활의 목표로 오직 예수 그리스도만이 전부인가?
- 나는 하나님의 진리, 의, 그리고 사랑을 얼마나 사모하였으며, 그분을 기쁘시게 생활하였는가?
- 나는 이웃을 내 몸처럼 사랑하였으며, 내 이웃의 기쁨이나 슬픔을

함께 나누었는가?

- 나는 말과 생각과 행위로 지은 모든 잘못과 죄를 진실로 참회하였으며 정결한 마음을 얻었는가?

- 나는 내 안에 역사하시는 성령의 감화와 감동과 지도에 얼마나 민감하였으며 앞으로도 그 지도에 전적으로 따를 각오가 되어 있는가?

이와 같은 질문으로 자신을 성찰하고 오직 하나님의 현존만을 구하며 나아갈 때 주부적 관상기도에 들어서게 된다. 서두르거나 조급해 하지 말고 전적으로 성령께 의지하여 인도하는 대로 따르면 될 것이다. 도중에 여러 가지 신비 체험이나 특수 현상이 일어날 때 주의해야 하며 잘못된 영에 의해 미혹받지 않도록 한다. 충분한 준비 없이 욕심이나 자랑으로 이러한 기도를 하려고 할 때 미혹하는 영의 인도를 받기 쉽다.

나아가서 주부적 관상을 통해 경험한 놀라운 하나님의 사랑, 계시의 말씀, 성령의 은사, 기타 신비한 이미지와 은유들은 잘 간직하고 소중히 여겨야 할 것이다. 함부로 자랑한다거나 깊은 의미를 숙고하지 않은 채 가볍게 발설하여 소동을 일으키는 행위는 삼가야 할 것이다.

여기에는 기도자의 신중함과 분별력이 필요하다. 그러나 이러한 검증을 거친 후, 때로는 직관적 깨달음을 통하여 성령의 인도임을 확신했을 때에는 철저하게 순종하며 자신을 하나님께 다시 한번 전적으로 위탁해야 할 것이다.

4. 맺는 말

지금까지 기도 훈련의 필요성으로부터 시작하여 기도의 실제적인 면들을 중심으로 생각해 보았다. 실제적인 훈련을 소개하다보니 불가피한 경우를 제외하고는 전반적으로 쉬운 용어를 택하였다. 이것은 기도생활의 초보자만 아니라 기도훈련을 지도하려는 성직자와 교사들에게도 도움이 되도록 구성하였다. 어떤 것은 너무 간단하고, 어떤 것은 수용하기 어려운 부분도 있을 것이다. 너무 쉽다고 건성으로 지나쳐버리지 않았으면 하고, 또한 이해가 안 되거나 용납하기 어려운 방법들은 시간을 두고 다시 생각해 봤으면 한다.

입으로 하는 기도는 어떻게 보면 기도의 알파와 오메가이다. 깊은 관상 중에서도 기도자는 "오! 주님!"하고 기도할 수 있기 때문이다. 어떤 방식을 통해 기도의 깊은 경지를 체험했다고 하여 다른 방식으로 기도하는 사람들을 얕보거나 무시해서는 안 될 것이다. 내가 기도하는 중에 하나님께 무엇을 말할까 하고 유의해야 하지만 반대로 하나님께서 내게 무엇을 말씀하시는지도 유의할 필요가 있다. 어떤 방식으로 하든지 기도를 통하여 하나님을 좀 더 사랑하고 자신을 보다 깊이 각성하고 이웃과 사회와 자연과 우주를 더욱 사랑하게 되었다면 우리는 올바르게 기도하고 있는 것이다.

참고문헌(Bibliography)

감리교 신학대학교 출판편집부, 「기도와 현대목회」, 서울: 감리교신학대학교 출판부, 1996.

김광률, 「묵상」, 경기: 도서출판 스데반, 1996.

김연택, 「목회와 교회성장」, 서울: 기독교문서선교회, 1996.

김영태, 「총동원 전도와 교회성장」, 서울: 도서출판 글로리아, 1992.

김우영, 「교회와 부흥회」, 서울: 반석문화사, 1995.

김애신 옮김, 캐트린 마샬 지음, 「기도의 권능」, 서울: 보이스사, 1997.

김원태, 「주여, 내 기도를 들으시고」, 서울: 쿰란출판사, 1996.

김정옥 옮김, 찰스. E. 제퍼슨 지음, 「이런 목회자가 교회를 성공시킵니다」, 서울: 엘맨출판사, 1996.

김종철, 「청년이 없는 교회는 희망도 없다」, 서울: 하늘사다리, 1996.

김기찬 역, 레만 스트라우스 저, 「응답받는 기도와 응답받지 못하는 기도」, 서울: 생명의말씀사, 1987.

.... 웨슬리 듀웰 저, 「기도로 세계를 움직여라」, 서울: 생명의 말씀사, 1988.

권영복, 「당신도 기도의 사람이 될 수 있다」, 서울: 가나안말씀사, 1994.

권오근, 「성공하는 사람은 이 점이 다르다」, 서울: 해냄출판사, 1990.

권혁철 옮김, 로버트. H. 슐러 지음, 「젊은이여, 큰 뜻을 품어라 上권」, 서울: 국일문화사, 1989.

리처드 포스터 지음, 「영적 훈련과 성장」, 개정 중보판, 서울: 생명의출판사, 1995.

명성훈, 「교회성장과 리더십」, 서울: 서울서적, 1992.

............., 「교회 성장과 성령」, 서울: 서울서적, 1992.

............., 「교회 성장과 설교」, 서울: 서울서적, 1992.

............., 「교회 성장과 기도」, 서울: 서울서적, 1992.

............., 「교회 성장의 영적 차원」, 서울: 서울서적, 1993

............., 「당신의 교회도 성장할 수 있다」, 서울: 국민일보, 1996.

명성훈, 「뒷문을 막아라」, 서울: 크레도, 1995.

............., 「교회 성장 반드시 됩니다」, 서울: 국민일보사, 1995.

............., 「당신의 교회를 진단하라」, 서울: 교회성장연구소, 1996.

............., 「믿음의 사람이 되는 비결」, 서울: 크레도, 1996.

............., 「영적 성장 10계명」, 서울: 교회성장연구소, 1997.

명성훈 옮김, C. 피터 와그너 지음, 「기도는 전투다」, 서울: 도서출판 서로사랑, 1997.
「방패기도」, 서울: 도서출판 서로사랑, 1997.

박원섭, 임택진, 「착하고 신실한 종아」, 서울: 한국문서선교회, 1982.

박종렬, 「제직의 도리」, 서울: 목양사, 1983.

박종무, 「하나님이 기뻐하시는 권찰이 되는 길」, 서울: 도서출판 글로리아, 1994.

박진호 옮김, 플로랜스 리토어 지음, 「인간관계 이렇게 하면 쉬워진다」, 서울: 도서출판 줄과 추, 1997.

변대원 옮김, 랜스 로스 지음, 「성공을 꿈꾸는 그리스도인」, 서울: 엘맨 출판사, 1996.

배창돈, 「제자훈련 왜 그리고 어떻게」, 서울: 예찬사, 1993.

배헌석, 김응국 옮김, 제임스, E. 민즈 저, 「21C에는 목회자가 변해야 교회도 변한다」, 서울: 나침반사, 1997.

서재일, 「기독교인이 된 나는」, 서울: 선교문화사, 1995.

송길원, 「좋은 교사의 자질과 역할」, 대구: 양문출판사, 1989.

송준인 옮김, 리차드 포스터 지음, 「기도」, 서울: 도서출판 두란노, 1995.

순복음 국제 금식기도원, 「사모와 교회 여성」, 서울: 서울서적, 1988.

스토이 오마샨, 「자식의 장래는 부모의 무릎에 달려 있다」, 서울: 나침반사, 1997.

신석종 外, 「이렇게 설교해야 교회가 성장한다」, 서울: 도서출판 하나, 1994.

신석종 外, 「이렇게 제자 훈련해야 교인들이 성장한다」, 서울: 도서출판 하나, 1995.

신인현, 「기도 드리는 법」, 서울: 한국문서선교회, 1986.

신인현 外 3人, 「기도 파트너」, 서울: 한국문서선교회, 1986.

아가페서원 편집부, 「가족 전도」, 서울: 아가페서원, 1995.

오성택, 「교회 성장은 하나님 뜻입니다」, 서울: 쿰란출판사, 1997.

.............., 「좋은 만남은 성공의 삶을 만듭니다」, 서울: 쿰란출판사, 1997.

오정현, 「열정의 비전 메이커」, 서울: 규장문화사, 1997.

.............., 「목회 트랜드 2000」, 서울: 규장문화사, 1997.

유창무, 「기도는 핵무기보다 강하다」, 서울: 도서출판 말씀사역, 1994.

윤석전, 「절대적 기도생활」, 서울: 요단출판사, 1996.

윤정한, 「임원 교육 교재」, 서울: 엘맨출판사, 1996.

윤종석, 「기도는 호흡입니다」, 서울: 도서출판 두란노, 1994.

이광수, 「능력 있는 목회자, 훌륭한 성도 그리고 건강한 교회 만들기」, 서울: 말씀과
    만남, 1996.

이광수, 「제직 세미나 교재」, 서울: 도서출판 영문, 1993.

이동준, 「우리는 하나님의 청지기」, 서울: 대한예수교장로회 출판국, 1981.

이동휘, 「깡통교회 이야기」, 서울: 도서출판 두란노, 1996.

이용원 옮김, 리차드 L. 드레셀 하우스 지음, 「집사의 생활과 역할」, 서울: 한국장로
    교 출판사, 1993.

이제범, 「성장하는 교회는 이렇게 다르다」, 서울: 신망애출판사, 1996.

이종성 外 3人, 「목회자와 교회성장(5)」, 서울: 쿰란출판사, 1995.

이종윤 편집, 「급변하는 사회와 교회 갱신」, 서울: 요단출판사, 1996.

이창남, 「귀를 찾아라」, 서울: 도서출판 Grace Top, 1997.

이창현 옮김, 렌스 우벨스 편저, 「하늘의 보고를 여는 분」, 서울: 예수전도단, 1996.

임성택 옮김, R. A. 토레이 지음, 「기도와 영력」, 서울: 생명의 말씀사, 1981.

임택진 편저, 「회의 진행의 이론과 실제」, 서울: 한국문서선교회, 1996.

임택진 外 5人, 「모범 구역장」, 서울: 도서출판 소망사, 1981.

전기화, 「인간 개혁」, 서울: 도서출판 은혜사, 1991.

.............., 「진정한 영성」, 서울: 도서출판 은혜사, 1989.

전병욱, 「식어진 가슴에 불을 붙여라」, 서울: 나침반사, 1996.

조용기, 「나는 이렇게 기도한다」, 서울: 서울 말씀사, 1996.

.............., 「교회 성장, 진정 원하십니까」, 서울서적, 1995.

주금용 外 15人, 「성공하는 교회학교, 성공하는 교사」, 서울: 한국 선교 교육 협회, 1996.

주상지 옮김, 웨슬리 듀엘 지음, 「능력 있고 응답받는 기도」, 서울: 생명의말씀사, 1996.

채규철, 「사명을 다하기까지는 죽지 않는다」, 서울: 도서출판 한터, 1990.

최도형, 「기도의 배수진을 치라」, 인천: (주)나눔터, 1996.

최성도, 「대표 기도하는 법」, 서울: 목회자료사, 1988.

최용범, 「영성 훈련과 교회성장」, 서울: 보이스사, 1996.

최정성, 「제직 훈련과 교회성장」, 서울: 엘맨출판사, 1996.

.............., 「착하고 충성된 종」, 서울: 엘맨출판사, 1993.

.............., 「철야기도와 교회성장」, 서울: 엘맨출판사, 1996.

칼 조지 지음, 최예자, 유진화 옮김, 「교회성장의 한계 이렇게 돌파하라」, 서울: 도서 출판 프리셉트, 1996.

평신도 교육 연구소, 「작은 목자론」, 서울: 서울 말씀사, 1996.

한국 로고스 연구원 편집부, 「우리 구역장님 최고」, 서울: 한국 로고스연구원, 1996.

한경직 外 10人, 「장로시무 핸드북」, 서울: 양서각, 1987.

한국목회신학 연구원, 「교회 임원 훈련교재」, 인천: 도서출판 세미한, 1991.

한춘기, 「교회 교육의 이해」, 서울: 한국 로고스 연구원, 1996.

허광재, 「개척자의 가는 길」, 서울: 도서출판 선교신학 연구회, 1985.

호태석, 「청지기 훈련과 목회전략」, 서울: 쿰란출판사, 1996.

.............., 「청지기 훈련을 위한 성령론」, 서울: 기독신보사, 1994.

.............., 「청지기 훈련 핸드북」, 서울: 쿰란출판사, 1996.

.............., 「청지기 훈련의 이론과 실체」, 서울: 쿰란출판사, 1996.

홍윤표 옮김, C. 피터 와그너 편집, 「지역사회에서 마귀의 진을 헐라」, 서울: 도서출 판 서로사랑, 1997.

홍원팔 옮김, C. 피터 와그너 편집, 「기도하는 교회들만이 성장한다」, 서울: 도서출판 서로사랑, 1997.

홍정길 外 14人, 「청년 대학부를 살려라」, 서울: 도서출판 두란노, 1995.

황대식, 「좋은 권사가 되게 하소서」, 서울: 혜선출판사, 1993.

황수길 옮김, 렌스 우벨스 편저, 「하늘 문을 여는 외침」, 서울: 예수 전도단, 1996.

황영익, 「성경 경제학」, 서울: 한국 로고스 연구원, 1989.

.............., 「성경 경영학」, 서울: 한국 로고스 연구원, 1991.

.............., 「경영 관리론」, 서울: 한국 로고스 연구원, 1993.

C. A. S편저, 「5만 번 응답받은 뮬러의 기도비밀」, 서울: 생명의 말씀사, 1995.